MARKETING AREA ANALYSIS

외식사업 성공학 시리즈 1

빅데이터 시대의 성공을 위한

상권분석 4.0

김영갑 지음

교문사

2003년 음식점을 시작하면서 상권분석의 중요성을 깨달았다. 하지만 지식은 부족했다. 그래서 첫 매장은 안전한 창업을 위해 권리금 1억 5천만 원을 지급하고 1등급 상권 1급지에서 시작했다. 매출과 이익은 만족스러웠지만 투자금액이 크게 들어갔다.

계속 상권분석을 공부했다. 그리고 두 번째 매장에 도전했다. 첫 매장보다 투자금액을 줄이기 위해 2급지에 개설하기로 마음먹었다. 많은 점포를 비교분석한 끝에 권리금 5천만 원을 지불하고 매장을 임차했다. 덕분에 투자금액은 예상보다 크게 줄었다. 가시성, 접근성 등의 입지환경은 열악했지만 투자수익률은 첫 매장과 비슷한 수준으로 끌어올렸다. 역시 상권분석의 힘은 놀라웠다.

세 번째 매장은 좀 더 큰 위험을 감수하기로 했다. 3급지에 위치해서 1년 동안 공실로 있었던 2층 매장을 권리금 없이 임차했다. 투자금액은 두 번째 매장보다 더 줄었다. 그러나 쉽지 않은 결정이었다. 오랫동안 음식점을 창업하고 경영한 달인 수준의 지인들이 모두 만류했다. 하지만 상권분석 지식으로 모든 것을 이겨낼 수 있다고 믿었다. 상권과 입지의 부족한 부분을 채우기 위해 상권전략에 많은 시간과 노력을 투자했다. 결과는 매우 성공적이었다.

약 10년 동안 1급지부터 3급지까지 세 곳의 입지에 매장을 개설하고 경영하며 상권분석 이론을 검증하는 기회를 가질 수 있었다. 그 외에도 1등급 상권부터 10등급 상권까지 다양한 상권을 대상으로 한식, 양식, 고깃집 등 국내 대부분의 음식업종 점포를 다수 개설하며 충분한 경험과 지식을 축적했다. 이후 일반서적부터 전공서적까지 국내외 이론을 집대성하였다. 머릿속에 담긴 지식을 체계화하고 가르치는 일을 할 순서가 되었다. 대학교재를 위한 전공서적으로 「상권분석론」을 집필했다. 이어서 소상공인을 위해 「창업성공을 위한 상권분석」을 출간했다.

2013년부터 상권분석 이론과 실무를 가르치기 위해 '상권분석전문가과정' 교육을 시작했다. 8년의 기간 동안 1기를 시작으로 25기까지 약 1천 명의 수료생을 배출하였다.

소상공인은 물론이고 식당 사장님부터 의사, 세무사 등 소매업, 서비스업, 외식업 분야에서 활동하는 사업가와 전문가를 다수 키워내는 성과를 거두었다.

첫 번째 책을 출간한 지 곧 10주년을 맞이한다. 부동산 분야에서 일하거나 창업을 준비하는 사람들에게만 필요하다고 생각했던 상권분석이 이제는 모든 사람들이 배워야하는 필수지식으로 자리잡아가고 있다. 특히 4차 산업혁명 시대, 디지털 트렌스포메이션 시대에 부합하는 상권분석 이론을 새롭게 정립하고 빅데이터와 온라인 비정형 데이터 분석을 포함하는 상권분석 체계로 업데이트해야 할 시점이 되었다.

무엇보다도 실무자들이 더 유용하다고 느낄 수 있는 사례 중심의 책이 요구되었다. 그래서 본서에서는 대부분의 내용을 실무사례를 이용해 설명하기 위해 노력했다. 지금까지 어디에서도 다루지 않았던 '온라인 상권분석'을 개념화하고 실제 활용법을 추가하였다. 실무자뿐 아니라 상권분석을 처음 공부하는 학생들을 위한 교재로 활용할 수 있도록 목차를 10개의 장으로 단순화시키고 학습정리와 연습문제를 정비하였다.

상권분석을 배우고 익혀서 활용해야 하는 분야가 계속 늘어나고 있다. 창업자, 기존 사업자, 부동산투자자, 대형 상업시설 MD, 기획 및 전략수립 전문가, 임대사업자, 부동산 중개업소, 도시계획전문가, 의사, 지역활성화를 위한 지방자치단체와 국기기관 등 상권분석 지식과 능력이 필요한 분야가 계속 증가하고 있다.

모든 상권분석 이해관계자가 상권의 개념을 이해한 후, 상권분석을 통해 사업타당성을 분석하고 상권전략을 수립하여 투자수익률을 극대화함과 동시에 기업을 성공적으로 키워나가는 데 본서가 일조할 수 있기를 기대한다.

2020년 2월
KYG 상권분석연구원에서
김영갑 교수

1장

상권과 입지의 이해

학습내용

1 상권의 개요
2 입지의 개요
3 상권과 입지의 차이
4 상권분석의 정의
5 상권분석의 목적
6 상권분석의 발전과정

학습목표

• 상권의 개념과 구성요소, 4가지 범위를 설명할 수 있다.

• 입지의 개념과 구성요소를 설명할 수 있다.

• 상권과 입지의 차이를 설명할 수 있다.

• 상권분석의 개념과 전형적인 프로세스를 설명할 수 있다.

• 상권분석을 이용하는 주체에 따른 상권분석의 목적을 설명할 수 있다.

• 상권분석 1.0~4.0시대까지의 발전과정을 설명할 수 있다.

1 상권의 개요

1) 상권의 정의

상권(marketing area)과 입지를 조사하고 분석하기 위해서는 상권과 입지의 개념(정의)를 명확히 알아야 한다. 상권분석이 대중화되어 가고 있지만 상권과 관련된 용어의 개념을 정확히 이해하지 못하고 사용하는 경우가 많다. 왜 이런 일이 벌어질까? 첫 번째 이유는 과거에 만들어진 개념이 시대의 변화에 따라 수정, 변경될 수밖에 없음에도 불구하고 시대적 요구를 반영하지 못한 경우를 들 수 있다. 두 번째는 학문적인 연구가 부족하다보니 현장에서 필요에 따라 임의로 사용하면서 개념이 비정상적으로 확정된 사례로 생각할 수 있다. 그 외에도 다양한 이유로 인하여 상권분석과 관련된 중요한 용어들이 정확하게 정의되지 못한 채 사람들의 대화나 책에서 등장하고 있다.

모든 학계와 산업계에서 공통적으로 사용하는 단어의 정의는 한 개인에 의해 정리될 수 없다. 전문가들의 합의와 관계기관들의 논의를 거쳐서 가장 합리적인 방법을 통해 확정되어야 한다. 하지만 이런 공론의 장이 만들어지려면 시간과 비용의 투자와 더불어 이러한 과정을 주도할 사람이나 조직이 필요한데 이는 단기에 해결할 수 있는 문제는 아니다. 따라서 필자는 그동안의 집필과 연구과정에서 얻은 지식을 통해 기존의 개념에 부가하여 상권분석과 관련된 주요 단어의 개념을 정리하였다. 만약 이러한 정의가 부적합하다고 생각되는 독자가 있다면, 향후 상호 소통과 논의의 장을 만들어 정확한 개념을 정립할 수 있기를 기대한다.

상권이란 단어를 국어사전에서 찾아보면 '상업상의 세력이 미치는 범위'로 정의되어 있다. 법률에서도 상권에 대한 정의를 찾을 수 있다. 「가맹사업거래의 공정화에 관한 법률」 제1조(정의) 제12항에는 '영업지역'에 대한 개념을 정의하고 있다. 이 법에서 영업지역은 상권이란 의미로 파악할 수 있는데, '가맹점사업자가 가맹계약에 따라 상품 또는 용역을 판매하는 지역을 말한다.'라고 규정하고 있다. 즉 상권을 '상품과 서비스를 판매하는 지역'이라 정의하였다. 국어사전과 법률 외에도 다양한 관련 문헌과 논문 등에서

말하는 상권에 대한 정의를 취합하여 정리해 보면 다음과 같다.

> **상권(marketing area)**
>
> - 점포의 세력이 미치는 범위
> - 고객을 흡인할 수 있는 지리적 영역(상세권)
> - 마케팅 단위로서의 공간적 범위(마케팅 대상범위, 실질 구매능력이 있는 유효수요의 분포 공간)
> - 판매를 대상으로 설정한 일정 지역
> - 지역 내 고객이 존재하는 시간적·공간적 범위
> - 점포 또는 집적된 점포의 흡인력
> - 매출액에 기여하는 고객이 분포하고 있는 지역

상권이란 단어는 사용처에 따라서 달라지므로 '점포의 세력이 미치는 범위'부터 '매출액에 기여하는 고객의 분포지역'까지 매우 다양한 정의가 있다.

2) 상가권과 상세권

상권에 대한 이야기를 하다 보면, 한 가지 의문이 발생할 수 있다. 과연 상권은 상가가 모여 있는 범위를 의미하는 것인지 아니면 상가에 와서 구매를 하는 소비자의 거주 또는 근무지역을 의미하는 것인지 모호할 수 있다. 그래서 상권은 상가권과 상세권의 두 가지 의미를 동시에 포함한다. 이를 정리하면 〈그림 1–1〉과 같다.

상권이란 단어를 사용하면서 사람들은 두 가지 의미를 구분하지 않고 사용하는 경우

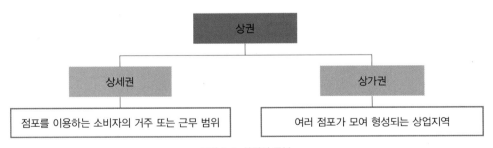

그림 1-1 상권의 구분

가 많다. 상세권을 이야기하며 상권이라고 하고, 상가권을 상권이라고 말한다. 따라서 상권이란 용어를 어떠한 상황에서 어떤 의미로 사용하고 있는지 잘 파악해야 한다. 왜냐하면, 상권을 상가권의 의미로 사용한다면 상가건물의 집합 범위를 어디까지로 설정할 것인지가 중요하며, 상권을 상세권의 의미로 사용하는 경우에는 개별 점포나 상가권을 이용하는 소비자의 범위가 중요한 의사결정 대상이 되기 때문이다.

또한 상가권은 일반적으로 고정된 범위로 정해지는 경우가 많다. 물론 건물이 신축되면서 변동이 생기는 상황이 종종 발생하지만 대부분은 한 번 정해지면 고정된다. 하지만 상세권은 유동적인 범위이다. 즉 가까운 곳의 거주자만이 이용하던 점포나 상가지역이 활성화되면서 원거리의 거주자들이 찾아와 상권 범위가 확장되는 경우가 많다. 특히 관광지 상권의 경우는 이러한 변화가 더 크게 일어날 수 있다.

3) 상권의 구성요소

상권의 개념을 폭넓게 알아보기 위해 영어 표현을 살펴보자. 국내에서 상권을 영어로 표현하는 사례는 여러 가지가 있다. 그중 대표적인 것으로 'business district, business

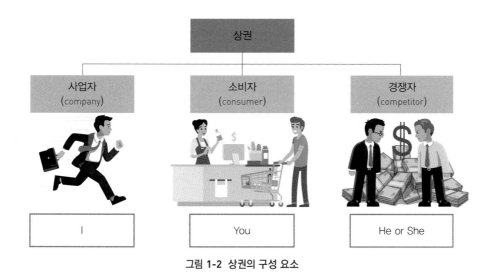

그림 1-2 상권의 구성 요소

area, business zone, trading area, marketing area' 등이 있다. 이러한 표현들은 모두 상업지역을 지칭하는 것으로서 구체적으로는 소비자와 판매자, 경쟁자가 만나서 상품과 서비스의 거래가 이루어지는 공간적 범위에서의 경쟁관계를 의미하는 것이라 볼 수 있다.

이상의 개념을 바탕으로 상권을 평가하기 위한 목적을 기초로 구성요소를 정리하면 〈그림 1-2〉와 같이 '사업사, 소비자, 경쟁자'로 구분할 수 있다.

4) 공간적 범위와 시간적 범위

다양한 상권의 정의는 나름대로의 심층적인 의미를 담고 있다. 예를 들어 '지역 내 고객이 존재하는 시간적 범위와 공간적 범위'를 생각해 보자. 〈표 1-1〉은 강남역을 중심으로 반경 500m에 위치한 커피전문점을 방문하는 고객 현황이다. 주거인구, 직장인구, 유입인구의 비중을 확인할 수 있으며 고객은 어느 지역에서 강남역을 찾아오고 있는지 확

표 1-1 강남역 상권(고객의 공간적 범위)의 분석사례

① 주거인구	② 직장인구	③ 유입인구
20,943명	412,821명	319,601명
2.8%	54.8%	42.4%

① 주거인구 : 분석지역 반경 2km 내에 거주하는 고객
② 직장인구 : 분석지역 반경 2km 내에 직장 주소가 있는 고객
③ 유입인구 : 주거인구와 직장인구에 포함되지 않으며, 외부에서 유입되는 고객

[유입고객 주거지역]

순위	시·군·구 단위		읍·면·동 단위	
1	서초구	8.34%	역삼1동	2.59%
2	강남구	8.31%	서초2동	2.26%
3	송파구	5.5%	서초4동	1.27%
4	용인시	5.46%	반포1동	0.69%
5	성남시	5.33%	잠실2동	0.68%

[유입고객 직장지역]

순위	시·군·구 단위		읍·면·동 단위	
1	서초구	40.76%	서초2동	35.76%
2	강남구	23.0%	역삼1동	18.01%
3	송파구	6.86%	소공동	3.68%
4	수원시	2.7%	명동	2.24%
5	성남시	1.92%	서초4동	2.2%

자료 : 나이스비즈맵 상권분석서비스(2018. 12. 21.).

인할 수 있다. 즉 고객의 공간적 범위를 확인함으로써 강남역의 지리적 상권을 정의할 수 있다.

상권이 공간적 범위만을 의미하는 건 아니다. 시간적 범위도 매우 중요한 상권의 개념 중 하나이다. 예를 들면 〈그림 1-3〉은 강남역 반경 500m 이내에 위치한 커피전문점의 시간적 범위를 조사한 결과이다. 해당 자료에 따르면, 강남역 인근의 커피전문점은 점심시간대인 12~15시 사이에 일일 매출액의 약 45.5%를 달성하고 있다. 저녁시간대인 18~21시까지의 매출액 비중은 하루 매출액의 약 9.4%에 불과하다. 만약 창업자가 이러한 상권정보를 미리 알 수 있다면 시간대별 매출목표 수립과 목표달성을 위한 매장의 구조, 기물의 확보와 배치, 인력구성과 운영 등과 같은 구체적인 계획을 수립하는 데 활용할 수 있다. 만약 이러한 상권 정보를 정확하게 이해하지 못한 채 창업을 하고 경영을 한다면 경쟁력과 효율성이 떨어지는 점포를 만들어 운영하게 될 가능성이 크다. 한마디로 상권의 시간적 범위를 정확히 이해하지 못하고 창업하면 실패확률이 높아진다.

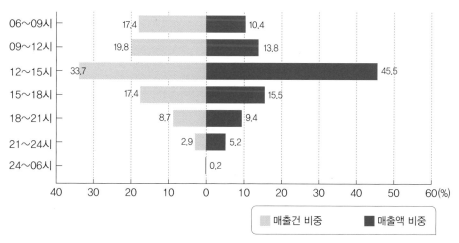

그림 1-3 강남역 인근 커피전문점의 상권(시간적 범위) 사례
자료 : 나이스비즈맵(2018. 12. 21.).

5) 오프라인 공간 범위와 온라인 공간 범위

그동안 고객을 기준으로 규정되었던 상권은 주로 오프라인 개념으로 접근하였다. 상권의 범위를 정할 때 주로 거리의 단위인 미터나 킬로미터 등을 사용하는 것이 대표적인 사례이다. 하지만 최근에는 상권의 개념이 온라인으로 확장되고 있다. 즉 상권을 '상가권과 상세권', '공간적 범위와 시간적 범위'로 구분하는 것을 넘어 '오프라인 상권과 온라인 상권'으로 구분하는 기준이 만들어지고 있다.

오프라인 상권은 지리적 범위와 특성을 이용하여 상권을 규정하는 개념인 데 반하여 온라인 상권은 인터넷 또는 SNS(Social Network Service)상에서 경쟁자와 고객을 규정하고 범위를 설정하는 개념이다. 그런데 온라인 상권은 오프라인 상권과 같이 물리적으로 범위나 크기를 정하는 것이 매우 어렵다. 특히 지금까지 이런 개념을 정의하거나 연구한 사례가 거의 없다는 점에서 앞으로 많은 연구와 개발이 필요한 분야이다.

우리 주변에서 온라인 상권이 명확하게 정의되고 개발되어야 한다는 사실을 보여주는 몇 가지 사례를 살펴보면 다음과 같다.

첫째, 수도권 고객들이 원거리에 위치한 지방 베이커리 브랜드를 찾는 비중이 급증하

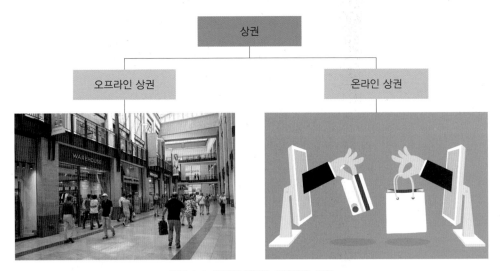

그림 1-4 온라인 상권과 오프라인 상권

는 현상을 들 수 있다. 예를 들어 대전 성심당, 군산 이성당, 전주 풍년제과, 안동 맘보스 제과 등은 최근 2~3년 사이 엄청난 매출 신장을 기록하고 있다. 이런 현상은 과거와 같은 오프라인 상권이라는 개념으로는 설명이 어렵다. 온라인을 통해 브랜드가 알려지고 온라인으로 주문이 가능한 환경이 만들어지지 않았다면 이런 성과를 거둘 수 없다.

둘째, 좀 더 구체적인 통계를 이용하여 개인 점포의 상권이 확장되는 사례를 살펴보기로 한다. 〈그림 1-5〉는 강원도 속초의 전통시장인 '속초관광수산시장'의 위치를 보여주고 있다. 이 시장 내에는 닭강정 골목이 자리하고 있으며, 다수의 점포 중에서 '만석닭강정'이라는 브랜드가 전국에 유명세를 떨치고 있다.

그런데 속초관광수산시장 내 닭강정 골목을 이용하는 고객의 범위를 거리 기준으로 살펴보면 〈그림 1-6〉과 같다. 즉 반경 5km 이내 거주자의 비중은 4%이다. 96% 이상의 고객은 반경 5km 외부에서 찾아오고 있다. 속초는 관광지이므로 당연한 결과이다. 하지만 이런 현상이 나타나기 시작한 것은 최근의 일이다.

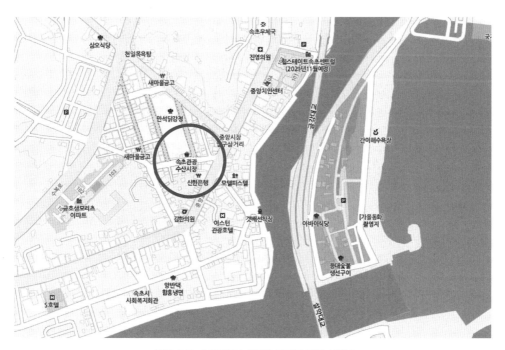

그림 1-5 속초관광수산시장 닭강정 골목 상권 1

자료 : 네이버 지도.

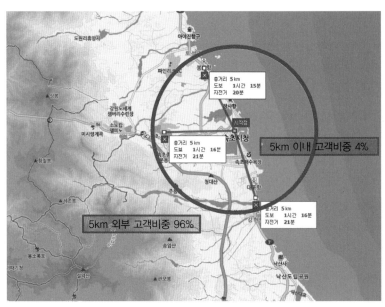

그림 1-6 속초관광수산시장 닭강정 골목 상권 2

자료 : 네이버 지도.

그림 1-7 속초 만석 닭강정 홈페이지

닭강정 골목을 비롯하여 속초관광수산시장 내의 모든 업종이 활성화된 것은 인터넷과 SNS의 영향이 크다.

결과적으로 속초관광수산시장이라는 전통시장에 위치한 닭강정 전문점의 상권은 대한민국 전체라고 할 수 있다. 그리고 이러한 상권의 확장은 단순히 오프라인 상권에서

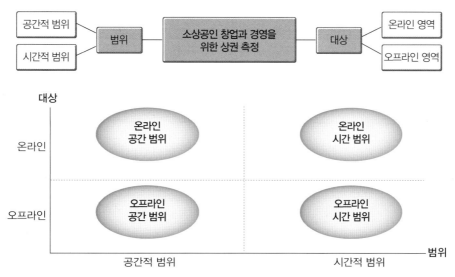

그림 1-8 온라인, 오프라인 상권의 매트릭스

가능했던 것이 아니라 온라인 상권이 발전하기 시작하면서 가능했다고 볼 수 있다. 〈그림 1-7〉은 온라인 구매자를 위하여 꾸며진 만석닭강정의 홈페이지이다. 온라인 주문과 배송조회 목록을 확인할 수 있다.

최근 들어 지방에 위치한 소규모 점포들이 온라인 상권의 발달과 확장으로 인한 혜택을 받고 있다. 과거에는 매우 적은 수의 현지 방문자만이 이용하였기에 매출이 낮았지만 인터넷을 통해 전국적으로 알려지면서 소비자들이 기꺼이 시간과 비용을 투자하기 시작했으며, 한 번 구매 후 만족한 고객들은 인터넷을 통해 온라인으로 구매하는 소비 특성을 보여주고 있다. 앞으로도 이와 같은 온라인 상권의 발달과 확장은 계속 이어질 것이다.

이상 상권의 정의에 대한 다양한 사례를 살펴보았다. 예비창업자나 기존 사업자는 상권의 개념을 통해 상권을 측정하는 변수가 〈그림 1-8〉과 같이 공간적·시간적 범위와 온라인, 오프라인 영역으로 확장되고 있다는 것을 알아야 한다.

4차 산업혁명 시대가 되면서 온라인 상권과 상권의 시간적 범위의 중요성은 더욱 커지고 있다. 예비창업자는 물론이고 기존 사업자들은 기존의 오프라인 상권과 공간적 범위에 치중하던 관습을 버리고 온라인 상권과 시간적 범위에 집중해야 한다.

2 입지의 개요

1) 입지의 정의

국어사전에서 입지(location)는 다음과 같이 정의되고 있다.

> 1. 식물이 생육하는 일정한 장소의 환경
> 2. 인간이 경제 활동을 하기 위하여 선택하는 장소

입지는 '인간이 사업을 하기 위하여 선택하는 장소'를 의미한다. 다만 '일정한 장소의 환경'을 포함하는 개념으로 확장할 수 있다. 좀 더 구체적으로 입지는 '사업자가 판매하려는 서비스와 상품이 고객과 만나는 위치적 조건'이라고 정의한다. 이러한 정의에 따르면, 입지는 곧 '점포'라고 생각하기 쉽다. 즉 고객이 찾아오는 장소인 물리적 공간을 입지라고 본다. 그러나 상품과 고객이 만나는 장소는 고객의 집이 될 수도 있고, 제3의 장소가 될 수도 있다. 또는 온라인의 특정 공간이 점포의 역할을 하는 경우도 존재할 수 있다. 〈그림 1-9〉는 다양한 입지의 개념을 정리한 내용이다.

과거에는 물리적 장소만이 입지였다면, 최근에는 입지가 오프라인뿐 아니라 온라인의 영역으로 확장되고 있다. 따라서 입지는 '오프라인과 온라인에서 사업자가 판매하려는 서비스와 상품이 고객과 만나는 위치적 조건'으로 정의할 수 있다. 여기서 '조건'이라는

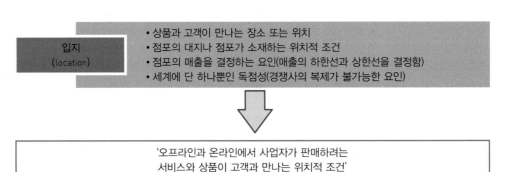

그림 1-9 입지의 정의

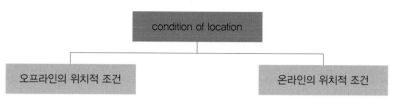

그림 1-10 위치적 조건의 분류

단어에 집중할 필요가 있다. 단순히 위치가 아닌 '위치적 조건'이라는 표현은 상권과 마찬가지로 입지도 매우 유동적임을 의미한다.

위치적 조건을 좀 더 정확하게 이해하기 위해 예를 살펴보자. 동일한 브랜드의 상품을 판매하는 점포가 있다고 가정하자. A가 해당 점포에서 사업을 할 때는 매출이 낮아서 어려움을 겪다 개선의 여지가 없다고 판단하여 B에게 사업권을 넘겼는데 B가 사업을 인수한 이후부터 실적이 개선되고 점포의 수익성이 높아지는 경우가 있다. 이런 경우 〈그림 1-10〉과 같이 오프라인과 온라인의 위치적 조건을 적절히 개선한 결과라고 할 수 있다. 단순히 위치와 상품만으로는 성과의 차이를 설명할 수 없다. 실적이 나빴던 A와 동일 위치에서 동일한 브랜드로 실적을 개선한 B는 위치는 같지만 위치적 조건을 다르게 활용한 사례이다. 즉 입지는 조건을 어떻게 만들어 내느냐에 따라서 성과가 천차만별로 다르게 나타난다. 입지분석의 필요성과 중요성을 인식해야 하는 이유가 여기 있다.

2) 입지의 구성요소

입지는 상권과 같이 입지를 구성하는 요소가 있다. 입지를 분석하는 이유는 해당 요소를 파악하고 최적의 조건으로 만들기 위한 것이므로 〈그림 1-11〉처럼 '투자금액, 점포특성, 주변환경'과 같은 요소에 대한 이해가 반드시 필요하다. 창업자는 '투자금액, 점포특성, 주변환경'을 고려해 입지를 선택하게 되고, 경영자는 이미 선택한 입지에 대해 '투자금액, 점포특성, 주변환경'을 고려해서 상권에 적합한 개선 방안을 찾는다.

그림 1-11 입지의 구성요소

3 상권과 입지의 차이

상권과 입지를 설명할 수 있을 정도의 개념은 이해했을 것으로 생각된다. 다만 이 두 가지 용어 사이에는 밀접한 관계와 차이가 존재한다. 즉 단순한 개념의 이해를 넘어 두 개념 간의 차이를 정리하는 것이 활용법을 이해하는 데 큰 도움이 된다. 〈표 1-2〉를 통해 상권과 입지의 차이를 자세히 살펴본다.

상권과 입지를 평가하는 조건은 추후 세부적인 항목에서 자세히 다룰 예정이다. 표에서는 어떤 항목을 이용해 상권과 입지를 평가해야 하는지 알아둔다. 입지를 분석하는 목적은 점포의 성공과 실패를 예측하기 위함이다. 따라서 분석자는 성공할 수 있다고 예측되면 그 입지를 선택하고 만약 실패가 예상된다면 다른 입지를 찾게 된다.

표 1-2 상권과 입지 개요의 비교

구분	상권	입지
개념	점포가 고객을 흡수할 수 있는 공간, 시간, 오프라인, 온라인 범위	오프라인과 온라인에서 사업자가 판매하려는 서비스와 상품이 고객과 만나는 위치적 조건
평가조건	• 일반현황 • 3C(자사, 소비자, 경쟁자) • 상권예측	• 투자금액 • 점포의 특성(시설특성, 입지특성, 권리분석) • 주변환경
분석 목적	상권의 성패 예측	점포의 성패 예측
궁극의 목적	창업 전과 후의 매출액, 투자수익률 추정 및 전략 수립	

상권을 분석하는 목적은 해당 상권에 수요가 충분한지 지속적으로 수요가 유지될 수 있는지를 확인하기 위함이다. 만약 선택하려는 상권의 인근에 신도시가 개발되어 기존 상권이 머지않은 시기에 낙후될 것으로 예상된다면 해당 입지에서의 사업도 매우 불안 정하게 될 가능성이 있다. 따라서 현재 입지의 조건이 좋더라도 미래가 불안한 상권에서의 창업 여부는 상권분석 결과에 의존할 수밖에 없다. 이처럼 상권과 입지의 분석은 분석 방법은 다를지 모르나 분석결과는 상호 간에 영향을 미치게 됨을 알아야 한다.

개념을 이해하는 것은 우리가 그것을 배워야 하는 이유와 깊은 연관이 있다. 무언가 열심히 공부하긴 했지만 그것을 현장에서 유용하게 이용하지 못하는 것은 개념 정립이 명확하지 않은 데서 비롯된다. 따라서 저자는 항상 우리가 학습할 주요 키워드에 대한 개념 정립에 많은 시간을 할애한다. 한편으로 개념은 우리가 배우는 학문의 목표를 알려주기도 한다. 상권과 입지가 어떤 것이라는 내용이 명확해지면 그것이 어떤 용도로 쓰이게 되는지 쉽게 이해할 수 있다.

4 상권분석의 정의

상권의 정의에서 제시한 바와 같이 상권은 '마케팅 영역(marketing area)'이다. 따라서 상권분석은 '마케팅 영역을 정하고 분석하는 활동'이다. 상권분석의 개념을 구체적으로 정리하면 〈그림 1-12〉와 같다.

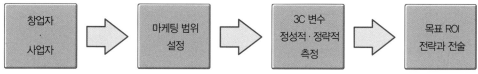

> 창업자 또는 사업자가 적정 소비자 범위(마케팅 범위)를 설정하고 3C 변수를 정성적·정량적 방법으로 측정함으로써 목표투자수익률을 달성할 수 있는 전략과 전술을 제시하는 활동

창업자 · 사업자 ⇒ 마케팅 범위 설정 ⇒ 3C 변수 정성적·정략적 측정 ⇒ 목표 ROI 전략과 전술

그림 1-12 상권분석의 개념

상권분석을 단계별로 살펴보면 다음과 같다.

첫째, 상권분석은 개인 창업자, 기존 사업자, 프랜차이즈 가맹본부, 부동산 및 상가 투자자, 대형 상업시설 MD 담당자를 대상으로 하며 일회성이 아닌 정기적이고 반복적으로 이루어지는 필수 활동이다.

둘째, 소비자 범위란 일반화된 마케팅 영역으로 분석을 위한 범위(공간적 범위, 시간적 범위, 오프라인 공간, 온라인 공간)를 의미한다. 다만 상황에 따라 매우 유동적이므로 기존 사업자는 기존 고객과 가망고객이 거주하거나 근무하는 범위이다.

셋째, 3C(Company, Consumer, Competitor)는 상권을 구성하는 환경적 요인으로, 실질적 분석 대상 변수를 의미한다. 특히 상권분석에서 자사에 대한 분석은 소비자와 경쟁자에 대한 분석 이전에 객관적이고 합리적으로 이루어져야 하는 가장 중요한 변수이다.

넷째, 정성적·정량적 방법이란 3C를 실질적으로 파악하여 문제를 찾고 해결하기 위한 모든 분석법을 의미한다. 상권분석을 상권정보시스템과 같은 통계적 방법만을 사용한다거나 전문가 1인의 주관적 진단에만 의존하는 것은 피해야 한다. '현황조사법, 체크리스트법, 설문지조사법, 인터뷰, 관찰, 수학적 방법' 등 다양한 방법을 분석목적에 맞게 적절히 융·복합하여 사용해야 한다.

다섯째, 목표투자수익률이란 사업자가 얻어야 하는 최소한의 가치 수준을 의미한다. 가치 수준은 금전적인 이익뿐 아니라 생활의 질과 비전의 달성 등을 모두 고려한 변수이다.

여섯째, 전술과 전략이란 목표투자수익률을 달성하는 데 필요한 모든 실행 가능한 활동으로 효과적이고 효율적인 마케팅과 경영활동을 의미한다. 예를 들어 창업 전에는 경쟁전략으로서 원가우위전략과 차별화 전략 중 하나 이상의 선택이 필요하고, 창업 이후에는 성장을 위한 전략적 선택을 어느 정도 준비해야 한다.

상권분석의 개념을 알아보았지만 아직은 그 과정을 확정해서는 곤란하다. 상권분석은 분석목적에 따라서 달라질 가능성이 크기 때문이다. 실제 현장에서 이루어지는 상권분석은 그 목적과 관계없이 획일적으로 이루어지는 경우가 많다. 단순히 상권의 현황을 파악하는 것은 큰 의미가 없다. 분석 목적을 명확하게 정하고 목적을 달성할 수 있도록 내용과 과정을 기획해야 한다.

5 상권분석의 목적

상권과 입지의 개념을 명확히 이해했다면 그것이 어떻게 이용되는지를 알 수 있어야 한다. 다시 말해 상권과 입지를 조사하고 분석하는 목적이 명확해야 한다. 이미 언급하였듯 상권과 입지를 분석하는 공통된 목적은 '사업의 성공'이다. 다만 포괄적인 성공을 좀 더 구체화할 필요가 있다. 성공은 우리가 어떤 사업을 하느냐에 따라서 다르게 정의 내려지기 때문이다. 본서에서는 개인이 외식업체를 직접 창업하려는 예비창업자의 경우와 기존에 사업을 하고 있는 외식사업자의 경우, 프랜차이즈 가맹본부, 부동산 개발자 및 상가 투자자의 경우로 분류해서 살펴본다.

무엇보다 상권과 입지분석의 목적을 명확히 이해하기 위해 상권분석과 입지분석을 통틀어 '상권분석'으로 정의하고자 한다. 상권분석은 '상권조사, 상권평가, 상권측정'으로 표현하기도 하며 약간의 차이는 있지만 일반적으로 비슷한 표현으로 이해하면 된다. 따라서 이후에는 상권분석으로 통일하여 사용한다. 상권분석을 하는 목적은 주체가 누구냐에 따라서 달라지므로 사례를 들어 설명하면 다음과 같다.

1) 개인 창업자의 상권분석 목적

개인 창업자는 상권분석의 목적을 좋은 지역, 좋은 점포를 찾는 용도로 알고 있는 경우가 많다. 포괄적으로 창업자가 상권분석을 하는 이유를 그렇게 이야기할 수는 있지만 이런 수준의 목적으로 상권분석을 실행하면, 작금의 창·폐업률에서 보듯 창업 실패를 양산하는 잘못된 의사결정을 하게 만들 가능성이 높다. 따라서 좀 더 명확하고 구체적인 목적이 필요하다. 상권분석은 사업의 목표수익률 달성 가능성을 확인하고 수익률을 높일 목적으로 이루어져야 한다. 목표수익률은 창업을 해서 얻게 될 순이익을 투자금액으로 나누어 산출되므로 구체적으로는 '투자금액, 예상매출액, 예상비용, 예상이익'을 알기 위하여 상권분석을 한다고 볼 수 있다. 그 외의 부수적인 목적은 다음과 같다.

창업을 준비하는 예비창업자가 상권분석을 통해 산출해야 하는 최종 결과물은 '투자수익률'이다. 물론 이 목적 외에도 창업자는 상권분석을 통해 많은 결과물을 얻을 수 있다. 예를 들면, 어떤 업종으로 창업하는 것이 자신에게 가장 유리한지를 판단하는 용도가 있다. 또한 투자금액을 산출하거나 수익성을 극대화시키는 마케팅 전략을 수립하는 용도로도 활용할 수 있다. 상권과 입지는 직원 채용의 편의성과 밀접한 관련이 있다. 대학가 주변에 위치한 점포는 아르바이트생을 구하기 편리하고 소득수준이 높은 지역보다는 낮은 지역에서 인력조달이 원활하다. 외식사업을 위한 인력수급은 향후 사업을 영속적으로 유지하는 데 큰 영향을 미친다.

2) 기존 사업자의 상권분석 목적

실무에서는 상권분석을 오로지 창업을 위한 용도로만 알고 있다. 하지만 실제 상권분석은 기존 사업자에게 더욱 필요하고 긴요한 마케팅과 경영을 위한 도구이다. 상권분석은 창업을 위한 분석도구보다는 경영을 위한 분석도구로 더 많이 활용된다. 다음은 기존 사업자를 위한 상권분석의 목적을 정리한 내용이다.

- 영업부진 개선을 위한 방안 수립
- 수익성을 높이기 위한 전략 수립
- 효과적이며 효율적인 마케팅 매체 선택과 실행
- 사업 확장을 위한 성장전략 탐색
- 직원과 고객을 포함한 이해관계자의 만족도 향상

기존 사업자는 정기적으로 상권분석을 해야 한다. 가능하다면 한 달에 한 번 상권분석을 해야 한다. 사업자는 주기적으로 소비자, 경쟁자 그리고 자신의 점포에 대한 분석을 해야 한다. 경영자는 상권분석 결과를 이용해서 영업부진을 탈피할 수 있으며, 수익성을 높이기 위한 전략을 수립할 수 있다. 그 외에 효율적인 마케팅 방법과 마케팅 매체를 찾는다거나 사업 확장을 위한 성정전략의 탐색, 내·외부 고객만족도 향상을 위한 방안 등을 찾는 데도 활용할 수 있다.

3) 프랜차이즈 가맹본부의 상권분석 목적

개인 창업자와 기존 사업자에게 상권분석은 매우 중요한 도구임에도 조직과 전문성의 부재로 활용도가 떨어질 수밖에 없다. 이에 비해 프랜차이즈 가맹본부는 좀 더 체계적인 접근이 가능하기 때문에 최근 많은 연구와 투자가 이루어지고 있다. 프랜차이즈 가맹본부는 사업 확장을 위한 전략 수립에 상권분석을 활용한다. 사업을 확장하기 위해서는 다음에 정리한 바와 같이 '시장환경 조사, 시장점유율 예측, 출점타당성 평가, 가맹계약 사전준비, 마케팅전략 차별화' 등의 다양한 분야에 활용할 수 있도록 상권분석을 해야 한다.

프랜차이즈 본부의 상권분석 목적

- 시장환경 조사 및 시장점유율 예측
- 출점 타당성 평가
- 가맹계약 사전준비 및 가맹점과의 분쟁 해결
- LSM(Local Store Marketing) 전략 수립과 전사적 마케팅 전략의 차별화
- 우선 개점 상권 선별(전국 개전 가능 점포 수와 개점 순위 검토)
- 상권 범위와 출점 가능 상권 확상을 위한 전략 수립
- DEA(Data Envelopment Analysis, 자료포괄분석)에 의한 가맹점별 효율성 극대화

프랜차이즈 가맹본부는 가맹사업을 본격적으로 시작하기 전에 시장환경 조사 및 시장점유율 예측을 위해 상권분석을 한다. 가맹사업이 시작되면, 가맹점의 출점타당성 분석을 위한 도구로 활용한다. 출점한 점포의 실적 개선을 위하여 지역점포마케팅 LSM(Local Store Marketing) 측면에서 상권분석을 가장 많이 활용한다. 그 외에도 프랜차이즈 가맹본부는 상권 범위를 확장하고 각각의 가맹점의 효율을 극대화하기 위한 목적의 자료포괄분석(DEA, Data Envelopment Analysis)을 한다. 프랜차이즈 가맹본부는 본부 및 가맹점의 라이프사이클 관리목적으로 지속적인 상권분석을 한다.

4) 부동산 개발자 및 상가 투자자의 상권분석 목적

예비창업자나 기존 사업자, 프랜차이즈 가맹본부 외에도 상권분석을 매우 유용하게 활용할 수 있는 대상으로 부동산 개발 및 투자 분야를 들 수 있다. 앞으로 상가의 개발보다는 기존 상가의 수익률을 극대화시키는 노력이 더 중요한 시대가 되리라 예상된다. 이 유는 개인 창업이 축소되면서 상가 임차 수요가 줄어들어 공실 상태가 오랫동안 유지되는 점포가 크게 늘 것이기 때문이다.

이와 같은 상황이 연출되면, 임대인들은 투자수익률 하락에 따른 자산 가치의 하락에 직면하게 된다. 결국 자신의 상가에 대한 직접 투자 또는 최적의 MD(Merchandising) 구성이 가능한 방법을 찾아야 하는데, 이때 가장 필요한 능력이 상권분석이다.

상가 등의 수익률 극대화를 위한 상권분석 목적

- 층별 효용비율 분석을 통한 수익률 극대화
- 부동산 감정평가를 통한 가치 산정
- 대형 상업시설 MD 구성 기획
- 지역 상권 활성화 방안 수립
- 글로벌 시장 공략을 위한 전략 기획
- 상가 및 상권의 공간분석을 통한 MD 구성 및 수익률 극대화

상가와 같은 부동산 개발자나 투자자는 최고의 경쟁력을 갖는 MD 구성을 고려한 건축과 임대 관리가 필요하게 된다. 또한 상권분석을 이용해서 층별 효용비율을 높이려고 노력해야 하며, 대형 상업시설인 경우에는 지역 상권을 활성화시키는 방안도 함께 고민해야 한다.

지금까지 상권분석을 활용하는 분야별로 상권분석의 용도와 목적에 대하여 살펴보았다. 상권분석은 누가, 어디에, 어떻게 활용하느냐에 따라서 매우 다양한 목적을 가질 수 있다. 예비창업자와 기존 사업자, 프랜차이즈 가맹본부, 상가 투자자 이외에도 상권분석을 이용해야 하는 대상은 갈수록 늘고 있다. 예를 들면 향후 상권분석의 용도는 지역활성화, 전통시장 활성화, 도시계획 등으로 확산될 것이다. 따라서 상권분석을 활용하는 대상은 자신이 어떤 목적으로 상권분석을 이용하는지 명확히 정하고 그 목적에 적합한 분석방법과 프로세스를 연구·개발해야 한다.

6 상권분석의 발전과정

국내 상권분석 이론의 발전 과정을 정리할 수 있는 적합한 문헌을 찾기가 쉽지 않다. 따라서 본서에서는 경영학의 다양한 발전 과정 이론을 차용하여 국내 상권분석 이론의 발전단계를 설명한다. 국내 상권분석의 행태는 〈그림 1–13〉과 같이 특성이론에서 행위이론을 거쳐 상황이론으로 발전하여 현재는 정보기술이론으로 설명할 수 있는 인공지

1장 상권과 입지의 이해 **29**

- **특성이론** : 상권이 좋은 곳과 나쁜 곳이 구분되어 있다고 보는 시각이다. 즉 좋은 상권과 나쁜 상권의 공통된 특성이 있고, 이는 구분이 가능하다고 보는 것이다.
- **행위이론** : 좋은 상권과 나쁜 상권을 구분하기보다는 어떤 업종을 선택하느냐, 어떻게 사업을 하는 것이 성공 가능성이 높으냐에 집중한다.
- **상황이론** : 상권특성에 따라서 적합한 업종, 업태, 기타 콘셉트가 모두 다르다. 즉 상권에 적용하는 방법을 찾는 데 집중해야 하며 상권의 변화에 지속적으로 적용해 나가야 한다.
- **정보기술 이론** : 빅데이터 기반 인공지능(AI), 사물 인터넷(IoT), 클라우드 컴퓨팅, 모바일 등 지능정보기술이 기존 산업에 융합되어 모든 제품·서비스를 네트워크로 연결하고 사물을 지능화하는 혁명이다.

그림 1-13 상권분석 이론의 발전과정

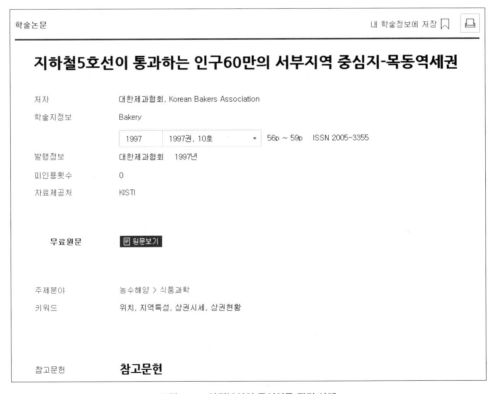

그림 1-14 상권분석의 특성이론 관점 사례

자료 : 네이버 학술정보.

능 단계까지 발전하였다.

좀 더 구체적으로 살펴보면 특성이론은 1970~2000년까지 가장 많이 사용했던 제조업 관점의 상권분석 개념이다. 좋은 상권과 나쁜 상권이 구분되어 있다고 보는 시각의 대표적인 이론이다. 외식업 관점으로 예를 들자면 '유동인구, 지하철역과 교통시설, 집객시설, 권리금, 임차료 등이 많거나 비싼 곳은 상권이 좋은 곳이며, 그렇지 않은 상권은 나쁜 곳이다.'라고 이야기하는 경우이다. 대표적인 기업으로 파리바게뜨의 초창기 상권분석 사례를 설명할 수 있다.

특성이론에 따라 상권분석을 활용하던 창업자와 경영자들로부터 문제가 제기되면서 상권분석에 대한 새로운 패러다임이 요구되기 시작했다. 그리고 이러한 요구에 적합하다고 판단되어 나타난 이론이 행위이론이며 유통업 관점의 상권분석으로 정의할 수 있다. 상권분석에서 좋은 상권과 나쁜 상권의 공통점을 찾던 특성이론으로 상권의 선택과 활용을 설명하기 어려워지면서 행위이론이 대두되었다. 행위이론에서는 좋은 상권과 나쁜 상권을 구분하기보다는 특정 상권과 입지에서 사업을 하려면 어떤 업종을 선택하느냐, 어떻게 사업을 하는 것이 성공 가능성이 높은 것이냐에 집중하기 시작했다. 예를

학술논문	내 학술정보에 저장 🔖 🖨

프랜차이즈 기업의 신제품 개발 및 마케팅전략 : 파리바게뜨 사례

Product Development and Marketing Strategy of Franchise Business: The Case of Paris Baguette Bakery

저자	조준상
소속	서울과학종합대학원 경영학 박사과정
학술지정보	Korea Business Review
	2011 ｜ 14권, 3호 ▾ ｜ 215p ~ 250p ｜ ISSN 1226-4997
발행정보	한국경영학회 2011년
피인용횟수	5
자료제공처	국회도서관 NRF
무료원문	📖 원문보기

그림 1-15 행위이론 사례

자료 : 네이버 학술정보.

들어 프랜차이즈 창업이 유행하면서 많은 사람이 해당 업종을 창업할 수만 있다면 상권을 가리지 않고 창업을 하는 경우가 이에 해당한다. 이러한 문제를 극복하기 위해 파라바게뜨는 상권별 특징에 기반을 둔 마케팅 전략을 추진하기에 이른다.

그러나 이런 식의 창업이 어떤 상권에서든 성공하지는 않는다는 사실을 확인하게 되면서 창업자와 경영자들은 새로운 고민을 하게 되었다. 결과적으로 행위이론 역시 계속해서 변화하는 상권을 설명하는 데 한계가 있었던 것이다. 그래서 새롭게 제시된 이론이 상황이론이다. 상황이론은 서비스업 관점의 이론으로 상권은 상황이론에 의하여 설명하는 것이 가장 적합하다는 인식이 최근 확대되고 있다. 상황이론에 따르면, 상권특

그림 1-16 상황이론 사례

자료 : 네이버 모두(modoo)의 서관면옥과 명지첫집 홈페이지.

성에 따라서 적합한 업종, 업태, 기타 콘셉트가 모두 달라져야 한다. 즉 좋은 상권과 나쁜 상권이 존재하는 것이 아니라 모든 상권은 나름대로의 특성이 있기 때문에 이러한 특성에 적합한 업종, 업태의 콘셉트가 만들어지면 성공이 가능하다는 이론이다.

예를 들면, 〈그림 1-16〉과 같이 교대상권과 부산 명지신도시 상권의 2내지 3급지에서 창업하여 1급지의 점포보다 더 큰 성공을 거둔 상황이론에 따른 상권분석 활용 사례를 들 수 있다.

마지막으로 정보기술이론이다. 4차 산업혁명의 시대에 대두되기 시작한 상권분석 이론은 빅데이터를 기반으로 하는 인공지능(AI), 사물 인터넷(IoT), 클라우드 컴퓨팅, 모바일 등 정보기술이 기존 산업에 융합되어 모든 제품·서비스를 네트워크로 연결하고 사물을 지능화하는 혁명으로 발전하고 있다. 예를 들어 신용카드회사에서 제공하고 있는 가맹점의 고객분석 데이터 등이 이에 해당된다고 볼 수 있다. 〈그림 1-17〉은 비씨카드에서 제공하는 나이대별, 성별 비중에 따른 소비자의 특성자료들이다.

가맹점 이용 고객분석

> 지난날 귀하의 매장을 이용한 고객의 연령별, 성별 비중과 1개월 이내에 다시 매장을 방문한 고객의 비율입니다. 연령/성별에 따라 판매 품목 및 매뉴의 변화를 결정하거나 재방문율의 증감에 따라 고객의 충성도를 파악할 수 있습니다.

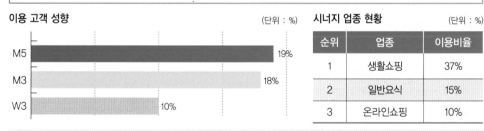

이용 고객 성향 (단위 : %)

- M5 : 19%
- M3 : 18%
- W3 : 10%

시너지 업종 현황 (단위 : %)

순위	업종	이용비율
1	생활쇼핑	37%
2	일반요식	15%
3	온라인쇼핑	10%

- **M5 : 계획적인 소비를 하며 외식, 여행에 관심이 많은 기혼 남성**
  오늘도 열심히 최선을 다한다. 미래를 위해 알차게 저축도 하고 합리적인 소비를 추구하는 열정맨. 더 멋진 내일을 기대하며!
- **M3 : 계획적인 소비를 하는 최소한의 외식, 여가만 즐기는 젊은이**
  나는 되도록 체크카드만 이용해서 필수적인 소비를 하는 편. 가끔 친구들을 만나면 커피도 마시고, 주말에 영화도 보며 스트레스를 풀고 있다. 앞길이 창창한 내 미래를 생각하며 조금만 더 힘을 내자!
- **W3 : 소비를 최소화하고 주로 체크카드를 사용하는 젊은 여성**
  오늘도 한걸음씩. 언젠가 가장 앞서 있을 미래의 나를 위해 노력하고 있다. 커피 한 잔, 영화 한 편으로 즐거움을 찾으며 알뜰하고 경제적인 소비로 똑똑하게 살아가야지.

그림 1-17 비씨카드 고객분석 사례

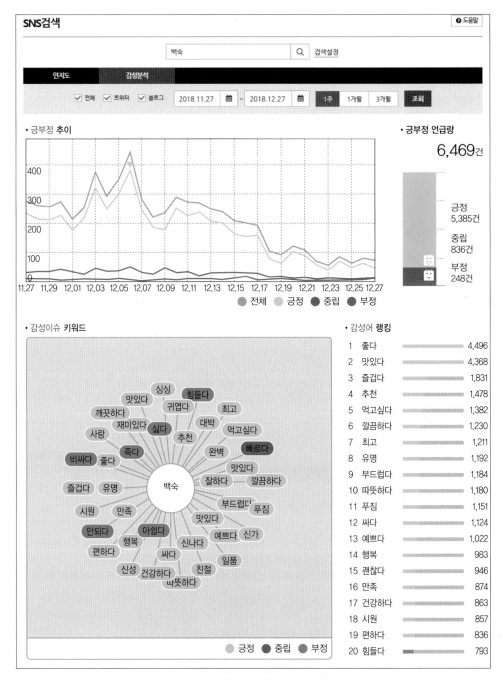

그림 1-18 상권분석을 위한 SNS 분석 사례

자료 : 소상공인시장진흥공단 상권정보시스템.

지금까지 나의 고객임에도 모든 고객의 특성을 정확하게 파악할 수 있는 경영자는 거의 없었다. 그러나 소비자들의 카드 사용 패턴을 분석하여 우리점포를 방문한 고객의 특성을 알고 목표 매출액을 달성하기 위한 전략을 수립할 수 있는 단서로 사용할 수 있다. 또한 SNS와 소셜미디어를 이용한 온라인 상권분석은 대표적인 정보기술을 활용하는 사례로 볼 수 있다.

본 장에서는 상권분석의 개념과 다양한 목적 그리고 상권분석의 발전과정에 대하여 살펴보았다. 누가 어떤 상황에서 어떤 목적으로든 궁극적으로 창업자와 경영자의 이익이 얼마나 장기간 지속되는가를 판단하는 것은 상권분석의 가장 중요한 목적임에 틀림없다. 그러나 이상의 개념과 예시를 통해 단순히 유동인구를 파악한다거나 지형지세의 좋고 나쁨을 판단하는 것, 그리고 상권분석시스템 활용만이 상권분석의 전부인 것처럼 오해하는 일은 없어야 한다.

1 상권이란 단어를 국어사전에서 찾아보면 '상업상의 세력이 미치는 범위'로 정의되어 있다. 「가맹사업거래의 공정화에 관한 법률」 제1조(정의) 제12항에는 '영업지역'에 대한 개념을 정의하고 있다. 이 법에서 영업지역은 상권이란 의미로 볼 수 있는데, '가맹점사업자가 가맹계약에 따라 상품 또는 용역을 판매하는 지역을 말한다.'라고 규정하고 있다. 즉 상권을 '상품과 서비스를 판매하는 지역'이라 정의하고 있다.

2 실무적으로 상권이란 '점포의 세력이 미치는 범위'부터 '매출액에 기여하는 고객의 분포 지역'까지 매우 다양한 정의가 존재한다.

3 상권을 평가하기 위한 목적의 구성요소는 '사업자, 소비자, 경쟁자'로 구분할 수 있다.

4 상권은 공간적 범위, 시간적 범위, 오프라인 범위, 온라인 범위로 구성되어 있다.

5 입지는 '사업자가 판매하려는 서비스와 상품이 고객과 만나는 위치적 조건'이라고 정의한다. 이러한 정의에 따르면, 입지는 곧 '점포'라고 생각하기 쉽다. 즉 고객이 찾아오는 장소인 물리적 공간을 입지라고 본다. 그러나 상품과 고객이 만나는 장소는 고객의 집이 될 수도 있고, 제3의 장소가 될 수도 있다. 또는 온라인의 특정 공간이 입지인 경우도 존재할 수 있다.

6 실무적으로 입지는 '오프라인과 온라인에서 사업자가 판매하려는 서비스와 상품이 고객과 만나는 위치적 조건'으로 정의할 수 있다.

7 입지는 상권과 같이 입지를 구성하는 요소가 있다. 입지를 선택하기 위하여 분석하는 과정은 해당 요소를 파악하고 최적의 조건으로 만들기 위한 것이므로 '투자금액, 점포특성, 주변환경'과 같은 요소에 대한 이해가 반드시 필요하다.

8 개념을 이해하는 것은 우리가 그것을 배워야 하는 이유와 깊은 연관이 있다. 한편, 개념은 우리가 배우는 학문의 목표를 알려주기도 한다. 상권과 입지가 어떤 것이라는 내용이 명확해지면 그것이 어떤 용도로 쓰이게 되는지도 쉽게 이해할 수 있기 때문이다.

9 상권의 정의에서 설명했던 것과 같이 상권은 '마케팅 영역(marketing area)'이다. 따라서 상권분석은 '마케팅 영역을 정하고 분석하는 활동'으로 정의할 수 있다.

10 개인 창업자는 사업의 목표수익률을 달성할 수 있는지 알기 위하여 상권분석을 한다. 목표수익률은 창업을 해서 얻게 될 순이익을 투자금액으로 나누어 산출되므로 구체적으로는 '투자금액, 예상매출액, 예상비용, 예상이익'을 알기 위하여 상권분석을 한다고 볼 수 있다.

11 기존 사업자의 상권분석 목적은 사업의 활성화와 지속적인 발전이다. 그래서 정기적으로 상권분석을 해야 한다. 가능하다면 한 달에 한 번은 상권분석을 통해서 소비자, 경쟁자 그리고 자신의 점포에 대한 분석을 해야 한다. 경영자는 상권분석 결과를 이용해서 영업부진을 탈피할 수 있으며, 수익성을 높이기 위한 전략을 수립할 수 있다. 그 외에 효율적인 마케팅 방법과 매체를 찾는다거나 사업 확장을 위한 성정전략의 탐색, 내·외부 고객만족도 향상을 위한 방안 등을 찾는 데 활용할 수 있다.

12 프랜차이즈 가맹본부의 상권분석 목적은 '사업 확장을 위한 전략 수립'이다. 사업을 확장하기 위해서 '시장환경조사, 시장점유율 예측, 출점타당성 평가, 가맹계약 사전준비, 마케팅전략 차별화' 등의 다양한 분야에 대한 상권분석이 충분히 이루어져야 한다.

13 부동산 개발자 및 상가 투자자의 상권분석 목적은 상가 등에 대한 직접 투자 또는 최적의 MD(Merchandising) 구성이 가능한 방법을 찾아서 투자수익률을 극대화하는 것이다.

14 국내 상권분석의 행태는 특성이론에서 행위이론을 거쳐 상황이론으로 발전하여 현재는 정보기술이론으로 설명할 수 있는 인공지능 관점까지 확장되었다.

1 자신의 사업을 시작하면서 그리고 일정기간 동안 사업을 경영하면서 상권을 어떻게 생각하고 활용하였는지 정리해 보자.

2 자신이 그동안 생각하고 사업에 적용해 왔던 상권의 개념과 본서를 통해서 배운 상권의 개념에 어떤 차이가 존재하는지 설명해 보자.

3 상권을 평가하는 구성요소는 '지피지기 백전불태'와 깊은 관계가 있다. 앞으로 상권의 구성요소를 어떻게 활용해야 할지 정리해 보자.

4 입지에 대한 개념과 구성요소를 정리하고 그동안 생각하고 활용했던 입지에 대한 개념과 어떤 차이가 있는지 비교해 보자.

5 상권분석의 정의를 자신의 사업 관점에서 정리해 보고, 각각의 단계별로 자세히 기술해 보자.

6 현재 자신의 상황에 맞는 상권분석의 목적을 정립해 보자. 가능한 상권분석을 이용해서 자신이 취득해야 할 정보를 나열하고 활용 방법을 설명해 보자.

7 상권분석 이론의 발전과정을 정리하고 현재 자신이 활용하는 수준이 어디에 머물고 있는지 확인한 후, 향후 어떻게 상권분석 방법을 발전시켜 나가야 할지 설명해 보자.

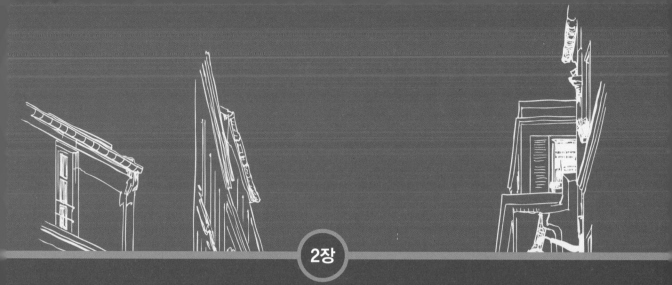

2장

상권과 입지의 분류

학습내용

1 분류의 개요
2 상권의 분류
3 입지의 분류

학습목표

- 상권과 입지의 분류를 만들고 습득해야 하는 이유를 설명할 수 있다.
- 상권을 분류하는 다양한 기준을 확인하고 분류 방법을 설명할 수 있다.
- 입지를 분류하는 다양한 기준을 확인하고 분류 방법을 설명할 수 있다.

1 분류의 개요

본 장에서는 앞서 학습한 상권의 개념을 바탕으로 상권과 입지의 분류에 대해 살펴본다. 어떤 대상을 분류하는 것이 왜 필요한 활동인지 알아보고 구체적인 상권과 입지의 분류기준과 분류 내용에 대해 설명한다.

1) 분류의 정의

상권은 '고객을 확보할 수 있는 지역 범위'로, 상황에 따라서 변하는 유동적인 범위이며 경영자의 노력이나 특정 사건에 의해 넓어지기도 하고 좁아지기도 한다. 이를 좀 더 구체적으로 설명하면 상권은 상품과 서비스가 고객의 구매욕구를 충족시킬 수 있는 지역으로 'marketing area'라고 한다.

상권(marketing area)

- 점포를 이용할 가능성이 높은 고객이 위치하는 범위(상세권)
- 고객의 구매욕구를 충족시킬 수 있는 상품과 서비스가 모여 있는 지역(상가권)

상권이 상세권을 뜻하는 경우는 소비자 중심적인 이해가 필요하다. 상가권을 뜻하는 경우는 집적되어 있는 점포를 중심으로 상권을 이해해야 한다. 위와 같은 개념을 중심으로 상권을 조사하는 방법으로 가장 먼저 생각할 수 있는 것이 '분류와 분석'이다. 분류는 여러 가지가 혼재되어 있는 유형을 같은 것끼리 모아서 구분하는 것을 의미한다.

분류의 사전적 의미를 활용하여 상권의 분류를 살펴보면, 비슷한 상권의 유형으로 나누는 것을 의미한다. 즉 일정한 기준에 따라서 상권을 구분하여 체계적으로 정리하는 것이라 할 수 있다.

그런데 왜 이런 정리가 필요한 것일까? 〈그림 2-1〉에서 보는 바와 같이 일반적으로 분석을 위해서는 조사와 분류라는 과정이 필요하다. 조사자는 분석을 위하여 조사한 데이터를 분류하는 과정을 거침으로써 복잡한 내용이나 얽혀 있는 것을 해체하고 다시 개별적인 요소나 성질로 묶어 한눈에 전체를 파악하고 설명할 수 있게 된다.

이와 같은 분류의 장점을 좀 더 구체적으로 살펴보면 〈그림 2-2〉와 같다. 어떤 대상을 정해진 기준에 따라 분류하면, 특징별로 유목화되면서 막연하게 보이던 상권이 분명하게 드러나는 효과를 얻게 된다. 결국 상권에 대한 이해와 판단이 쉬워지고 전체를 한눈에 파악할 수 있으며, 대상을 분명하게 식별할 수 있다. 특히 분류는 자세한 설명에 유리할 뿐 아니라 논리적으로 상대를 설득하는 방법이다. 결과적으로 상권을 조사하는 데 적절한 분류를 적용하면 다양한 장점이 있다.

따라서 어떤 분야든 대상을 분류하는 작업은 반드시 필요하며, 지속적으로 새로운 기준을 개발하고 파악된 기준에 따라 분류를 시도해야 한다.

상권을 조사하고 분석하는 과정은 매우 복잡하다. 그리고 많은 시간이 필요하다. 그런데 빠른 의사결정이 필요한 경우에는 충분한 시간을 가지고 조사와 분석을 수행하지 못할 수 있다. 이런 상황에서 조사자는 직관과 경험에 의존할 수밖에 없다. 그리고 실제로 현장에서 조사자의 감각에 의해 상권을 선택하는 경우가 많다. 그러나 직관과 경험

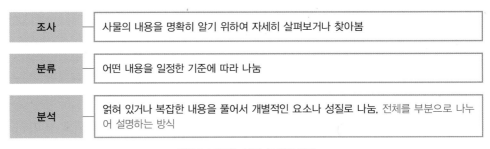

그림 2-1 조사, 분류, 분석의 관계

분류	상권을 비슷한 유형별로 묶는 행위

1. 특징별로 유목화하면 막연하게 보이던 상권이 분명하게 보임
2. 상권에 대한 이해와 판단이 쉽고, 전체를 조망할 수 있음
3. 상권을 자세히 설명하는 데 도움이 됨
4. 상권을 설명하기 위한 순서를 정하는 데 도움이 됨
5. 단기간에 상권을 선택하기 위한 의사결정이 쉬움

그림 2-2 상권과 입지분류의 개념과 장점

에 의존한 선택은 좋은 결과를 얻는 데 한계가 있다. 그렇기 때문에 빠른 의사결정이 필요할 때 활용이 가능한 합리적인 의사결정 대안이 필요하다. 만약 다양한 분류 기준이 정리되어 있다면, 급박한 상황에서 유용하다. 각각의 분류형식에 따라서 조사자가 파악하려는 특징을 쉽게 이해하고 효과적인 의사결정을 할 수 있다.

2) 분류의 기준

상권을 분류하기 위해서는 반드시 기준이 필요하다. 예를 들어 전단지를 배포하기 위한 목적으로 상권을 분류한다면 점포와 고객과의 거리를 기준으로 할 수 있다. 이때 내 점포를 이용하는 고객의 약 70%가 점포로부터 반경 1km 이내에 거주하거나 근무하고 있다면, 전체 고객 중 70% 고객이 위치한 범위를 1차 상권으로 분류하고 그 기준을 1km로 설정할 수 있다. 이렇게 기준을 정하면 이후에 다른 유사한 지역에서 1차 상권을 분류할 때는 별도의 고객 비중을 조사하지 않고 1차 상권을 선정할 수 있다.

또 다른 측면에서 상권을 분류하기 위한 기준에 대해서도 살펴보자. 가령 서울시 전체를 상권 측면에서 설명하기 위하여 〈그림 2-3〉처럼 지도를 펼쳐 놓았다고 가정하자.

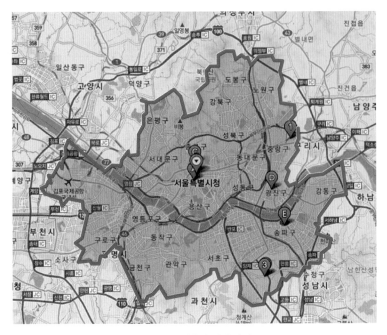

그림 2-3 서울시 전체 상권

자료 : 다음 지도(2018. 12.).

지금 상태에서는 상권에 대한 어떤 이야기도 할 수 없다. 하지만 〈그림 2-4〉 또는 〈그림 2-5〉와 같이 일식전문점을 기준으로 서울시 상권을 분류하면 뭔가 이야기가 가능해진다. 〈그림 2-4〉의 지도에서는 색이 진할수록 일식전문점의 밀도가 높은 상권이다. 다음(Daum) 지도를 이용하여 '일식'이란 키워드로 서울시를 기준으로 검색한 결과는 〈그림 2-5〉와 같고 원으로 표시한 지역이 일식업종이 많은 지역이다.

이번에는 '호프/주점' 업종을 기준으로 서울시 상권을 분류해 본다. 〈그림 2-6〉은 X-ray map을 이용해서 서울시 상권의 '호프/주점' 밀집도를 분류해 본 결과이다.

지금까지는 서울시 상권을 분류하기 위하여 '업종'이라는 기준을 이용했다. 국내 점포들의 업종은 매우 다양하므로 세부 업종을 기준으로 상권을 분류하는 것이 충분히 가능하다는 점을 이해했을 것이다. 이와 같은 분석은 예비창업자나 기존 사업자가 상권분석을 실행하기 위해 가장 우선적으로 접근해야 하는 분류 방법이다. 판매하고자 하는 상품의 상권특성을 파악하는 것은 환경 분석의 일환이기 때문이다.

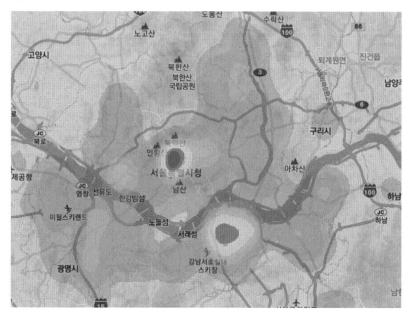

그림 2-4 서울시 상권의 일식전문점 밀집도 1

자료 : biz-gis, X-ray map(2018. 12.).

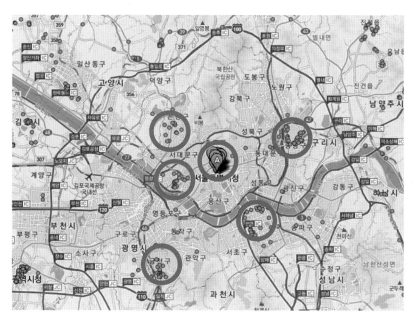

그림 2-5 서울시 상권의 일식전문점 밀집도 2

자료 : 다음 지도(2018. 12.).

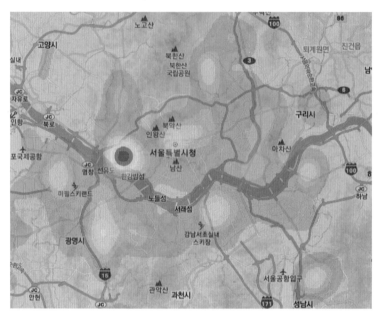

그림 2-6 서울시 상권의 호프/맥주 전문점 밀집도

자료 : biz-gis, X-ray map(2018. 12.).

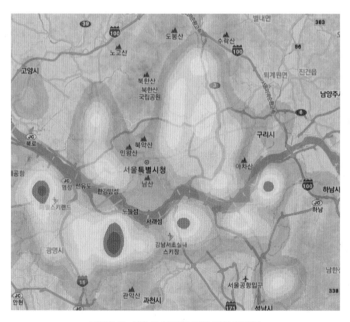

그림 2-7 서울시 상권의 20대 인구 밀집도

자료 : biz-gis, X-ray map(2018. 12.).

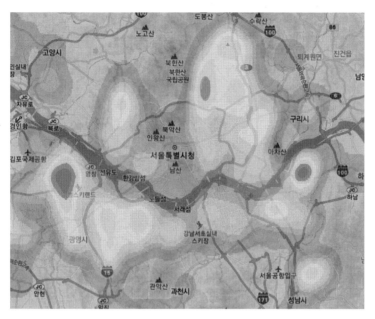

그림 2-8 서울시 상권의 50대 인구 밀집도

자료 : biz-gis, X-ray map(2018. 12.).

이번에는 나이를 기준으로 서울시 상권을 분류한다. 〈그림 2-7〉은 20대 인구의 밀집도를 보여주고 있으며, 〈그림 2-8〉은 50대 인구의 밀집도를 보여주고 있다.

소비자의 연령을 기준으로 서울시 상권을 분류하면 누군가에게 서울시 상권을 설명하고 이해시키기 훨씬 쉬워지고 새로운 아이디어도 도출할 수 있다. 결국 사업의 아이템을 누구에게 판매할 것인가에 따라 상권을 설정하는 데 필요한 분류기준이다.

〈그림 2-9〉와 〈그림 2-10〉은 서울시 상권을 소득수준으로 분류한 결과이다. 저소득층 거주 상권과 고소득층 거주 상권이 명확하게 구분되어 있음을 알 수 있다.

소득분위에 따른 분류기준은 사업의 아이템을 어떻게 판매할 것인가를 선택할 수 있는 대안을 수립하는 기준이다. 업종 분류와 연령, 소득분위 분류 등과 같이 상권분류는 다양하게 접근하여 설명할 수 있고, 그 과정에서 적절한 기준이 작용하고 있다는 사실을 확인할 수 있다. 상권을 분류하기 위하여 주로 활용되는 기준을 조금 더 자세히 정리하면 〈표 2-1〉과 같다.

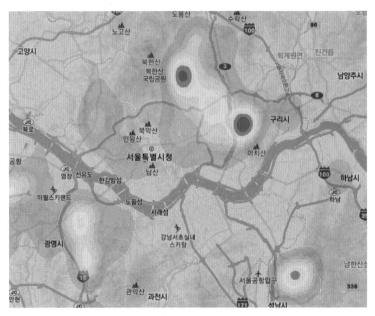

그림 2-9 서울시 상권의 세대별 소득수준 8분위(4,250~4,500만 원) 밀집도

자료 : biz-gis, X-ray map(2018. 12.).

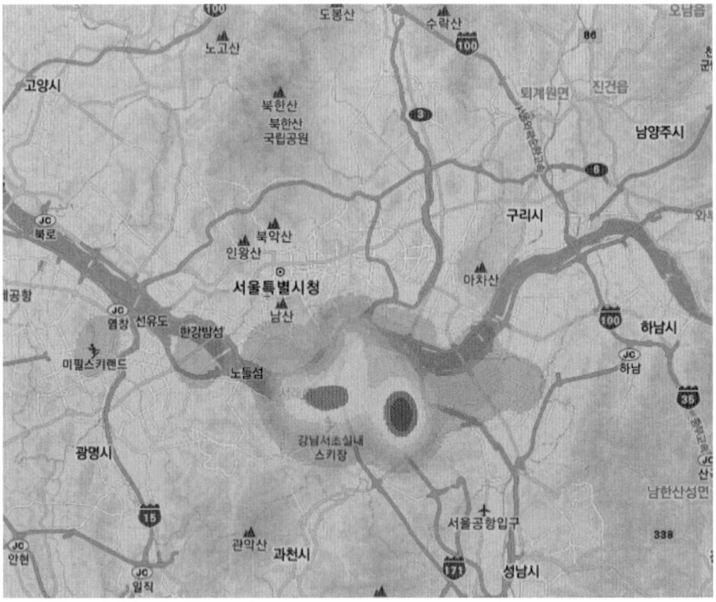

그림 2-10 서울시 상권의 세대별 소득수준 17분위 이상(8,500만 원 이상) 밀집도

자료 : biz-gis, X-ray map(2018. 12.).

표 2-1 상권분류 기준과 명칭

분류 기준	명칭
상권 크기(규모에 의한 분류)	• 대형, 중형, 소형
고객 밀집도	• 1차, 2차, 3차
주변환경	• 오피스, 주택가, 대학가 등
타깃 마케팅	• 관리 가능, 관리 불능
인구특성	• 유동인구, 배후인구 • 청년층, 장년층 • 저소득층, 고소득층
업종 구성비	• 음식, 소매/유통, 생활서비스, 여가/오락, 의약/의료, 학문/교육
수명주기	• 도입기, 성장기, 성숙기, 쇠퇴기

2 상권의 분류

1) 규모에 의한 분류

상권을 규모나 크기를 기준으로 분류하면 일반적으로 '대형 상권, 중형 상권, 소형 상권'
으로 구분한다. 문제는 대형, 중형, 소형을 구분하는 명확한 기준이 통일되어 있지 않다
는 것이다. 필자는 대형부터 소형까지를 구분하기 위하여 〈표 2-2〉와 같이 국내의 대
표적인 프랜차이즈 브랜드의 점포 수를 기준으로 활용하고 있다. 독자는 자신이 관심을

표 2-2 상권 규모에 의한 분류 사례 1

구분	특성
대형 상권	대형 프랜차이즈 음식점(예 대형 패밀리 레스토랑)이 위치하는 상권으로 매출액 기준, 전국 상위 100개의 상권
중형 상권	중형 프랜차이즈 음식점(예 놀부, 원할머니 등)이 위치하는 상권으로 대형 상권을 제외한 매출액 기준으로 상위 200~300개의 상권
소형 상권	배달전문 프랜차이즈 치킨점(예 BBQ, 교촌치킨 등)이 위치한 상권으로 대형, 중형 상권을 제외한 약 1,000개 내외의 상권

그림 2-11 업종 규모에 의한 분류 사례 1

자료 : 공정거래위원회 가맹사업거래 홈페이지.

〈가맹점, 직영점수는 직전사업년도 말 기준〉

업종	가맹본부수 ⌃⌄	브랜드 수 ⌃⌄	가맹점수 ⌃⌄	직영점수 ⌃⌄
전체		4,585	116,452	6,000
치킨	381	410	24,664	201
한식	1,121	1,334	18,951	889
기타 외식	750	873	15,728	827
커피	324	344	13,643	993
분식	338	353	8,495	281
주점	233	269	8,492	241
제과제빵	168	179	8,174	844
피자	117	120	6,429	270
패스트푸드	77	78	3,508	452
아이스크림/빙수	44	47	2,177	187
음료 (커피 외)	57	61	1,685	183
일식	168	183	1,673	251
서양식	133	140	964	176

그림 2-12 업종 규모에 의한 분류 사례 2

자료 : 공정거래위원회 가맹사업거래 홈페이지.

가지고 있는 브랜드를 검토하여 상권의 규모에 따른 분류에 적용해 보기를 권한다.

상권을 크기에 따라 구분하는 목적은 상권의 특성을 이해하고 이를 바탕으로 상권을 선택할 때 장·단점을 파악하기 위함이다. 예를 들면 대형 상권은 유동인구가 많아서 사업의 성공 가능성은 높지만 그만큼 점포 수도 많아 경쟁이 치열하다. 또한 과도한 경쟁은 투자비에 영향을 미친다. 예를 들면, 높은 권리금, 임차보증금, 임차료로 인해 수익성이 낮아질 가능성이 크다. 실제로 대형 상권에 위치한 점포들은 높은 수익성을 보고 사업을 시작하는 점포보다 대기업들이 브랜드 홍보 목적으로 적자를 감수하면서 출점하는 경우가 많다. 소위 '안테나 숍'이 여기에 해당한다. 따라서 소자본 창업을 고려하는 개인의 경우에는 대형 상권보다 경쟁이 덜하고 고정비용이 낮은 중형 상권이나 소형 상권을 고려하는 것이 좋다. 특히 자신이 거주하면서 정확한 특성을 알고 있는 동네상권, 즉 소형 상권에서 차별성 있는 메뉴와 서비스를 이용하여 고정고객을 확보하는 전략을 사용한다면 낮은 투자비로 높은 이익을 창출할 수 있다.

규모에 의한 분류는 업종규모에 의한 기준으로 사용할 수 있다. 공정거래위원회 가맹사업거래(http://franchise.ftc.go.kr) 사이트의 가맹희망플러스에서는 업종별 비교정보를 확인할 수 있다. 이와 같은 정보는 예비창업자 또는 기존 사업자의 사업아이템 현황을 살펴봄으로써 경쟁 정도를 확인하여 전략을 수립하는 근거자료가 될 수 있다.

모든 업종에서 상권을 분류하는 기준이 필요하지만 가맹점 수가 가장 많은 브랜드의 경우 상권분류의 기준으로 매우 중요한 업종이다. 누구에게 어떻게 판매할 것인지가 상권분류 기준에 따라 정리되면 경쟁전략을 수립할 때 실패확률을 낮출 수 있기 때문이다. 또한, 상권은 규모에 따라 '전국상권, 광역상권, 지역상권, 근린상권'으로 구분할 수 있다. 각각의 상권 규모는 〈그림 2-13〉에서 확인할 수 있다.

〈그림 2-13〉을 유통업 관점에서 설명하면 근린상권은 읍·면·동을 대상으로 형성된 기업형 슈퍼마켓(SSM, Super Super Market), 지역상권은 시·군·구를 대상으로 하는 대형 할인마트(예 이마트, 롯데마트 등)가 될 수 있다. 광역상권은 시도를 대상으로 형성된 대형 복합쇼핑몰(예 스타필드, 이케아 등)이 속한다. 전국상권은 전국을 대상으로 형성된 인터넷상의 유통업체(예 쿠팡, 티몬, 옥션, 인터파크, G마켓 등)들이다. 상권 규모에 의한 분류를 유통업 관점이 아닌 음식점 관점으로 정리하면 〈표 2-3〉과 같다.

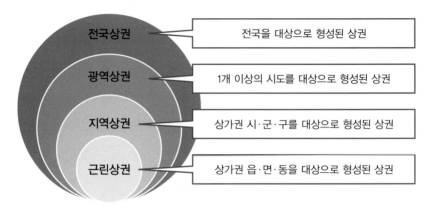

전국상권	전국을 대상으로 형성된 상권
광역상권	1개 이상의 시도를 대상으로 형성된 상권
지역상권	상가권 시·군·구를 대상으로 형성된 상권
근린상권	상가권 읍·면·동을 대상으로 형성된 상권

그림 2-13 상권 규모에 의한 분류 사례 2

자료 : 소상공인정책본부(2007). 지역상권개발제도 도입 계획, 중소기업청.
이영주·임은선(2011) 서민경제 안정을 위한 지역상권 활성화 방안 연구, 국토연구원.

표 2-3 상권 규모에 의한 분류 사례 3

업태	상권 범위	상권 인구
패스트푸드, 카페 등(객단가 8,000원 이하)	5분 내	2~3만 명
패스트캐주얼, 카페(술 취급 포함) 등	10분 내	3~6만 명
패밀리레스토랑, 캐주얼레스토랑, 대중 주점 등 (객단가 16,000~30,000원)	30분 내	6~10만 명
파인다이닝, 구이전문점, 고급 주점 등 (객단가 31,000~50,000원)	1시간 내	10만 명

자료 : 나츠메사(2016). 소규모 점포 성공 창업.

업태는 '무엇을 판매하느냐'가 아닌 '어떻게 판매하느냐'에 따라 점포 분류를 결정하는 기준이다. 패스트푸드는 걸어서 또는 대중교통을 이용하여 빠르게 접근할 수 있는 경우 근린상권에 적합하다. 차량을 이용하여 10분 이내의 거리에 존재하여 친구모임, 회식 등에 적합한 음식점은 지역상권이 적합하다. 가족모임, 특별한 날의 회식, 접대하기 위한 모임을 주선할 경우 선택하는 음식점의 상권 범위는 더욱 확장된다. 광역상권에 적합한 음식점 업태는 패밀리 레스토랑부터 파인다이닝까지 다양하다. 최근에는 여행이나 특별한 목적으로 고객들이 전국에서 찾아오는 음식점도 있다. 이러한 음식점이 위치한 상권은 전국상권이라 할 수 있다. 대표적인 전국상권 지역으로는 제주도, 강릉, 속초, 담양, 단양 등을 들 수 있다.

2) 고객 범위, 밀집도에 의한 분류

상권은 점포를 방문하는 고객의 비율이나 점포에서 고객이 위치한 거리로 분류한다. 일반적으로 '1차 상권, 2차 상권, 3차 상권'이라는 구분이 쓰인다. 다른 분류와 마찬가지로 점포로부터 반경 500m까지를 1차 상권, 반경 1km까지는 2차 상권, 그 이외의 지역을 3차 상권으로 구분한다.

또 다른 방법으로 점포를 방문하는 고객의 비율을 적용해 1차, 2차, 3차 상권을 구분할 수 있다. 예를 들면 방문하는 전체 고객의 약 70%가 위치하는 범위를 1차 상권, 20%의 고객이 위치하는 범위를 2차 상권, 나머지 10%의 고객이 위치하는 지역을 3차 상권으로 구분한다.

1차 상권, 2차 상권, 3차 상권을 좀 더 구체적으로 정리하면 〈표 2-4〉와 같다. 다만 이러한 기준을 실무에서 획일적으로 이용해서는 곤란하다.

고객의 비율이나 지리적 범위에 따른 상권분류는 마케팅 측면에서 매우 큰 의미가 있다. 상권의 범위는 유동적이므로 경영자의 능력에 따라서 좁아지기도 하고 넓어지기도 한다. 외식업체의 입장에서 상권의 범위가 넓다면 매출을 높이고 이익을 증대시킬 수

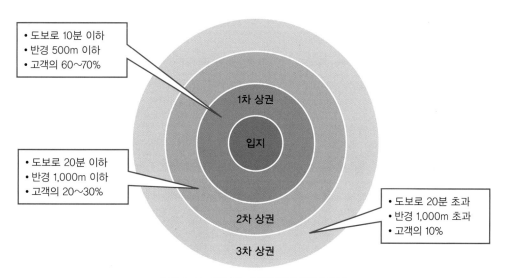

그림 2-14 거리 또는 고객비율에 의한 분류 1

표 2-4 거리 또는 고객비율에 의한 분류 2

구분	특성
1차 상권	• 점포 매출액의 70%를 구매하는 소비자가 거주하는 지역 • 소비자의 방문빈도가 주 2회 이상인 지역 • 점포로부터 반경 500m 이내의 범위
2차 상권	• 점포 매출액의 20~25%를 구매하는 소비자가 거주하는 지역 • 소비자의 방문빈도가 주 1회 정도인 지역 • 점포로부터 반경 1,000m 이내의 범위
3차 상권	• 점포 매출의 5~10%를 구매하는 소비자가 거주하는 지역 • 소비자가 비정기적으로 방문하는 지역 • 점포로부터 반경 1,000m를 초과하는 범위

있는 기회가 더욱 늘어난다. 그래서 경영자는 상권을 파악하고 이를 적절하게 활용하는 능력이 필요하다. 예를 들어 상권조사를 통해 해당 업체의 70%의 고객이 반경 200m 이내에 거주하고 있거나 근무하고 있다는 사실이 확인되면 해당 지역에 마케팅을 집중함으로써 비용 대비 높은 성과를 거둘 수 있다.

〈그림 2-15〉와 〈표 2-5〉는 특정한 상권을 대상으로 BC카드 및 국민카드 등 신용카드사의 데이터를 활용하여 업종별 고객의 범위를 조사한 사례이다. 이 자료에 따르면, 500m 이내의 고객비중이 높은 업종은 '도시락>떡볶이>제과점>치킨>커피전문점>갈비/삼겹살>호프/맥주'의 순으로 나타났다. 다만 이 현황은 신용카드 가입 정보를 기준

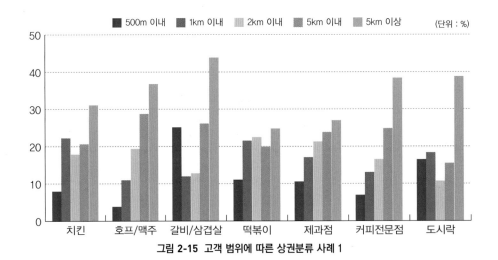

그림 2-15 고객 범위에 따른 상권분류 사례 1

표 2-5 고객 범위에 따른 상권분류 사례 2 (단위 : %)

구분		치킨	호프/맥주	갈비/삼겹살	떡볶이	제과점	커피전문점	도시락
500m 이내	비중	8.0	3.9	25.2	11.1	10.6	7.0	16.5
	순위	4	7	6	2	3	5	1
1km 이내	비중	22.3	11.0	12.0	21.6	17.1	13.1	18.4
	순위	1	7	6	2	4	5	3
2km 이내	비중	17.9	19.4	12.8	22.5	21.3	16.5	10.7
	순위	4	3	6	1	2	5	7
5km 이내	비중	20.7	28.8	26.2	20.0	23.9	24.9	15.5
	순위	5	1	2	6	4	3	7
5km 이상	비중	31.1	36.8	43.9	24.8	27.0	38.4	38.8
	순위	5	4	1	7	6	3	2

으로 산출된 것이므로 실제와는 다소 차이가 날 수 있으며, 상권과 업태에 따라서 업종별 고객 범위는 큰 차이를 보일 수 있다.

이상의 분류는 판매촉진과 같이 즉각적인 매출 상승 효과를 위해 활용하면 유용하다. 1차 상권에 거주하는 고객을 유인하는 방법과 2차 및 3차 상권에 거주하는 고객을 유인하는 방법이 각각 다를 수 있기 때문이다. 즉 이와 같은 분류는 각각의 상권 단계별 소비자의 요구수준과 속성을 파악하여 대응할 수 있다는 점에서 마케팅 성과를 높이기 위한 수단으로써 활용도가 크다.

3) 주변환경에 의한 분류

상권을 주변환경에 따라서 분류하는 것은 학문적으로나 실무적으로 가장 보편화된 분류 방법이다. 사무실이 밀집한 '오피스 상권', 거주 지역에 위치한 '주택가 상권 또는 아파트 상권', 상가 중심지인 '번화가 상권', 지하철역을 중심으로 형성된 '역세권 상권', 대학가 주변에 형성된 '대학가 상권', 교외지역에 형성된 '교외 상권' 등이 대표적인 분류 방식이다.

표 2-6 주변환경에 의한 상권분류

구분	특성
사무실(오피스) 상권	• 관공서나 회사원이 고객의 주류층을 이루는 지역 • 점심시간과 저녁 퇴근시간에 고객이 많음 • 평일에 비하여 주말에는 고객이 현저히 감소
주택가 상권	• 주로 거주지역에 위치한 상권 • 평일에는 주부, 주말에는 가족 중심의 영업이 이루어짐
번화가 상권	• 주변 집객시설(극장, 쇼핑몰, 유흥업소) 등을 이용하는 고객 • 소비성향이 강하고 소비 연령대가 다양한 지역
역세권 상권	• 기차역이나 지하철역 주변에 형성된 상권 • 유동인구가 많고 시간적인 제약이 많아 빠른 서비스 필요
대학가 상권	• 대학교 주변에 형성된 상권 • 고정 고객이 많고 가격에 민감한 상권 • 주말, 주중의 차이가 많고 방학기간의 매출감소가 현저함
교외 상권	• 주 5일 근무로 인하여 성장하는 시장 • 자동차를 보유한 중장년층이 주요 고객 • 가격에 둔감하지만 날씨 등의 영향이 큼

점포가 위치한 주변환경은 고객의 특성을 결정하는 중요한 변수이다. 예를 들어 대학가 상권이라면 소비성향은 강하지만 용돈에 의존하는 대학생이 주요 고객이므로 지출할 수 있는 용돈에 한계가 있으므로 가격에 민감한 특성이 있다. 오피스 상권은 직장인이 주요 고객이므로 소득수준이 높은 경우가 많다. 점심과 저녁 모두 높은 매출을 올릴 수 있지만 주 5일 근무 등으로 주말고객은 급속히 감소하는 약점이 있다. 이와 같이 주변환경에 따른 상권의 분류는 주요 고객층을 규정하는 데 유용하다. 그리고 상권특성을 파악하는 데 있어 매우 중요한 역할을 한다.

주변환경에 따른 상권분류에서 특히 집중해야 할 부분은 주택가상권, 그중에서도 아파트단지 상권이다. 경제가 발전할수록 개인주택 단지가 아파트 단지로 대체되고 있다. 전문가들은 아파트 단지를 포함한 상권은 세대수가 최소 500세대가 되어야 상권이 유지될 수 있다고 한다. 부동산, 세탁소, 미용실, 약국, 소형 슈퍼, 보습학원 등이 이 정도 규모면 유지가 가능하다는 것이다. 편의점이 아닌 전문점이라면 최소한 2,000세대는 있어야 사업을 유지할 수 있는 상권이 형성된다고 한다. 신도시와 같은 대규모 아파트 단지가 개발되는 경우에는 아파트 주변 근린상가보다 신도시 중심상권의 백화점, 영화관

표 2-7 나이스비즈맵의 지역환경에 따른 상권분류 사례

유형	설명
주거지역	주거인구 비율이 높은 지역
상업지역	상업시설 비율이 높은 지역
직장/오피스	직장 및 오피스 비율이 높은 지역
역세권	지하철역 반경 250m에 위치한 지역
기타교통중심지	버스터미널 또는 공항 주변 지역
대학/학원가	인근에 대학교 또는 학원가가 있는 지역
특수시설	대형 병원, 관공서, 휴게소 주변 지역
공업중심지역	공업용지 비율이 높은 지역
기타 지역	강, 하천, 공원 등을 포함한 지역

과 같은 대형 판매시설이나 집객시설이 있는 곳의 상권이 활성화된다.

그런데 주변환경에 따른 상권분류는 앞서 언급한 것처럼 구분이 모호한 경우가 있다. 예를 들어 전철역을 끼고 있는 대학교 인근에 주택가가 있다면 어떤 상권으로 분류해야 할까? 경제발전에 따라 도시의 복합화가 이루어지면서 상권을 지역특성에 따라 구분하는 것이 갈수록 어려워지고 있다. 나이스비즈맵 상권분석시스템은 이러한 현실을 반영하여 지역환경에 따른 상권분류를 〈표 2-7〉과 같이 정의하고 있다.

지금까지 살펴본 것처럼 주변지역환경에 따른 상권분류는 기관에 따라서 많은 차이가 있다. 상권분류는 상권분석을 위해 반드시 필요하다. 비록 환경적 요소가 복합화되면서 지역환경에 따른 분류가 갈수록 어려워지고 있지만 그럼에도 효율적인 상권분석을 위해 전문가와 연구자들은 표준화가 가능한 분류 기준을 만드는 데 관심을 기울여야 한다.

4) 타깃 마케팅 가능성에 의한 분류

상권을 타깃 마케팅 가능성에 따라 관리 가능 상권과 관리 불가능 상권으로 구분할 수 있다. 관리 가능 상권이란 경영자의 관점에서 마케팅 관리 가능성이 높은 상권을 의미한다. 예를 들면, 주택가 상권은 소상공인이라도 큰 비용을 들이지 않고 다양한 방법의 마케팅 활동이 가능하다. 주요 고객이 주변의 주택가에 살고 있는 거주자이므로 쿠폰을 배포한다거나 광고지를 전달하는 것이 용이하다. 하지만 서울 중심가의 역세권 등은 소규모 점포가 주요 고객을 발견하고 타깃 마케팅을 하는 것이 매우 어렵다. 결국 인터넷이나 대중매체를 활용한 불특정 다수를 대상으로 한 마케팅만이 가능하므로 비용이 많이 소요되고 그 효과도 제한적이다. 결국 이런 상권은 경영자 입장에서 마케팅 관리 가능성이 매우 낮은 상권이 된다.

관리 불능 상권	관리 가능 상권
• 신촌, 강남 등과 같이 유동인구의 거주지가 원거리인 상권 　예 번화가 상권, 교외 상권 • 인터넷, SNS 등을 활용하여 극복이 가능함	• 신도시와 같이 유동인구의 거주지가 근거리인 상권 　예 주택가 상권, 오피스 상권 • 마케팅 도구의 활용 가능성을 사전에 파악해야 함

그림 2-16 타깃 마케팅 가능성에 의한 분류

5) 인구특성에 의한 분류

상권을 인구특성 기준으로 분류할 수 있다. 이러한 기준에 따른 상권이 '유동인구 중심 상권'과 '배후인구 중심 상권'이다. 유동인구 중심 상권이란 불특정 다수를 주요 고객으로 하는 상권을 의미한다. 예를 들면, 역세권이나 번화가 상권, 대학가 상권 등이 대표적인 경우이다. 이에 반하여 배후인구 중심 상권은 고정고객이 중심인 상권으로 주택가나

유동인구 중심형 상권	배후인구 중심형 상권
• 특정한 집객시설로 인하여 많은 유동인구가 집중하는 상권 • 불특정 다수를 주 고객으로 하는 상권 　예 역세권, 번화가, 대학가, 패션타운형	• 목표고객이 명확하게 정해져 있는 상권 • 상권의 배후에 아파트, 주거지역, 회사 등이 밀집해 있음 • 배후지 인구의 반복적인 구매가 중요함 　예 주택가, 사무실(오피스가)

그림 2-17 인구특성에 의한 상권분류

오피스가 상권이 대표적이다.

앞서 살펴본 마케팅 관리 가능성과 연결하면 유동인구 중심 상권은 마케팅 관리 가능성이 매우 낮은 상권이다. 이유는 소비자가 상권의 인근에 거주하지 않기 때문에 목표고객을 대상으로 마케팅을 하기 어렵기 때문이다. 배후인구 중심 상권은 마케팅 관리 가능성이 매우 높은 상권이다. 상가권의 배후지역에 거주하는 목표고객이 명확하게 식별되어 마케팅 활동을 하기 쉽다.

6) 업종 구성비에 의한 분류

상권은 다양한 유형의 점포로 구성되어 있다. 따라서 이러한 점포의 구성비율은 상권분류 기준이 될 수 있다. 〈그림 2-18〉은 서울시 상권을 업종(음식, 소매/유통, 생활서비스, 여가/오락, 의약/의료, 학문/교육) 구성비 기준으로 비슷한 유형끼리 묶어 분류한 결과이다. 상권분류는 음식업의 비중이 큰 외식형부터 소매/유통업의 비중이 큰 유통형 등 총

구분	음식	소매/유통	생활서비스	여가/오락	의약/의료	한문/교육
서울시 평균	42%	28%	10%	5%	10%	5%
외식형	55%(+13%)	19%(-9%)	7%(-3%)	11%(+6%)	7%(-3%)	1%(-4%)
	• 음식+여가/오락 이용객 중심 • 장기체류의 유인으로 음식업종을 대폭 강화한 상권유형					
일반형	46%(+4%)	34%(+6%)	7%(-3%)	4%(-1%)	6%(-4%)	3%(-2%)
	• 편의품과 선매품의 유통업종을 소폭 강화 • 보완관계의 음식업종을 추가고 배치한 상권유형					
복합형	35%(-7%)	37%(+9%)	12%(+2%)	3%(-2%)	11%(+1%)	3%(-2%)
	• 선매품의 유통업종과 생활서비스, 의료업종 강화 • 음식업종을 소폭 감소시킨 상권의 유형					
유통형	24%(-18%)	41%(+13%)	20%(+10%)	11%(+6%)	2%(-8%)	3%(-2%)
	• 선매품과 전문품의 소매업종 및 고급화된 생활서비스 업종을 대폭 강화 • 음식업종과 의료업종을 중복으로 감소시킨 상권의 유형					

그림 2-18 업종 구성비에 의한 상권분류 사례 1

자료 : 나이스지니데이타(주), 김영갑 교수 공동 연구.

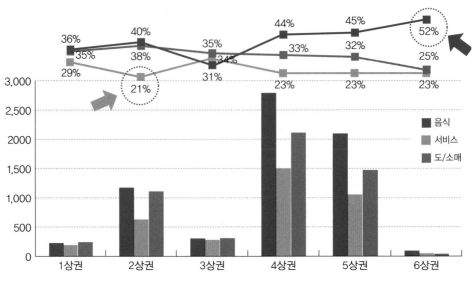

그림 2-19 업종 구성비에 의한 상권분류 사례 2

표 2-8 상권의 분류 사례

기준	상권분류	상권의 특성
규모에 의한 분류	대형 상권	서울의 명동 상권, 강남역 상권, 신촌 상권, 종로 상권과 같은 그 범위가 넓고 하루 유동인구가 10만 명 내외인 상권
	중형 상권	미아리 상권, 불광동 상권, 노원역 상권과 같이 범위가 중간 정도로 넓고 하루 유동인구가 2만 명 내외인 상권
	소형 상권	전국 곳곳에 산재되어 있는 근린 생활형 상권으로 범위가 인근 거주지로 한정되는 상권
	전국상권	전국을 대상으로 형성된 상권
	광역상권	1개 이상의 시도를 대상으로 형성된 상권
	지역상권	시·군·구를 대상으로 형성된 상권
	근린상권	읍·면·동을 대상으로 형성된 상권
업태에 의한 분류	패스트푸드, 카페 등	상권의 범위는 5분 이내의 거리, 상권인구 2~3만 명 객단가 8,000원 이하
	패스트캐주얼, 카페 (술 취급 포함) 등	상권의 범위는 10분 이내의 거리, 상권인구 3~6만 명 객단가 9,000~15,000원
	패밀리레스토랑, 캐주얼레스토랑, 대중주점 등	상권의 범위는 30분 이내의 거리, 상권인구 6~10만 명 객단가 16,000~30,000원
	파인다이닝, 구이전문점, 고급 주점 등	상권의 범위는 1시간 이상의 거리, 상권인구 10만 명 이상 객단가 31,000원 이상

(계속)

기준	상권분류	상권의 특성
고객분포 (밀집도)에 의한 분류	1차 상권	점포 매출액의 70%가량을 구매하는 소비자가 거주하는 지역
	2차 상권	점포 매출액의 20%가량을 구매하는 소비자가 거주하는 지역
	3차 상권	점포 매출액의 10%가량을 구매하는 소비자가 거주하는 지역
주변환경에 의한 분류	사무실가 상권	주 고객층이 관공서나 회사원으로서 점심시간과 퇴근시간에는 많은 고객으로 붐비지만 주말에는 현저히 감소
	주택가 상권	주로 거주지역에 위치한 상권으로 주부와 주말 가족 중심의 영업이 이루어지는 지역
	번화가 상권	주변 집객시설(극장, 쇼핑몰, 유흥업소) 등을 이용하는 고객이 많은 지역으로 소비성향이 강하고, 소비 연령대가 다양한 지역
	역세권 상권	기차역이나 지하철역 주변에 형성된 상권. 유동인구가 많고 시간적인 제약이 많아 빠른 서비스 제공이 필요한 지역
	대학가 상권	대학교 주변에 형성된 상권으로 고정 고객이 많고 가격에 민감한 상권으로 주말, 주중의 차이가 많고 방학기간의 매출 감소가 큰 지역
	교외 상권	주 5일 근무로 인해 성장하는 시장으로 자동차를 보유한 중장년층이 주 고객이며 가격에 둔감하지만 날씨 등의 영향이 큰 지역
타깃 마케팅 가능성에 의한 분류	관리 가능 상권	신도시와 같이 상권을 이용하는 주 고객의 거주지가 근거리에 위치한 주택가로 낮은 비용으로 촉진활동이 가능한 상권
	관리 불능 상권	강남, 신촌과 같이 상권을 이용하는 주 고객의 거주지가 원거리에 위치하여 낮은 비용으로는 목표고객을 대상으로 촉진활동을 하기가 어려운 상권
인구특성에 의한 분류	유동인구 중심 상권	거주지나 근무지가 불확실한 고객이 주를 이루는 상권
	배후인구 중심 상권	주택가 또는 오피스 상권과 같이 고객의 위치를 파악할 수 있는 상권
업종 구성비에 의한 분류	외식형, 일반형, 복합형, 유통형 상권	서울시 내의 상권을 업종(음식, 소매/유통, 생활서비스, 여가/오락, 의약/의료, 학문/교육) 구성비를 기준으로 분류한 상권

4가지의 유형으로 분류한다.

〈그림 2-19〉는 총 6곳의 상권을 주요 업종인 음식, 서비스, 도/소매를 기준으로 각 업종별 비중을 산출하여 비교한 결과이다. 각 상권별로 업종 구성비가 모두 다름을 확인할 수 있으며, 이러한 업종 비율은 상권의 특성을 설명하는 데 매우 유용하다.

이상의 상권분류를 정리하면, 〈표 2-8〉과 같다. 물론 이러한 분류 외에도 분석자의 목적에 따라서 다양한 분류를 개발하여 활용할 수 있다. 예를 들면, 소비자의 연령에 따른 분류, 소비자의 성별에 따른 분류 등이 가능하다.

7) 특수 상권과 로드숍 상권

과거에는 주로 다수의 건물이 하나의 상가권을 형성하는 형태로 상권이 이루어졌지만 최근에는 건축의 형태가 대형화·복합화·집적화되면서 다양한 복합시설을 갖춘 건물이 하나의 대형 상권을 형성한다. 특히 백화점, 대형 할인마트, 대형 쇼핑센터, 대형 병원, 지하철 역사 등은 하루 유동인구가 대형 상권을 능가하는 집객시설로 발전하고 있다. 이러한 시설물 내에는 대형 푸드코트와 전문화된 다수의 음식점 등이 밀집되는데 보통 이러한 유형을 특수상권이라 칭한다.

대형 상업시설 또는 대형 집객시설처럼 하나의 건물 내에 다수의 점포가 위치해 형성되는 특수상권과 대비되는 개념으로 로드숍 상권이 있다. 로드숍 상권은 점포들이 군집화되어 형성된 기존의 유형을 일컫는 용어이다. 두 유형 모두 다양한 형태의 상가권이 형성되는 과정을 보여주는 대표적인 사례이며 〈그림 2-20〉은 로드숍 상권의 대표적인 사례이다.

참고로 특수 상권에서의 창업은 로드숍 상권에서의 창업과 다른 특징을 가지므로 다음과 같은 사항에 유의하여 접근할 필요가 있다.

첫째, 특수 상권의 건물주(임대인)는 개인의 임차인과 직접 계약하는 경우가 거의 없다. 주로 법인과 계약을 체결하고 임차계약을 체결한 기업들이 실제로 창업할 투자자를 찾는다. 이때 임대차계약은 법인 명의로 하고 실제 이익은 투자자에게 귀속되는 형식으로 계약한다. 따라서 창업 컨설팅 회사가 투자자를 모집하여 중개하는 사례가 많다.

둘째, 특수 상권 내의 점포에 투자를 하는 경우 명목 권리금은 없지만 초기 시설비를 임대인과 임대차계약을 체결한 법인이 지불하게 되는데, 여기에 실질적인 권리금이 존재한다고 보는 것이 적절하다. 예를 들어 초기 시설비로 5,000만 원을 지불한다면 실제 시설투자비는 2,000만 원 내외이고 나머지가 법인이 수취하는 실질적인 권리금이 된다.

셋째, 특수 상권은 일반적인 점포창업처럼 보증금과 월임차료는 없지만 매출에 따른 수수료를 지불한다. 통상적으로 매출액의 15~25% 정도를 임대인 및 임대차계약을 체결한 법인에게 수수료로 지불한다. 따라서 매출액과 관계없이 고정적으로 임차료를 지

상권 지도

로드숍 상권

신당동 떡볶이 골목 음식점 비중 :
66.7%

상권 주요 정보 요약

상권명	상권 유형	면적	가구수	인구수		주요 시설 수	접객 시설 수	상가/업소 수			
				주거 인구수	직장 인구수			전체	음식	서비스	도/소매
제1상권	주택 상업지역	8,885m²	75	145	686	4	0	39	26	1	12

그림 2-20 신당동 떡볶이 골목 로드숍 상권 사례

자료 : 소상공인 상권정보시스템, 네이버 지도.

불하는 기존의 점포창업과는 차이가 있다.

넷째, 기존의 점포창업처럼 임의로 임차권을 양도하는 것이 불가능하다. 물론 편법으로 양도/양수가 이루어지는 경우가 있지만 매우 위험한 거래이다.

다섯째, 집객시설 내의 업종 구성에 따라서 경쟁업소의 진입이 까다롭고 항상 꾸준한 유입인구가 있어서 상권이 안정적이라는 점과 운영기간에 대한 영업보장이 된다는 장점이 있지만 반면 장기적인 영업이 불가능하거나 고정비가 로드숍 상권에 비해 높다는 단점이 있다.

대형 상업시설이 증가하면서 소위 특수 상권으로 부르는 집객시설 내의 점포창업이 소자본 고수익 창업으로 알려지고 있다. 하지만 실질적인 이익금과 투자수익률이 낮은 경우가 많다. 따라서 특수 상권에서의 창업을 고려하는 경우 기존의 특수 상권 내 유사 점포를 대상으로 현장조사를 할 필요가 있다. 예를 들면 평일과 주말의 방문객 수와 객단가를 파악하여 월매출액을 추정하고 비용을 고려하여 실제 이익이 원하는 수준이 될 수 있는지 검토한다.

3 입지의 분류

1) 입지분류와 입지선정

입지를 분류하기 위해서는 개념을 명확하게 이해해야 한다. 입지는 토지나 점포가 소재하는 '위치적 조건'을 의미한다. 즉 오프라인에서의 점포를 기준으로 한다면 정적인 개념으로 볼 수 있다. 다만 최근에는 온라인 공간에서도 점포와 같은 역할을 하는 입지가 존재할 수 있다는 점에서 반드시 정적인 개념으로만 볼 수는 없다.

예비창업자는 사업을 위하여 반드시 입지가 필요하다. 그래서 입지를 선정하는 과정을 거치게 된다. 입지선정을 위해서는 정확한 개념 정립이 필요하다. 일반적으로 입지선정이란 입지를 원하는 주체가 달성하려는 목적에 부합하는 오프라인 또는 온라인에서의 후보점포를 찾고 결정하는 행위이다.

사업을 하려면 어떤 형태로든 입지가 필요하다. 그리고 입지는 단수가 아닌 복수의 선택대안 중 하나를 선정하는 과정이다. 즉 사업자가 달성하려는 목표를 가장 효과적이고 효율적으로 이룰 수 있는 최적의 입지를 선택할 수 있어야 한다. 다만 이러한 의사결정은 생각보다 쉽지 않다. 확실하게 결과를 예측할 수 있는 평가기준이 모호하기 때문이다. 그래서 전문가들은 입지의 분류기준을 개발하고 이 기준에 의해 선택한 결과를 추후 평가하면서 검증 과정을 거친다.

2) 상권범위에 의한 입지분류

먼저 입지는 상권범위를 기준으로 분류할 수 있다. 구체적인 내용은 다음과 같다.

첫째, 상권의 범위가 넓어서 높은 투자비와 고정비를 지불하더라도 충분한 수익을 올릴 수 있는 입지가 상권 내에 존재하면 보통 1급지 또는 A급지라 한다. 예를 들면 화장품전문점이나 이동통신사 대리점이 위치한 입지가 대표적인 1급지이다. 입지를 판단하는 5가지의 특성(가시성, 인지성, 홍보성, 접근성, 주차편의성)이 대부분 양호한 판정을 받는다.

1급지에는 유명 베이커리와 아이스크림 프랜차이즈 점포가 위치하는 경우가 많다. 좁은 면적에서도 높은 회전율과 부가가치를 달성해서 수익성을 확보할 수 있는 브랜드가 영업이 가능한 입지이다. 이러한 입지는 멀리서도 고객이 찾아올 수 있는 상품이 판매되

표 2-9 상권범위에 의한 입지분류

구분	특성		상권 범위	내용
1(A) 급지	• 가시성 • 인지성 • 홍보성 • 접근성 • 주차편의성	4개 이상 양호	넓음	• 상권 안으로 진입하는 외부 유입인구가 가장 먼저 발견할 수 있는 입지 • 상권을 연상하거나 설명할 때 가장 먼저 떠오르는 입지 • 도보, 지하철, 자동차 등 어떤 접근수단을 이용해도 이용이 편리한 입지 • 유명 브랜드의 소매점, 패스트푸드점, 커피전문점이 입점해도 목표수익을 달성할 수 있는 입지 • 높은 비용으로 수익성 측면에서 불리해도 브랜드 홍보효과가 높은 입지
2(B) 급지		일부 양호	중간	• 상권으로 진입하는 외부 유입인구의 50% 내외만 흡수할 수 있지만 배후지 인구가 이용하는 데 불편함이 없는 입지 • 중급 브랜드의 음식점과 주점 등이 목표수익을 달성할 수 있는 입지 • 30~40평 이상 규모의 음식점이 적절한 수익성을 확보할 수 있는 입지
3(C) 급지		4개 이상 불량	좁음	• 상권으로 진입하는 유동인구가 특별한 노력을 기울이지 않으면 찾기 힘든 입지 • 가시성, 인지성, 홍보성 중 한 가지 정도는 좋지만 접근성과 주차편의성은 매우 불량해서 특별한 노력을 기울여야만 이용 가능한 입지 • 규모 대비 투자비와 고정비가 낮아서 최소의 투자 및 개인화된 서비스로 승부하기에 적합한 입지

기 때문에 상권범위가 넓다. 다만 공간이 좁기 때문에 고객의 체류시간이 짧아야 한다.

둘째, 1급지에 비해 상권의 범위가 좁지만 3급지에 비해서 상권 범위가 넓은 입지를 2급지 또는 B급지라 한다. 2급지는 입지를 판단하는 5가지의 특성(가시성, 인지성, 홍보성, 접근성, 주차편의성) 중 2~3가지는 양호하지만 나머지가 불량한 입지가 많다. 외부에서 유입되는 인구의 절반 정도만이 접근하게 되고 나머지 고객은 주변 거주자가 이용하게 된다. 따라서 고객들의 체류시간은 1급지에 비해 길고, 객단가 또는 1회 결제금액은 1급지보다는 낮고 3급지보다는 높다.

셋째, 3급지는 해당 상권 내에서 상권의 범위가 가장 좁은 입지이다. 즉 외부에서 유입되는 고객의 수는 극히 소수이고 상권을 잘 알고 있는 주변에 거주하는 고객이 대부분을 차지한다. 다만 3급지의 일부 점포는 1급지보다 더 넓은 상권 범위를 갖는 경우도 있다. 이유는 전문성과 차별성이 큰 개인화된 브랜드가 3급지에서 영업을 하는 경우가 있기 때문이다. 이러한 점포의 경우 비록 물리적으로는 3급지에 위치하지만 온라인 구전 효과 등으로 인해 활성화된다. 결국 1급지에 비해 낮은 투자비용으로 큰 성과를 올

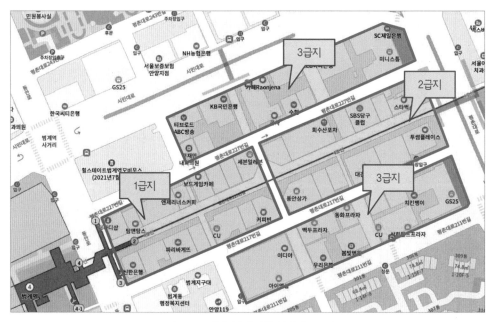

그림 2-21 상권범위에 의한 입지분류 사례

자료 : 네이버 지도.

릴 수 있다는 점에서 소상공인들은 상권전략 측면에서 주목할 필요가 있다.

〈그림 2-21〉은 범계역 상권(상가권)의 입지를 상권범위에 따라 구분하여 표시해 본 것이다. 정확한 입지별 상권범위를 측정한 것은 아니므로 실제와는 차이가 존재할 수 있다. 다만 전문가 조사와 분석을 통해 입지를 분류할 경우 이와 같은 형식으로 구분할 수 있다는 예시이다.

3) 구매습관에 의한 입지분류

소비자의 구매습관에 따라 입지를 분류할 수 있다. 주변의 점포들이 주로 어떤 입지에서 성공적으로 운영되고 있는지를 유심히 살펴보면, 전문가로서의 식견을 높이는 데 많은 도움이 된다. 소비자의 구매습관에 따라 입지는 '편의품점 적합 입지, 선매품점 적합 입지, 전문품점 적합 입지'로 구분한다. 이에 대한 세부적인 내용은 〈표 2-10〉과 같다.

〈그림 2-22〉는 실제 점포의 위치를 기준으로 구매습관에 따른 입지의 분류를 제시해 본 사례이다. 전문품점이 오랫동안 영업을 하고 있는 것은 적합한 입지에 개점을 하였다고 볼 수 있으며, 선매품점이나 편의품점도 마찬가지이다. 만약 해당 상품의 특성이

표 2-10 구매습관에 의한 입지분류

구분	특성	상권
편의품점 적합 입지	• 생필품을 판매하는 점포가 위치하면 유리한 입지 • 특징 : 가정용품, 주부가 주 고객, 통행길목 위치, 신속한 구매결정, 낮은 가격, 낮은 이윤, 낮은 임차료, 높은 구매빈도, 표준화된 상품 　예 편의점, 식료품점, 제과점, 분식점	도보 5~10분 반경 1km 이내
선매품점 적합 입지	• 비교구매가 필요한 상품의 판매점이 위치하면 유리한 입지 • 특징 : 높은 가격과 이윤, 낮은 구매빈도, 취미와 연관, 비표준화 상품 　예 전자제품 판매점, 의류판매점, 패밀리레스토랑	승용차 30분 내외 거리
전문품점 적합 입지	• 브랜드가 중요한 고관여 상품의 판매점이 위치하면 유리한 입지 • 특징 : 높은 가격수준과 구매노력, 브랜드의 중요성 증대, 매우 낮은 구매빈도　예 자동차 대리점, 골프용품점, 주요 관광지, 전문음식점	승용차 30분 이상 거리

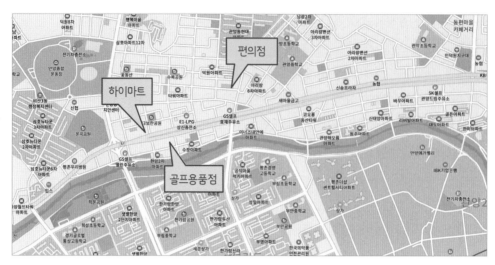

그림 2-22 구매습관에 의한 입지분류 사례

자료 : 네이버 지도.

표 2-11 입지분류 기준 및 명칭

분류 기준	명칭
상권 범위	1급지, 2급지, 3급지
구매 습관	편의품, 선매품, 전문품
주차 편의성	주차 가능, 주차 불가능
권리금	높음, 보통, 낮음, 없음
고정비	높음, 보통, 낮음, 없음

적합하지 않은 입지에 창업하면 사업을 오래 유지하기 힘들다.

이 외에도 입지를 분류하는 기준은 〈표 2-11〉과 같이 다양하다. 주차의 편리성을 기준으로 입지를 분류한다면, 주차 가능형 입지와 주차 불편형 입지로 나눌 수 있다. 권리금의 유무로 입지를 분류하는 경우는 어떨까? 상권 내 입지를 권리금이 없는 입지, 권리금이 보통인 입지, 권리금이 높은 입지로 구분하여 살펴보면 상권에 대한 새로운 시사점을 얻을 수 있다. 고정비를 기준으로 입지를 분류하는 것도 유의미하다. 고정비가 높은 입지, 보통인 입지, 낮은 입지를 권리금으로 구분하여 비교하면 상호 어떤 관계가 있는지 파악하는 데 큰 도움이 된다.

입지도 상권과 마찬가지로 다양한 분류가 추가적으로 만들어질 수 있다. 전문가로서 노하우를 축적하기 위해서는 입지를 다양한 특성에 따라서 세부적으로 분류하고 이러한 분류가 어떤 의미를 갖는지 연구해야 창업과 경영의 성공 가능성을 높일 수 있다.

1 어떤 대상을 분석하기 위해서는 분류가 필요하다. 분류는 여러 가지가 혼재되어 있는 유형을 같은 것끼리 모아서 구분하는 것을 의미한다.

2 어떤 대상을 정해진 기준에 따라 분류하면, 특징별로 유목화가 되면서 막연하게 보이던 상권이 분명하게 드러나는 효과를 얻게 된다. 결국 상권에 대한 이해와 판단이 쉬워지고 전체를 한눈에 파악할 수 있으며, 대상을 분명하게 식별할 수 있게 된다. 특히 분류는 자세한 설명에 유리할 뿐만 아니라 논리적으로 상대를 설득하는 방법이 될 수 있다.

3 상권을 규모나 크기를 기준으로 분류하면 '대형, 중형, 소형 상권' 또는 '근린상권, 지역상권, 광역상권, 전국상권'으로 구분할 수 있다.

4 유통업 관점에서 살펴보면 근린상권은 읍·면·동을 대상으로 형성된 기업형 슈퍼마켓(SSM, Super Super Market), 지역상권은 시·군·구를 대상으로 하는 대형 할인마트(예 이마트, 롯데마트 등)가 될 수 있다. 광역상권은 시도를 대상으로 형성된 대형 복합쇼핑몰(예 스타필드, 이케아 등)이 이에 속한다. 전국상권은 전국을 대상으로 형성된 인터넷상의 유통업체(예 쿠팡, 티몬, 옥션, 인터파크, G마켓 등)들이다.

5 상권은 점포를 방문하는 고객의 비율이나 점포에서 고객이 위치한 거리로 분류한다. 일반적으로 '1차 상권, 2차 상권, 3차 상권'이라는 구분이 여기에 해당한다. 다른 분류와 마찬가지로 1차, 2차, 3차를 분류하는 기준 역시 명확한 표준이 실무적으로 정해져 있지는 않지만 거리를 기준으로 하는 경우 일반적으로 점포로부터 반경 500m까지를 1차 상권, 반경 1km까지를 2차 상권, 그 이외의 지역을 3차 상권으로 구분한다.

6 상권을 주변환경에 따라서 분류하는 것은 학문적으로나 실무적으로 가장 보편화된 분류 방법이다. 사무실이 밀집한 '오피스 상권', 거주 지역에 위치한 '주택가 상권 또는 아파트 상권', 상가 중심지인 '번화가 상권', 지하철역을 중심으로 형성된 '역세권 상권', 대학가 주변에 형성된 '대학가 상권', 교외지역에 형성된 '교외 상권' 등이 대표적인 분류방식이다.

7 상권을 타깃 마케팅 가능성에 따라 관리 가능 상권과 관리 불가능 상권으로 구분할 수 있다. 관리 가능 상권이란 소상공인을 기준으로 마케팅 관리 가능성이 높은 상권을 의미한다. 하지만 서울 중심가의 역세권 등은 소규모 점포가 주 고객을 발견하고 타깃 마케팅을 하는 것이 매우 어렵다. 결국 인터넷이나 대중매체를 활용한 불특정 다수를 대상으로 한 마케팅만이 가능하므로 비용도 많이 소요되고 그 효과도 매우 제한적이다. 결국 이런

상권은 마케팅 관리 가능성이 매우 낮은 상권이 된다.

8 상권을 인구특성 기준으로 분류할 수 있다. 이러한 기준에 따른 상권을 '유동인구 중심 상권'과 '배후인구 중심 상권'이라 한다. 유동인구 중심 상권이란 불특정 다수를 주 고객으로 하는 상권을 의미한다.

9 상권은 다양한 유형의 점포로 구성되어 있다. 따라서 이러한 점포의 구성비율은 상권분류 기준이 될 수 있다. 서울시 내의 상권을 업종(음식, 소매/유통, 생활서비스, 여가/오락, 의약/의료, 학문/교육) 구성비 기준으로 비슷한 유형끼리 묶어 분류하며, 음식업의 비중이 큰 외식형부터 소매/유통업의 비중이 큰 유통형, 일반형, 복합형 등 총 4가지의 유형으로 나타난다.

10 과거에는 주로 다수의 건물이 하나의 상가권을 형성하는 상점가 형태의 로드숍 상권이 다수였지만 최근에는 건축의 형태가 대형화·복합화·집적화되면서 다양한 복합시설을 갖춘 건물이 하나의 대형 상권으로 형성되는데 이를 특수상권이라 한다.

11 입지는 상권범위에 따라 1급지, 2급지, 3급지로 분류한다. 1급지는 상권의 범위가 가장 넓고 3급지는 좁다.

12 입지는 소비자의 구매습관에 따라 '편의품점 입지, 선매품점 입지, 전문품점 입지'로 구분 가능하다.

1 자신의 점포가 위치한 상권을 본 장에서 학습한 상권분류 기준에 따라 정리해 보고 각각의 상권분류가 자신의 점포에 어떤 영향을 미치고 있는지 설명해 보자.

2 현재 점포의 성과를 높이기 위해서 상권의 분류에서 얻은 정보를 어떻게 활용할 수 있는지 설명해 보자.

3 자신의 점포가 위치한 입지를 본 장에서 학습한 입지분류 기준에 따라 정리하고 각각의 입지분류가 자신의 점포에 어떤 영향을 미치고 있는지 설명해 보자.

4 현재 점포의 성과를 높이기 위해서 입지분류에서 얻은 정보를 어떻게 활용할 수 있는지 설명해 보자.

5 평소 상권분석과 입지분석을 하면서 자신의 관점에서 활용하고 있는 상권과 입지분류법이 있다면 제시하고 설명해 보자.

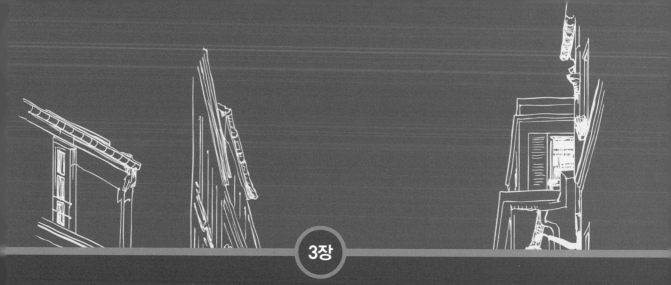

3장

상권분석 프로세스와 방법

학습내용

1 상권과 입지분석 프로세스
2 상권분석 방법
3 상권분석 방법의 장·단점
4 상권분석 접근법과 목적

학습목표

• 상권분석을 위한 절차와 각 단계별 내용을 설명할 수 있다.
• 상권분석을 위해 활용할 수 있는 정성적·정량적 소셜분석 방법을 설명할
  수 있다.
• 다양한 상권분석 방법의 장·단점을 파악하고 상황에 따른 활용법을 설명
  할 수 있다.
• 상권분석을 위한 접근법과 상권분석의 목적을 설명할 수 있다.

1 상권과 입지분석 프로세스

상권과 입지분석을 진행하기 위한 프로세스를 알아본다. 상권과 입지분석 절차는 목적에 따라 달라질 수 있다. 본 장에서 다루는 과정은 창업자를 위한 내용이다. 분석사는 목적과 상황에 따라서 달리 적용할 수 있다.

상권과 입지분석의 첫 번째 단계는 상권분석이다. 두 번째는 입지분석이고, 세 번째는 사업타당성분석 후 전략을 수립하는 단계이다. 분석자는 각각의 단계마다 온라인 상권분석(소셜분석)을 병행해야 한다. 그리고 상권분석의 3단계가 마무리되면 점포를 개발하고 계약을 체결한다.

점포계약을 하기 위해 사전에 충분한 검토가 이루어졌음을 입증하는 차원에서 상권과 입지분석 보고서를 작성한다. 이 보고서에는 단순한 조사와 분석 내용을 넘어서서 향후 예상되는 문제점과 해당 문제점을 극복하기 위한 전략까지 포함한다. 추가로 적정한 기회에 점포를 매도할 계획까지 포함한다.

한 번 선택한 입지(점포)에서 사업을 지속하는 것이 사업의 목표이지만 창업자의 소유가 아닌 이상 언젠가 점포주의 요구나 환경의 변화로 인하여 점포에서 퇴출될 수 있음을 염두에 두어야 한다. 이 세상에 영원히 사업을 할 수 있는 점포는 없다고 전제하는 것이 타당성 분석 측면에서 안전하다.

상권분석시스템

개인이 아닌 외식프랜차이즈 기업의 경우 상권과 입지분석이 일회성 업무에 그치지 않고 지속적이고 반복적인 업무가 되어야 한다. 따라서 사업의 SWOT 분석을 통하여 해당 업종 및 업태에 적합한 상권과 입지 그리고 점포의 크기 등을 매뉴얼로 만드는 활동이 필요하다.

결과적으로 프랜차이즈 본사와 같은 기업은 상권분석, 입지분석, 점포분석, 사업타당성분석에 대한 매뉴

(계속)

얼을 만들어야 한다. 성공적으로 운영한 모델점포의 경영활동 결과를 종합검토 후 개발한 표준점포가 대상이 된다.

이와 같이 개발한 프랜차이즈 가맹본부의 상권분석시스템은 창업실패를 최소화해 줄 뿐만 아니라 평균치 이상의 성공률을 달성할 수 있게 도와준다. 또한 상권분석 및 예상매출액 산정, 프랜차이즈 기업의 핵심역량 증대에도 많은 기여를 한다.

최근에는 외식창업을 지원하기 위해 소상공인진흥공단이나 금융기관 등에서도 상권분석시스템을 개발하여 상용화하는 사례가 늘고 있다. 개별 기업이 자신만을 위해 개발하는 시스템보다는 범용성에 초점을 맞춘 시스템이 지속적으로 늘어나고 있으니 상권에 대한 DB가 부족한 소상공인들은 이를 적극 활용해야 한다.

상권과 입지분석은 가장 먼저 상권과 입지의 개념을 이해하고 조사와 분석을 위한 목표, 목적을 명확히 해야 한다. 자신이 수행하려는 행동의 명확한 개념을 이해하지 못하면 어떤 활동을 해야 하는지 확실하게 정의를 내릴 수 없다. 무엇보다 개념을 토대로 목표를 구체화했을 때 성공확률이 높아진다. 따라서 상권과 입지분석 방법을 활용하기 위해서는 좀 더 구체적인 구분이 필요하다. 이러한 단계를 정리하면 〈그림 3–1〉과 같다.

상권과 입지를 조사하고 분석하는 과정은 크게 3단계로 나눈다. 구체적으로 살펴보면 '상권 조사·분석(이하 상권분석 이라 함), 입지 조사·분석(이하 입지분석이라 함), 사업 타당성분석 및 전략 수립'이다. 각 단계에서 실행해야 하는 세부적인 분석활동은 추후 차례로 살펴본다.

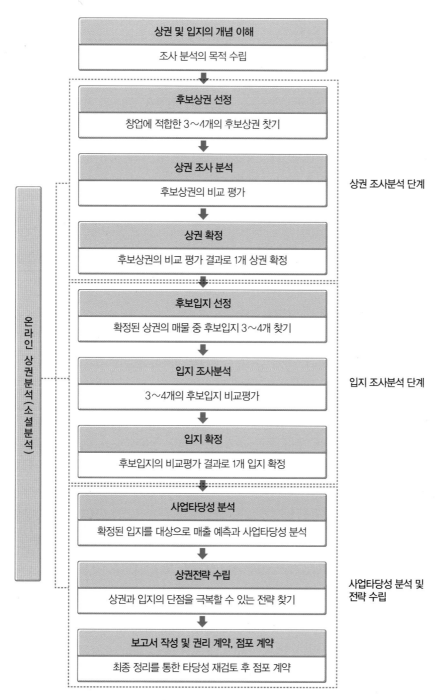

그림 3-1 상권과 입지분석 프로세스

2 상권분석 방법

상권을 분석하는 방법은 매우 다양하다. 평가자의 경험을 토대로 평가하는 주관적 평가, 미리 목록을 만들어서 체크하는 체크리스트법, 수치화된 자료를 기초로 분석하는 계량적 평가법 등이 있다. 그 외에도 설문조사법, 통계분석법, 수학적 분석법과 같이 보다 전문적인 지식이 요구되는 방법이 있다.

설문조사법은 해당 지역의 거주자와 점포를 이용하는 소비자의 표본을 추출하여 설문조사나 면접조사 등을 통해 상권을 측정하는 것이다. 통계분석법은 국가, 지방자치단체, 관련 기관이나 기업 등이 산출해 놓은 기존의 통계자료를 이용하여 상권의 특성을 추론하는 방법이다. 수학적 분석법은 경험을 통하여 얻은 연구결과를 수식화하여 점포의 선택 확률 등을 계산해 내는 방법이다.

마지막으로 최근에 가장 많이 이용되는 소셜분석법이 있다. 소셜분석은 마켓4.0시대의 대표적인 상권분석법이다. 쉽게 말해 온라인상에서의 상권분석을 의미하며, 본서에서는 '온라인 상권분석'이라는 명칭을 사용한다. 온라인 상권분석에서 가장 핵심이 되는 부분은 키워드 분석이다. 키워드 분석은 해당 상권이나 업종과 관련된 키워드를 찾아낸 후 그 현황과 조회 수, 월별 추이 등을 파악해 소비자 인식과 수요 변화 등을 검증하는 방법이다. 연관키워드를 활용하면 소비자들이 어떤 소비를 연계하고 있는지 파악할 수 있다.

추세분석 또는 트렌트 분석을 활용하면 특정 키워드의 조회 수 등을 수년간 추적한 시계열 자료를 볼 수 있다. 이러한 분석법을 이용하면 브랜드나 점포의 수명주기는 물론이고 수요에 미치는 특정 이슈를 알 수 있다. 내용분석은 SNS에 존재하는 다양한 텍스트에 담긴 메시지의 특성, 의도, 구조 등을 객관적인 유목과 단위로 구분하여 분석하는 과학적인 기법이다. 온라인 상권분석에서는 월별 특성, 방문목적, 동반자, 이용 음식점, 방문시간, 구매한 메뉴와 가격, 만족도 및 구체적인 후기 등의 유목을 이용할 수 있다. 분류분석은 SNS에 존재하는 다양한 텍스트를 감성언어와 긍정, 부정을 기준으로 분류하여 시사점을 찾는 분석법으로 특정 기업에서 '소셜 메트릭스'라는 명칭으로 서비스되는 분석 내용을 참고하면 이해가 쉽다.

　이상과 같은 다양한 온라인 상권분석 방법을 활용하면 오프라인 상권분석을 통해서는 확인이 어려웠던 소비자의 니즈를 보다 구체적으로 파악할 수 있다.

　상권분석을 위해 사용하는 방법은 〈표 3-1〉처럼 매우 다양하다. 하지만 여기에 정리한 방법이 예비창업자, 기존 사업자, 부동산투자자, 대형 상업시설 MD 담당자를 위한 상권분석에 유용한지를 검증한 연구는 많지 않다. 사회가 발전할수록 소비자들의 선택 속성이 다양하고 복잡해지고 있기 때문에 일반화가 가능한 분석모델을 만들기 어렵다.

표 3-1 평가법에 따른 상권분석 방법

유형		정의	방법
정성적 방법	주관적 평가법	• 경험이 많은 전문가의 의견을 중심으로 상권을 분석하는 방법	• 전문가 조사법
	체크리스트법	• 상권에 영향을 주는 요소들에 대한 평가표(checklist)를 만들어 상권를 평가하는 방법	• 체크리스트법
	현황조사법	• 상권분석을 위해 누구나 쉽게 파악할 수 있는 내용을 정리하여 상권을 조사하는 방법	• 현황조사법
정량적 방법	설문조사법	• 목표고객과 경쟁점포를 대표하는 표본을 추출하여 설문조사 또는 인터뷰 등의 방법으로 상권을 분석하는 방법	• 방문조사, 가두면접법 • 우편물발송법 • 추적조사법 • 고객카드분석법
	통계분석법	• 지역 통계를 분석해서 시장의 지역성을 포착하고 그 지역성을 기초로 상권을 추정하는 방법 • 상권분석시스템을 이용하는 방법	• 국가 및 지방자치단체 통계 • 금융기관 등의 상권분석시스템 • 소상공인시장진흥공단 상권정보시스템
	수학적 분석법	• 경험적 연구를 수학적으로 이론화 • 규범적 모형, 확률적 모형	• 허프의 확률모델 • 레일리의 소매중력법칙 • 컨버스의 상권분기점 • 회귀분석 등
온라인 상권분석 (소셜분석)	키워드 분석	키워드 현황, 월별추이, 연관키워드 현황 등	• 소셜미디어(예 블로그, 인스타그램, 페이스북 등) 채널, 포털사이트(예 네이버, 다음, 구글 등)
	추세분석	핵심키워드 및 보조 키워드의 트렌드 분석	
	내용분석	SNS의 소비자 글에서 구매동기 등을 분석	
	분류분석	감성언어, 긍/부정 기준으로 분류	

자료 : '방경식(2011), 부동산용어사전. 부연사'를 기초로 수정.

따라서 다양한 분야를 위한 상권분석에 응용할 수 있도록 '주관적 평가법, 체크리스트법, 설문조사법, 현황조사법, 통계적 분석법, 수학적 분석법, 키워드 분석, 추세분석, 내용분석, 분류분석'을 사례 중심으로 설명한다.

1) 주관적 평가법

주관적 평가법은 '경험이 많은 전문가의 의견을 중심으로 이루어지는 상권분석'을 의미한다. 갈수록 점포의 매력도를 측정하는 평가기준이 다양해지는 상황에서 이루어지는 상권분석은 전문가의 주관적 평가가 매우 유용하다. 하지만 조사자에 따라 결과가 상이할 수 있으므로 신뢰성을 확보하기 어렵다. 따라서 한 명의 전문가가 아닌 3인 이상의 평가자가 분석에 참여해 결론을 도출하는 방식으로 보완하는 노력이 필요하다. 주관적 평가법의 예를 들면 〈표 3-2〉와 같다.

표 3-2 주관적 평가 사례

상권분석 결과
• 범계역 상권은 상권 초입인 범계역 2번 출구로부터 가장 많은 인구가 유입된다. 추가로 상권의 중심부인 중앙분수대를 가로지르는 아파트 진출입로에서 거주자들의 유입이 있다. 상권의 끝부분에 해당되는 곳은 중앙공원과 접하고 있어서 주말과 여름에 인구 유입이 많은 편이다. • 1급지 점포의 2층 이상에는 커피전문점과 다양한 서비스업종(병의원, 헤어숍, PC방 등)이 위치한다. 2급지 위치의 점포 2층 이상에는 주류전문점이 주로 위치하고 있다. • 후면도로의 3급지에는 저가형 일반음식점과 부동산, 기타 서비스업종이 위치하고 있다.

주관적 평가법은 단독으로 사용하기보다 정량적인 평가법으로 도출된 결과를 이용해서 결론을 도출하거나 시사점을 정리하는 단계에서 보완적으로 사용하는 것을 권장한다.

2) 체크리스트법

체크리스트법(checklist)은 가능한 한 주관성을 배제하고 객관성에 기초하여 상권을 평가하고자 고안된 방법으로 '상권에 영향을 주는 요소들에 대한 평가표(checklist)를 만들어 상권을 평가'하는 기법이다. 상권의 평가자는 체크리스트에 열거된 평가요소에 대한 질문에 따라 평가항목에 해당되는 사항을 체크(check)하는 형식으로 평가한다. 이때 평가척도는 세분화할 수 있지만 단순히 '예' 또는 '아니오'로 표시할 수 있다. 〈표 3-3〉에서 제시된 체크리스트 사례는 5단계의 등급으로 평가하도록 되어 있다.

체크리스트법에서 가장 주의해야 할 것은 평가표인 체크리스트를 만드는 일이다. 상당히 전문적인 기술이 필요하다. 평가자가 임의로 체크리스트를 만드는 것은 피해야 한다. 특히 평가표에는 평가요소가 비교적 구체적으로 제시되어야 한다. 평가표는 전문가에 의해 기존에 개발되어 신뢰성과 타당성이 검증된 항목을 활용한다. 만약 기존에 개발된 항목이 없다면 해당 조사목적에 맞도록 평가표를 개발하는 과정이 필요하다.

표 3-3 체크리스트법 사례

구분		교통시설	집객시설	주거인구	직장인구	경쟁정도
관심상권 1	매우 우수(5점)					
	우수(4점)					
	보통(3점)		○	○	○	
	나쁨(2점)	○				○
	매우 나쁨(1점)					
점수 총계	13점	2	3	3	3	2
관심상권 2	매우 우수(5점)	○				
	우수(4점)		○			
	보통(3점)			○	○	○
	나쁨(2점)					
	매우 나쁨(1점)					
점수 총계	18점	5	4	3	3	3
관심상권 3	매우 우수(5점)	○				
	우수(4점)		○		○	
	보통(3점)					○
	나쁨(2점)			○		
	매우 나쁨(1점)					
점수 총계	18점	5	4	2	4	3

자료 : 한양사이버대학교 상권분석 전문가 과정 종합보고서.

3) 현황조사법

현황조사법이란 '상권분석을 위하여 반드시 조사해야 할 항목 중에서 누구나 쉽게 파악할 수 있는 내용을 일목요연하게 정리하여 상권을 조사하는 방법'을 의미한다. 현황조사를 위해서는 〈표 3-4〉와 같이 조사항목(상호, 면적, 영업 활성화 정도, 점포 구조, 대표메뉴, 객단가 등)을 사전에 확인하고, 쉽게 정리할 수 있도록 도표화하는 작업을 먼저 하고 현장에서 조사를 해서 조사항목을 채워야 한다.

표 3-4 현황조사 사례

구분	조사항목	경 쟁 점 포						
		B1	B2	B3	B4	B5	B6	B7
점포개요	상호	에이스 치킨	치킨앤 비어	오!베리 치킨	둘둘 치킨	더후라이 팬	삼통 치킨	오빠닭
	면적(m²)	35.4 (11평)	38.7 (12평)	37.8 (11평)	36.9 (11평)	37.8 (11평)	66.4 (20평)	73.0 (22평)
	영업 활성화 정도	중	중	중	하	상	상	상
	점포 구조	복층 ×	복층	복층	복층	복층 ×	복층	복층 ×
	대표 메뉴	후라이드 치킨	크리스피 치킨	순살마늘 치킨	순살파닭	안심후라이드 치킨	후라이드 치킨	순살 베이크
	객단가	12,000원	15,000원	1,300원	18,000원	16,800원	15,000원	16,900원

자료 : 한양사이버대학교 상권분석 전문가 과정 종합보고서.

4) 설문조사법

설문조사법이란 목표고객과 경쟁점포를 대표할 수 있는 표본을 추출하여 설문조사 또는 인터뷰 등을 실시한 후 이를 근거로 상권을 분석하는 조사법이다. 설문조사를 위해서는 점포를 이용할 것으로 예상되는 전체 소비자, 전체 점포를 대표할 수 있는 표본을 선정하는 것이 중요하다.

상권분석을 위한 설문조사는 일반적으로 표본을 대상으로 설문지나 인터뷰 등을 통하여 이루어진다. 물론 전체를 조사할 수 있다면 굳이 표본을 선정할 필요가 없다. 설문조사법은 체크리스트법과 마찬가지로 점포의 매출에 영향을 미칠 것으로 예상되는 항목을 개발하는 것이 우선되어야 한다.

5) 통계적 분석법

상권분석을 위한 통계적 분석법은 대표적인 정량적 평가법이다. '거주 인구수, 유동인구수, 아파트 수, 과거 매출 자료, 경쟁 점포 실적 등을 분석하여 수치적으로 평가하는 방법'이다. 다양한 평가방법 중 가장 객관적인 평가방법이지만 실제 현장에서 수치자료를 얻는 것이 어려운 경우가 많다. 또한 구할 수 있어도 많은 비용이 소요되는 경우가 많다. 따라서 직접 수치자료를 조사(1차 자료)하기보다는 기존의 수치자료(2차 자료)를 찾아서 활용하는 경우가 많다. 통계청, 지방자치단체 홈페이지, 소상공인시장진흥공단 상권정보시스템, 나이스비즈맵의 상권분석시스템과 같은 상권정보 제공 사이트 등을 활용하면 참고용 자료를 찾을 수 있다.

다양한 통계정보를 이용하여 구축된 상권분석시스템이 대중화되면서 일반인도 쉽게

표 3-5 통계적 분석법 사례

(단위 : 명)

상권명	구분	인구수	연령						
			10대 이하	10대	20대	30대	40대	50대	60대
1상권	전체	19,308	2,042	3,306	2,526	3,502	3,887	2,194	1,851
	남	9,335	1,053	1,760	1,193	1,598	1,844	1,156	731
	여	9,973	989	1,546	1,333	1,904	2,043	1,038	1,120
2상권	전체	103,682	11,908	16,291	13,980	20,335	20,109	11,882	9,177
	남	50,694	6,174	8,629	6,735	9,623	9,695	6,200	3,638
	여	52,988	5,734	7,662	7,245	10,712	10,414	5,682	5,539
의견	1상권 및 2상권 거주 인구는 30대와 40대가 가장 많으며 남성에 비하여 여성의 인구가 다소 많은 편임								

자료 : 소상공인시장진흥공단 상권정보시스템.

그림 3-2 나이스비즈맵 상권분석시스템

자료 : 나이스비즈맵 홈페이지.

통계적 분석법 활용이 가능하게 되었다. 통계적 분석법의 구체적인 내용은 뒤에서 다시 다루도록 한다.

6) 수학적 분석법

수학적 분석법은 상권분석 방법 중에서 가장 과학적이고 합리적인 방법이다. 대표적인 수학적 분석법으로는 '레일리의 소매중력법칙, 컨버스의 상권분기점, 호프모델'이 있다. 다만 상권분석을 위해 수학적 분석법을 적용하려면, 기존의 수학식을 쓰기보다는 점포의 특성에 따라서 별도의 수학식을 만드는 과정이 필요한데 이러한 분석법은 소규모 사업자를 위한 상권분석에서 활용하기에는 제약이 너무 많고, 효용성에도 문제가 제기될 수 있다.

따라서 수학적 분석법은 다수의 가맹점을 보유한 프랜차이즈 본부와 같이 규모가 있는 기업에서 유용하게 사용할 수 있다. 예를 들면 기존 점포의 통계자료를 이용하여 수

수학적 분석법 활용 사례

30대와 40대가 주 고객인 삼겹살 전문점 프랜차이즈 본부는 H대학의 K 교수에게 가맹점의 매출액 정보를 제공하고 신규 가맹점의 상권분석을 위한 수학식을 만들어 줄 것을 요청하였다. H대학 K 교수는 가맹점이 위치한 상권의 인구통계 정보, 경쟁점포 현황, 경제적 변수 등을 파악한 후, 가맹점의 매출액을 추정하는 데 유용한 변수를 찾고 있다.

표 3-6 수학식을 만들기 위한 기존가맹점의 정보

가맹점	30~40대(천 명)	평균 가계수입(백만 원)	매출액(백만 원)
사당점	5	30	60
관악점	10	25	85
천호점	7	80	90
강남점	12	85	120
상계점	6	25	40
목동점	14	60	110

K 교수는 다양한 통계적 방법을 이용하여 가맹점의 매출액을 설명하는 독립변수를 찾았다. 그것은 상권 내 가맹점의 주 고객인 30대와 40대 인구수, 상권 내 가구의 평균 가계수입이다. 인구수와 평균 가계수입을 독립변수로 투입하고 매출액을 종속변수로 하여 다중회귀분석을 한 결과 다음과 같은 회귀식이 도출되었다.

$$y = 9.87 + 5.22x_1 + 0.54x_2$$

다중회귀식에서 y는 매출액, x_1은 인구수, x_2는 평균 가계수입이다. 삼겹살 전문점 프랜차이즈 본부는 경기도 수원점의 개설을 검토 중이다. 수원점에 개설 가능한 상권의 30~40대 인구수가 8천 명이고 해당 상권 거주자들의 평균 가계수입이 90백만 원이라면 수원점의 예상매출액은 어느정도가 될까?

수원점의 매출액을 추정하기 위해서는 위에서 도출된 회귀식에 인구수(x_1)와 평균 가계수입(x_2)을 대입하면 된다.

$$y = 9.87 + 5.22 \times 8 + 0.54 \times 90 = 100.23$$

수학적 분석법에 따르면 수원점의 연간 예상매출액은 약 1억 원으로 추정된다.

학식을 만든 뒤 신규 가맹점의 매출액을 추정하는 등의 상권분석에 활용하는 방식이다.

7) 키워드 분석

키워드 분석의 핵심은 자신이 조사하려는 상권과 연관된 키워드를 찾아내는 일이다. 예를 들어 교대상권을 조사하고 싶다면 '교대역 맛집, 서울교대 맛집'과 같은 키워드를 생각해 볼 수 있으며, 이러한 핵심 키워드를 이용하여 포털사이트가 제공하는 연관 키워드를 찾아서 활용할 수 있다. 서울 교대역 근처에 평양냉면 전문점을 창업하기 위해서 온라인상에서 노출되는 맛집 키워드를 중심으로 네이버에서 조사한 결과는 〈표 3-7〉과 같다.

표 3-7 교대 상권과 연관된 키워드 조회 현황　　　　　　　　　　　　　(단위 : 건)

순위	키워드	PC	모바일	합계
1	교대역 맛집	7,840	26,400	34,240
2	교대 맛집	4,550	23,700	28,250
3	서울교대 맛집	770	4,060	4,830

자료 : 네이버 검색광고(2018. 12. 22. 기준).

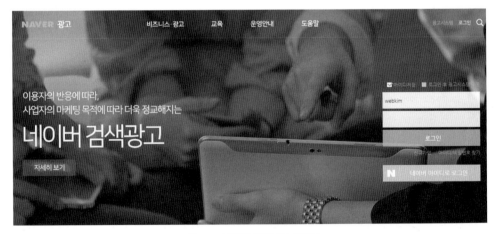

그림 3-3 네이버 검색광고 사이트
자료 : 네이버 검색광고.

키워드 조회 현황은 네이버 검색광고(http://searchad.naver.com)에서 별도의 회원가입과 로그인을 통해 확인 가능하다.

8) 추세분석

추세분석이란 소셜미디어에서 사람들이 이용하는 특정 키워드의 조회 수 등을 수년간 추적하여 변화를 측정함으로써 상권분석에 필요한 수명주기, 수요에 미치는 특정 이슈 등에 대한 정보를 얻는 분석법을 의미한다.

포털사이트나 다양한 앱을 활용해서 분석 대상의 핵심 키워드와 연관 키워드를 찾아 내면 해당 키워드를 이용하여 조회 수 추이를 확인할 수 있다. 예를 들어 네이버 검색광고에서 '교대역 맛집'라는 키워드의 조회 수를 검색하면 〈그림 3-4〉와 같은 최근 1년 동안의 월별 조회 수 추이를 볼 수 있다. 조회 결과에 따르면 '교대역 맛집'의 성수기는 7, 8월이며 2, 6, 9월은 비수기임을 알 수 있다. 특히 PC를 이용한 검색보다 스마트폰을 이용한 검색이 많으며 월별 추이가 다르다는 것을 확인할 수 있다.

또한 검색 추이에 그치지 않고 〈그림 3-5〉처럼 성별 검색비중과 연령 비중까지 확인

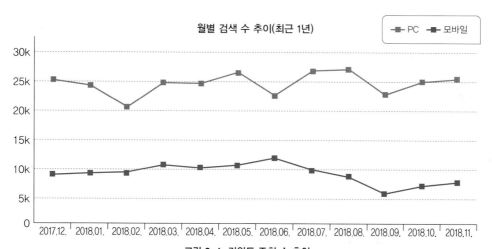

그림 3-4 키워드 조회 수 추이

자료 : 네이버 검색광고.

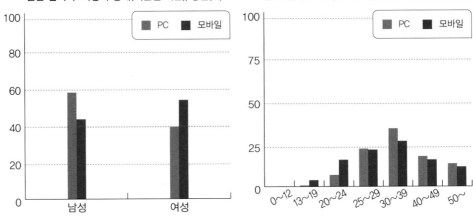

그림 3-5 키워드별 성별, 연령대별 검색 추이

자료 : 네이버 검색광고 홈페이지.

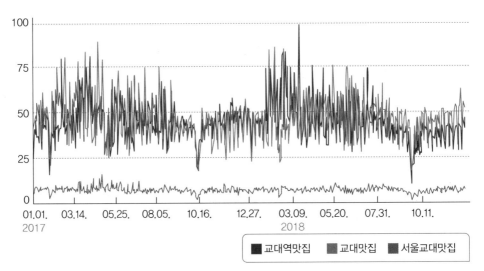

그림 3-6 네이버 트렌드 검색

자료 : 네이버 트렌드.

할 수 있어 선택한 상권의 소비자 분석이 가능하다.

상권분석을 위한 소셜분석의 핵심 중 하나는 다년간의 트렌드를 확인하는 것이다. 예를 들어 〈그림 3-6〉의 경우는 2017~2018년까지 '교대역 맛집, 교대 맛집, 서울교대 맛집'에 대한 트렌드를 확인한 결과이다. 교대상권에서 핵심키워드는 월별로 달라진다는 것을 확인할 수 있다. 특히 방송이나 언론에 노출되는 이벤트가 발생할 때마다 큰 관심을 보이는 키워드와 시점을 확인할 수 있다.

9) 내용분석

내용분석은 SNS(소셜미디어)에 사람들이 올린 다양한 비정형 텍스트에 담긴 메시지의 특성, 의도, 구조 등을 객관적인 유목과 단위를 이용하여 상권분석에 필요한 상권의 월별 특성, 방문목적, 동반자, 이용 음식점, 방문시간, 구매한 메뉴와 가격, 만족도 및 구체적인 후기 등에 대한 정보를 얻는 과학적인 활동을 의미한다.

예를 들어 〈표 3-8〉은 교대상권을 중심으로 네이버 플레이스에 노출되는 점포를 대상으로 '대표 메뉴, 대표 메뉴가격, 검색연령, 피크시간, 리뷰 수, 브랜드 조회 수'를 내용분석한 결과이다.

표 3-8 네이버 플레이스를 통한 노출 점포 내용분석 사례

구분	점포명	대표 메뉴	대표 메뉴 가격 (원)	연령(대)	피크시간	리뷰 수 (건)	브랜드 조회 수(건)		
							PC	모바일	합계
1	**옥	냉면	13,000	50~60	저녁	134	4,560	23,400	27,960
2	****수	막국수	9,000	50~60	저녁	334	1,330	7,930	9,260
3	***옥	냉면	9,000	50~60	점심	159	910	5,340	6,250
4	**옥	순두부	10,000	50~60	평일점심/ 주말저녁	694	960	5,280	6,240
5	서관면옥	냉면	13,000	40~60	–	31	830	4,160	4,990
6	**향	코스요리	8,000	50~60	평일점심/ 주말저녁	289	390	1,890	2,280
7	마**	청국장	8,000	50~60	평일점심	41	240	940	1,180
8	**배기	전복뚝배기	15,000	50~60	평일점심	105	230	840	1,070
9	**양	냉면	14,000	50~60	저녁	357	50	260	310
10	***옥	냉면	8,000	30~40	점심	33	50	150	200

자료 : 네이버 플레이스(2018. 10.).

내용분석은 상권특성이나 소비자특성을 조사하기 위하여 수행하는 경우가 대부분이지만 〈표 3-8〉처럼 교대 상권에서 자신의 창업 아이템의 차별성이나 경쟁관계, 콘셉트를 분석하기 위한 목적을 가지고 분석할 수 있다.

내용분석은 포털사이트와 다양한 SNS에 노출되어 있는 글, 기사, 블로그 등을 분석하는 것으로 분석대상을 중심으로 상권특성에 적합한 분류체계를 만들어 정량적 또는 정성적으로 조사해야 하므로 '분석유목'과 '분석단위'를 타당한 수준에서 결정할 수 있어야 한다.

분석유목과 분석단위란?

1. 분석유목은 일반적인 연구의 변인에 해당하는 것으로서, 어떤 기준에 따라 어떤 항목으로 나누어 분석할 것인가를 의미한다. 예를 들면, 맛집 리뷰의 내용은 방문월일, 방문시간(점심, 저녁), 방문목적, 방문일행, 구매음식, 지불수준, 만족도 등을 분석유목으로 사용한다.
2. 분석단위는 기준과 항목에 따라 분류하고 빈도를 조사할 때 집계하는 내용의 최소단위를 의미한다. 예를 들면 방문시간은 아침, 점심, 저녁, 심야 등으로 구분할 수 있다.

자료 : 한국성인교육학회(2004). 교육평가 용어사전. 학지사.

---

10) 분류분석

분류분석이란 소셜미디어에 사람들이 입력한 텍스트에서 주요 키워드와 관계가 있는 단어를 특정한 기준과 빈도수로 정리하거나 감성언어 등을 긍정, 부정으로 분류하여 상권분석에 필요한 시사점을 찾아내는 활동을 의미한다.

분류분석은 감성언어와 긍정어, 부정어 등 매우 전문적인 분류체계와 분석능력을 갖추어야만 가능한 소셜분석 방법이다. 개인이 독자적으로 분류분석을 하는 것은 거의

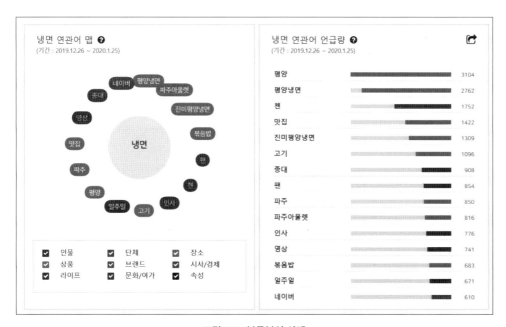

그림 3-7 분류분석 사례

자료 : 소셜 메트릭스 인사이트 홈페이지.

불가능하기 때문에 꼭 필요한 경우에 한하여 '소셜 메트릭스 인사이트'와 같은 사이트를
이용하여 검색 후 결과를 참고한다.

  예를 들어 〈그림 3-7〉은 소셜 메트릭스 인사이트에서 '냉면' 키워드에 연관어와 연관
어 언급량을 확인한 결과이다. 무료로 제공되는 사이트라서 검색대상 SNS와 검색기간
이 제한되는 단점이 있으나 간단한 참고용으로 시기별 메뉴의 키워드를 확인하는 데 유
용하다.

3 상권분석 방법의 장·단점

개인창업자나 기존 사업자, 프랜차이즈 가맹본부 등을 위한 상권분석을 위해 활용할 수
있는 다양한 방법 중 어떤 방법이 가장 좋다고 단언하기는 어렵다. 가장 안정적인 방법

표 3-9 상권분석 방법별 장단점

유형	장점	단점
주관적 평가법 체크리스트법 현황조사법	• 최신자료 취득 용이 • 목표고객 및 경쟁점포 조사 가능 • 현재 현황 파악에 유리 • 설명형 분석에 유리	• 주관적인 평가로 인한 오류 가능성
설문조사법	• 통계적으로 파악하기 힘든 소비자 인식조사에 유용함	• 표본오차 가능성 • 과다한 비용 발생 • 과거 현황 파악의 어려움
통계적 분석법	• 저렴한 비용 • 매출액을 포함한 다양한 정보의 취득 용이 • 과거 현황 파악에 유리	• 통계자료의 적시성 문제 • 통계자료의 신뢰성 문제 • 인과관계의 추정에 한계
수학적 분석법	• 수학적 방법을 활용하여 과학적임 • 인과관계의 추정에 유리 • 매출액 추정 등 예측 가능	• 수학식의 도출이 어려움 • 수학식 도출을 위한 기초자료의 적시성과 신뢰성 문제
키워드 분석	• 관심 상권이나 업종과 관련된 키워드를 찾아내고 그 현황과 조회 수, 월별 추이를 파악하여 소비자 인식과 수요의 변화 등을 확인	• 변화가 매우 빠름 • 전문적인 분류체계와 분석능력이 요구됨
추세, 내용분석	• 핵심키워드, 상품, 제품의 트렌드 추이 확인 가능 • 경쟁상권, 소비자, 경쟁점포 등의 특성 파악 가능	• 시간이 오래 소요됨 • 전문적인 분류체계와 분석능력
분류분석	• SNS에 존재하는 다양한 텍스트를 감성언어와 긍정, 부정을 기준으로 분류하여 시사점 도출 가능	• 무료분석 범위가 좁음 • 전문적인 분류체계와 분석능력

은 앞서 설명한 방법들을 적절하게 통합적으로 사용하는 것이다. 현실적으로 대부분의 상권분석 방법들이 시간과 비용이 많이 소요되는 단점이 있으므로 주관적 평가법을 사용하는 경우가 많다. 하지만 주관적 평가법은 신뢰성을 검증할 방법이 없다.

주관적평가법을 보완하기 위해서는 국가통계포털, 지방자치단체의 홈페이지, 소상공인시장진흥공단 상권정보시스템, 나이스비즈맵 상권분석시스템 등을 활용하여 통계적 분석법을 활용하는 것이 좋다. 다만 상권분석의 전문성과 정확성이 요구되는 프랜차이즈 가맹본부의 경우에는 설문조사법과 수학적 분석법에 대한 연구에 지속적으로 투자하여 자신만의 상권분석시스템을 갖추어야 한다.

개인창업자나 기존 사업자는 상권분석 방법의 장·단점을 고려하여 상황에 따라 적절히 활용해야 한다. 특히 온라인 상권의 중요성이 날로 증가하고 있는 점을 고려하여 소셜분석법을 활용한 온라인 상권분석은 필수사항이라는 것을 꼭 기억해야 한다.

4 상권분석 접근법과 목적

1) 상권분석 접근법

창업자는 창업을 위한 최종 입지(점포) 선정을 위해 크게 두 가지 방법으로 상권분석이 가능하다. 즉 〈그림 3-8〉과 같이 상권(입지) 중심 접근법과 업종(업태) 중심 접근법 중 하나를 선택해서 활용한다.

업종(업태) 중심 접근법	상권(입지) 중심 접근법
• 업종(업태)를 정한 후 그에 적합한 상권과 입지를 정하는 방법	• 상권과 입지를 정한 후 그에 접합한 업종(업태)을 정하는 방법

그림 3-8 상권분석 목적에 따른 접근법

상권(입지) 중심 접근법은 '상권과 입지가 정해진 상태에서 해당 입지에 적합한 아이템(대표 메뉴)을 찾는 방법이다. 업종(업태) 중심 접근법은 상권(입지) 중심 접근법과 반대 개념이다. 이미 사업 아이템이 정해진 상태에서 적합한 상권과 입지를 찾는 방식이다. 상권 중심 접근법이든, 업종 중심 접근법이든 상권을 조사하고 분석하는 과정은 반드시 필요하다.

상황에 따라서 이미 상권과 입지가 정해져 있다고 하더라도 상권과 입지는 그 자체로서 중요한 것이 아니라 거기에 거주하거나 상권을 이용하는 소비자의 특성과 경쟁점의 수준을 파악하는 것이 중요하기 때문에 상권분석을 반드시 실시해야 한다.

2) 상권분석 목적 정하기

상권분석 접근법을 결정했다면 이어서 상권분석의 목적을 정해야 한다. 거듭 강조하지만 창업의 단계가 어디부터 시작되든 상권분석의 목적부터 명확히 해야 한다. 상권이 앞으로도 지속적으로 발전할지 아니면 인근에 새로운 상권의 등장으로 쇠퇴하게 될지 판단하는 것은 상권분석의 가장 기본적인 목적이다. 그 외에도 우리가 상권을 조사하고 분석하는 이유는 사업에 소요될 투자금액과 비용을 추산한다거나 사업에 활용할 인력을 원활하게 채용할 수 있는 환경을 갖춘 지역인지 판단하기 위함이다. 가장 중요한 것은 마케팅 전략을 수립하기 위한 다양한 기초자료를 수집하는 것이다. 기타 창업을 위해 수집해야 할 많은 정보들을 상권이라는 매개체를 통해서 조사자가 파악해야 한다. 이를 간략하게 정리해 보면 〈표 3-10〉과 같다.

표 3-10 상권분석의 목적

상권분석의 목적 선택하기	비고
상권의 성패 및 매출액 추정에 따른 투자수익률 산출	절대적 목적
비용 요소 및 금액 조사	선택적 목적
인력조달의 편의성 파악	
마케팅 전략 수립을 위한 기초자료 수집	
기타 창업을 위한 다양한 평가를 위하여	

창업자는 무엇보다도 상권과 입지를 조사하고 분석하는 목적을 자신의 창업환경에 맞게 세심하게 정리해야 한다. 그것이 정리된 후, 실질적인 상권분석 단계에 들어간다.

3) 상권분석 범위 결정

상권분석 목적을 결정하였다면 이어서 평가대상 지역의 특성을 기준으로 분석대상 범위를 정해야 한다. 상권분석은 상가권을 중심으로 하는 경우와 상세권을 중심으로 하는 경우로 나뉜다. 대부분의 상권분석에서는 두 가지 방법을 결합하여 사용하지만, 상권의 특징에 따라서 한 가지 방법을 선택하여 활용하는 것이 효과적인 경우가 있다.

(1) 상가권 중심 분석법

상권을 분석할 때, 상가권을 중심으로 분석하는 방법을 '상가권 중심 분석' 또는 '상점
가 중심 분석'이라 한다. 이는 번화가 상권, 역세권 상권처럼 유동인구 중심형 상권에서
효율적인 방법이다. 분석대상은 상가권의 소비자분석과 업종분석, 매출분석을 중심으
로 진행한다.

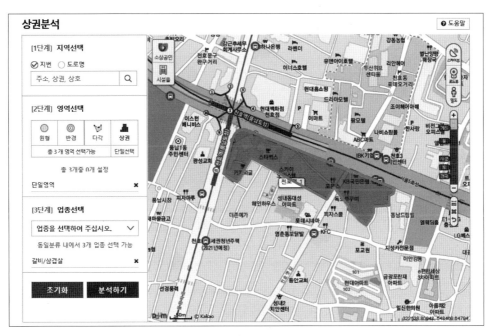

그림 3-9 상가권 중심 분석 사례
자료 : 소상공인시장진흥공단 상권정보시스템.

(2) 상세권 중심 분석

상세권의 자료를 중심으로 분석하는 방법을 '상세권 중심 분석'이라 한다. 이 방법은 주
택가와 아파트 상권과 같이 배후인구 중심형 상권을 분석할 때 유용한 방법이다. 상세
권의 분석대상은 상권의 범위를 업종의 특성에 따라 200m, 500m, 1km 등으로 설정하
여 주거인구, 직장인구, 소득수준, 상권특성 등을 중심으로 분석한다.

상권분석을 할 때 상가권을 중심으로 할지, 상세권을 중심으로 할지는 상권의 특성과 상권분석의 목적 등을 고려해서 결정해야 한다. 다만 명확한 기준을 정하기 어려운 경우에는 두 가지 방법을 병행하여 비교한 후 의사결정에 필요한 정보를 선별적으로 선택한다.

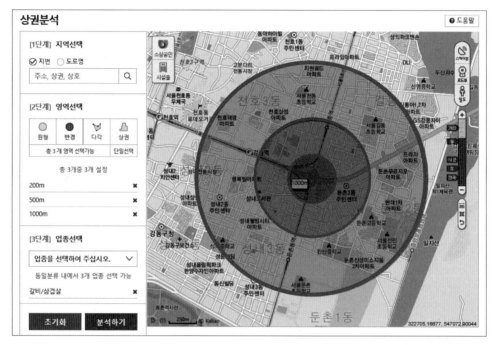

그림 3-10 상세권 중심 분석 사례
자료 : 소상공인시장진흥공단 상권정보시스템.

1 상권과 입지분석의 첫 번째 단계는 상권분석이다. 두 번째는 입지분석이고, 세 번째는 사업타당성 분석을 하고 전략을 수립하는 단계이다. 상권분석의 3단계가 마무리되면 점포를 개발하고 계약을 함으로써 창업을 본격화한다. 다만 점포계약을 하기 위해서는 사전에 충분한 검토가 이루어졌음을 입증하는 차원에서 보고서를 작성한다. 이 보고서에는 단순한 조사와 분석 내용을 넘어서서 향후 예상되는 문제점과 해당 문제점을 극복하기 위한 전략까지 포함한다.

2 상권분석은 크게 정성적 방법, 정량적 방법, 소셜분석을 통해 이루어진다. 좀 더 구체적으로 구분하면 정성적 방법에는 주관적 평가법, 체크리스트법, 현황조사법이 있고 정량적 방법에는 설문조사법, 통계적 분석법, 수학적 분석법이 있다. 마지막으로 온라인 상권분석을 위한 소셜분석 방법으로 키워드 분석, 추세분석, 내용분석, 분류분석 등이 활용된다.

3 주관적 평가법은 '경험이 많은 전문가의 의견을 중심으로 이루어지는 상권분석'을 의미한다. 갈수록 점포의 매력도를 측정하는 평가기준이 다양해지는 상황에서 이루어지는 상권분석은 전문가의 주관적 평가가 매우 유용하다. 하지만 조사자에 따라 결과가 상이할 수 있으므로 신뢰성을 확보하기 어렵다. 따라서 한 명의 전문가가 아닌 3인 이상의 평가자가 분석에 참여해 결론을 도출하는 방식으로 보완하는 노력이 필요하다.

4 체크리스트법은 객관성에 기초하여 상권을 평가하고자 고안된 방법으로 '상권에 영향을 주는 요소들에 대한 평가표(checklist)를 만들어 상권을 평가'하는 기법이다. 상권의 평가자는 체크리스트에 열거된 평가요소에 대한 질문에 따라 평가항목에 해당되는 사항을 체크(check)하는 형식으로 평가한다. 이때 평가척도는 세분화할 수도 있지만 단순히 '예' 또는 '아니오'로 표시할 수 있다.

5 현황조사법이란 '상권분석을 위하여 반드시 조사해야 할 항목 중에서 누구나 쉽게 파악할 수 있는 내용을 일목요연하게 정리하여 상권을 조사하는 방법'을 의미한다. 현황조사를 위해서는 조사항목을 사전에 확인하고, 쉽게 정리할 수 있도록 도표화하는 작업이 선행되어야 한다.

6 설문조사법이란 목표고객과 경쟁점포를 대표할 수 있는 표본을 추출하여 설문조사 또는 인터뷰 등을 실시한 후 이를 근거로 상권을 분석하는 방법이다. 설문조사를 위해서는 점포를 이용할 것으로 예상되는 전체 소비자, 전체 점포를 대표할 수 있는 표본을 선정하는 것이 무엇보다 중요하다. 설문조사법은 일반적으로 표본을 대상으로 설문지나 인터뷰 등을 통하여 상권을 분석한다.

7 통계적 분석법은 대표적인 정량적 평가법으로 '거주 인구수, 유동인구수, 아파트 수, 과거 매출 자료, 경쟁 점포 실적 등을 분석하여 수치적으로 평가하는 방법'이다. 다양한 평가방법 중 가장 객관적인 평가방법이라고 할 수 있지만 실제 현장에서 수치자료를 얻는 것이 어려운 경우가 많다.

8 수학적 분석법은 상권분석 방법 중에서 가장 과학적이고 합리적인 방법이다. 대표적인 분석법으로는 레일리의 소매중력법칙, 컨버스의 상권분기점, 호프모델'이 있다. 다만 상권분석을 위해 수학적 분석법을 쓰려면, 점포의 특성에 따라서 별도의 수학식을 만드는 과정이 필요한데 이러한 분석법은 소규모 창업을 위한 상권분석에서 활용하기에는 제약이 너무 많고, 효용성에도 문제가 제기될 수 있다.

9 키워드 분석의 핵심은 자신이 조사하려는 상권과 연관된 키워드를 찾아내는 일이다. 예를 들어 교대상권을 조사하고 싶다면 '교대역 맛집, 서울교대 맛집'과 같은 키워드를 생각해 볼 수 있으며, 이러한 핵심 키워드를 이용하여 포털사이트가 제공하는 연관 키워드를 찾아서 활용할 수 있다.

10 추세분석이란 소셜미디어에서 사람들이 이용하는 특정 키워드의 조회 수 등을 수년간 추적하여 변화를 측정함으로써 상권분석에 필요한 수명주기, 수요에 미치는 특정 이슈 등에 대한 정보를 얻는 분석법을 의미한다.

11 내용분석은 SNS에 존재하는 다양한 텍스트에 담긴 메시지의 특성, 의도, 구조 등을 객관적인 유목과 단위로 구분하여 분석하는 과학적인 기법이다. 온라인 상권분석에서는 월별 특성, 방문목적, 동반자, 이용 음식점, 방문시간, 구매한 메뉴와 가격, 만족도 및 구체적인 후기 등의 유목을 이용할 수 있다.

12 분류분석이란 소셜미디어에 사람들이 입력한 텍스트에서 주요 키워드와 관계가 있는 단어를 특정한 기준과 빈도수로 정리하거나 감성언어 등을 긍정, 부정으로 분류하여 상권분석에 필요한 시사점을 찾아내는 활동을 의미한다.

13 개인창업자나 기존 사업자는 상권분석 방법의 장·단점을 고려하여 상황에 따라 적절히 활용해야 할 것이다. 특히 온라인 상권의 중요성이 날로 증가하고 있는 점을 고려하여 소셜분석법을 활용한 온라인 상권분석은 필수 사항이라는 것을 꼭 기억해야 한다.

14 창업자는 창업을 위한 최종 입지(점포) 선정을 위해 상권(입지) 중심 접근법과 업종(업태) 중심 접근법 중 한 가지 방법을 선택하여 상권분석을 한다.

15 상권분석을 하는 경우 목적을 명확히 정해야 한다. 상권분석은 창업과 경영을 통해 달성할 수 있는 투자수익

률 산출을 절대적 목적으로 해야 한다. 이어서 상권이 앞으로 지속적으로 발전할지 아니면 인근에 새로운 상권의 등장으로 쇠퇴하게 될지 판단할 수 있다. 그 외에도 우리가 상권을 조사하고 분석하는 이유는 사업에 소요될 비용을 추산한다거나 사업에 활용할 인력을 원활하게 채용할 수 있는 환경을 갖춘 지역인지 판단하기 위함이다. 가장 중요한 것은 마케팅 전략을 수립하기 위한 다양한 기초자료를 수집하기 위함이다. 기타 창업을 위해 수집해야 할 많은 정보들을 상권이라는 매개체를 통해서 조사자가 파악해야 한다.

16 상권분석 목적을 결정하였다면 이어서 평가대상 지역의 특성을 기준으로 분석대상 범위를 정해야 한다. 상권분석은 상가권을 중심으로 하는 경우와 상세권을 중심으로 하는 경우로 나눠진다.

1 자신의 현재 상황에 적합한 상권분석 프로세스를 정리해 보자. 학습한 프로세스와 어떤 차이가 있으며, 왜 그런 차이가 발생하는지 설명해 보자.

2 상권분석 방법을 제시하고 각 방법의 장·단점을 설명해 보사. 오프라인 상권에 비해서 온라인 상권의 중요성이 증가하고 있는 점을 고려해서 소셜분석 방법을 좀 더 구체적으로 학습하고 교재에서 제시한 방법 외에 활용 가능한 방법을 제시해 보자.

3 자신의 현재 상황을 고려해서 어떤 상권분석 접근법을 활용해야 하는지 정하고 그 이유를 설명해 보자.

4 자신의 현재 상황을 고려해서 상권분석 목적을 구체적으로 정리해 보자. 교재에서 제시한 내용 외에 추가적으로 자신에게 필요한 목적이 있다면 이유를 설명해 보자.

5 상권분석의 범위를 상가권으로 정하는 경우와 상세권으로 정하는 경우 어떤 차이가 있는지 비교 설명하고 자신의 현재 상권을 고려해서 어떤 방법이 적합한지 설명해 보자.

4장

소상공인 상권정보시스템 사용법

학습내용

1 상권정보시스템 개요
2 상권정보시스템의 구성
3 상권분석 프로세스
4 상권분석 보고서 해석
5 다양한 상권분석 통계 활용법

학습목표

- 상권정보시스템의 개발목적을 이해하고 기본적인 현황을 설명할 수 있다.
- 상권분석, 경쟁분석, 입지분석, 수익분석으로 구성된 상권정보시스템의 구성을 설명할 수 있다.
- 상권정보시스템을 사용하기 위한 구체적인 단계별 사용법을 설명할 수 있다.
- 상권분석 보고서의 구성과 내용을 이해하고 현장에서 활용할 수 있는 방법을 설명할 수 있다.
- 상권정보시스템에서 제공하는 다양한 상권분석 통계의 내용을 이해하고 활용법을 설명할 수 있다.

1 상권정보시스템 개요

소상공인 상권정보시스템은 전국의 주요 상권 현황을 누구나 쉽게 분석할 수 있도록 소상공인시장진흥공단에서 구축한 정보시스템이다. 유동인구나 임대시세, 업종 분포 현황, 매출통계, 업력통계 등 상권에 대한 세부정보를 조회할 수 있다. 창업 전 직접 시장조사에 나서지 않아도 상권정보시스템을 활용하면 업종 선택이나 입지 선정에 큰 도움이 된다. 구체적으로 창업에 필요한 정보로서 경쟁업소의 현황과 추이는 물론이고, 유사업종, 타 업종의 자료를 확인할 수 있다.

그림 4-1 소상공인 상권정보시스템 : 초기화면
자료 : 소상공인시장진흥공단 상권정보시스템(2020).

소상공인 상권정보시스템을 활용하면 소상공인들의 창업 선호도가 높은 음식업과 도소매업, 서비스업 등이 밀집한 지역을 중심으로 분석할 수 있다. 402개의 서울상권과 292개의 경기도 상권, 경상남도 119개 등 1,500개의 상권 현황을 조회할 수 있으며, 분식업과 미용실, 슈퍼마켓, 치킨 전문점 등 소상공인들의 관심이 높은 주요 업종의 분포를 알 수 있다.

웹브라우저에 인터넷주소(http://sg.smba.go.kr)를 입력하거나 주요 포털사이트에서 '소상공인 상권분석'으로 입력 후 검색하면 소상공인 상권정보시스템에 접속할 수 있다. 시스템을 이용하려면 먼저 회원가입을 한 후, 로그인을 한다. 시스템의 첫 화면은 〈그림 4-1〉과 같다.

2 상권정보시스템의 구성

소상공인 상권정보시스템 초기화면의 주요 메뉴를 살펴보면 〈그림 4-2〉와 같은 시스템 구성을 볼 수 있다. 상위 메뉴는 '상권분석, 컨설팅, 시장분석, 상권현황, 알림정보'로 구성되어 있으며, 일반적으로 소상공인이 많이 사용하는 메뉴는 '상권분석'이다.

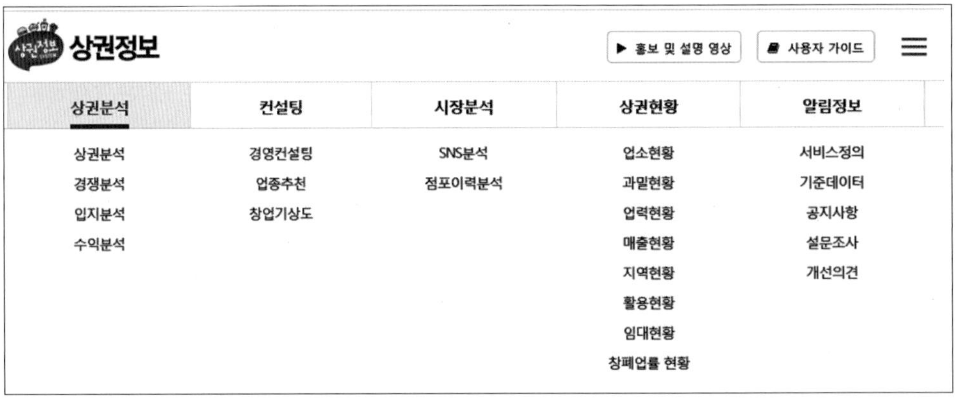

상권분석	컨설팅	시장분석	상권현황	알림정보
상권분석	경영컨설팅	SNS분석	업소현황	서비스정의
경쟁분석	업종추천	점포이력분석	과밀현황	기준데이터
입지분석	창업기상도		업력현황	공지사항
수익분석			매출현황	설문조사
			지역현황	개선의견
			활용현황	
			임대현황	
			창폐업률 현황	

그림 4-2 소상공인 상권정보시스템 : 메뉴 구성

자료 : 소상공인시장진흥공단 상권정보시스템(2020).

3 상권분석 프로세스

소상공인 상권정보시스템은 1단계 지역선택, 2단계 영역선택, 3단계 업종선택의 순으로
선택하여 분석을 실행하는 구조로 만들어져 있다. 자세한 사용법을 살펴본다.

1) 상권분석 실행

소상공인 상권정보시스템을 이용하여 상권분석하는 방법을 '상권분석' 메뉴 기준으로
설명하면 다음과 같다.

① 시스템의 상단 메뉴에서 '상권분석'을 선택하면 〈그림 4-3〉과 같이 '상권분석' 화면

그림 4-3 소상공인 상권정보시스템 : '상권분석' 화면
자료 : 소상공인시장진흥공단 상권정보시스템(2020).

이 나타난다.

② 회원가입을 하고 로그인을 한 상태가 아니면 로그인을 하라는 메시지가 표시된다. 회원가입 후, 로그인을 하면 상권분석 화면으로 이동한다.

2) 지역선택

상권분석을 위해서는 분석하고자 하는 지역을 선택해야 한다. 지역을 선택하는 방법은 〈그림 4-3〉에서 보는 바와 같이 지번과 도로명 검색으로 선택할 수 있으며 검색창에는 ① 주소, ② 상권, ③ 상호 중 어떤 것이든 입력하여 검색할 수 있다.

　각각의 선택기능을 차례로 살펴보면 〈그림 4-4〉와 같다. 예를 들어 검색창에 '범계'를 입력하면, '전체, 주소, 상권, 상호' 카테고리별로 검색 결과가 나타난다. 해당 검색결과에서 원하는 위치가 나타나면 클릭하고 검색창 하단의 '선택하기' 버튼을 클릭하면 오른쪽에 표시된 지도의 위치 표시가 선택한 지역으로 이동한다.

그림 4-4 소상공인 상권정보 시스템 : '지역선택' 기능
자료 : 소상공인시장진흥공단 상권정보시스템(2020).

3) 상권 그리기

1단계 '지역선택'을 하였다면, 이어서 2단계 '영역선택'를 한다. '영역선택'은 ① 원형, ② 반경, ③ 다각형 ④ 상권으로 지정할 수 있다. 상권을 그리는 가장 쉬운 방법은 '반경'으로 그리는 것인데, 〈그림 4-5〉에 표시된 순서로 한다.

① 영역선택에서 반경을 클릭한다.
② 지도 이미지에서 상권으로 선택할 중심점을 마우스로 클릭한다. 반경을 선택하는 창이 뜨면 원하는 반경을 선택한다. 보통 500m를 선택하지만 업종과 지역에 따라서

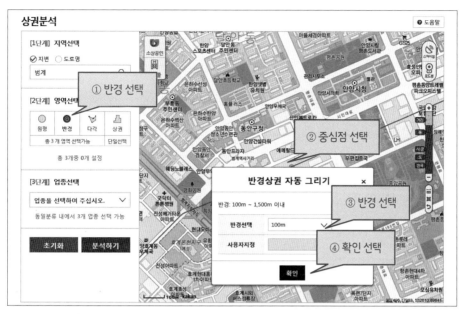

그림 4-5 소상공인 상권정보시스템 : '영역선택' 기능
자료 : 소상공인시장진흥공단 상권정보시스템(2020).

다룰 수 있다.

상권은 3개까지 선택하여 동시에 분석할 수 있다. 즉 여러 개의 상권을 비교할 때 유용하게 이용할 수 있다. 다만 여러 개의 상권을 비교하면 분석에 많은 시간이 소요된다.

4) 업종선택

'영역선택'을 마친 후에 '업종선택'을 한다. 업종선택은 〈그림 4-6〉과 같이 검색을 하거나 대분류, 중분류, 소분류의 순서로 선택한다. 소분류의 경우는 동시에 3개까지 선택할 수 있다. 즉 유사한 업종을 한꺼번에 3개까지 선택하여 비교하는 분석을 할 수 있다.

'업종선택'을 완료하면 〈그림 4-6〉 화면에서 나타나는 바와 같이 왼쪽 하단의 '분석하기' 버튼을 클릭한다.

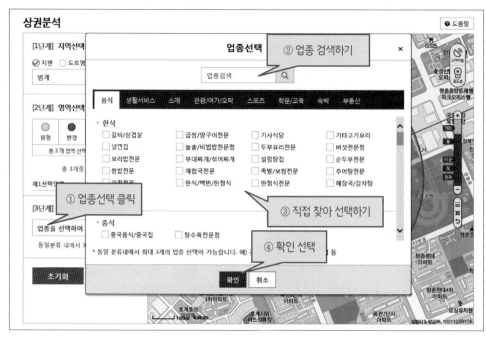

그림 4-6 소상공인 상권정보시스템 : '업종선택' 기능

자료 : 소상공인시장진흥공단 상권정보시스템(2020).

**그림 4-7 소상공인 상권정보시스템 :
'분석하기' 실행**

자료 : 소상공인시장진흥공단 상권정보시스템(2020).

4 상권분석 보고서 해석

1) 분석보고서 내용

상권분석 결과 화면은 〈그림 4-8〉과 같이 나타난다. 현재 화면은 '상권평가'가 선택된 상태이다. '업종분석, 매출분석, 인구분석, 소득과 소비, 지역분석'을 차례로 클릭하면 해당 내용을 확인할 수 있다. 분석결과를 프린터로 출력하려면 '출력' 버튼을 누른다. '출력' 버튼 옆에 위치한 '기준데이터'를 클릭하면 상권정보시스템의 현재 화면에서 제시하는 데이터의 출처를 확인할 수 있으며, 업데이트 주기도 표기되어 있다.

2) 상권평가

상권분석 보고서의 '상권평가' 화면에는 〈그림 4-8〉과 같이 '분석 설정 정보'와 '상권 주

그림 4-8 소상공인 상권정보시스템 상권분석보고서 : '상권분석 결과' 화면

자료 : 소상공인시장진흥공단 상권정보시스템(2020).

표 4-1 상권분석 보고서의 상권평가 세부 내용

구분	내용
1. 평가종합	• 분석자가 선택한 상권의 등급을 총 5등급을 기준으로 평가한다. 평가등급은 1등급에 가까울수록 상권이 활성화되었다는 것을 의미하며, 이는 상권의 전반적 업종경기와 주변 집객시설, 교통, 여건을 고려하여 평가한다. • 상권평가지수를 100점 만점으로 표시하여 전월 대비 증감률을 보여주고 평가지수를 산정하는 데 활용한 5가지 평가지수 항목(성장성, 안정성, 영업력, 구매력, 집객력)의 점수를 표시한다.
2. 지역별 평가지수 추이	• 상권평가지수를 '광역시도, 시·군·구, 행정동, 선택영역'으로 구분하여 최근 6개월 동안의 평가지수 추세와 증감률을 비교한다.
3. 상세평가지수	• 5가지 평가지수 항목(성장성, 안정성, 영업력, 구매력, 집객력)의 산출근거와 상세 점수를 표시한다.

요정보' 외에 〈표 4–1〉과 같은 '평가종합, 지역별 평가지수 추이, 상세평가지수 정보'를 제공한다.

3) 업종분석

상권분석 보고서의 '업종분석'에서는 〈그림 4–9〉과 같이 '업종별 추이, 지역별 추이, 업종 생애주기' 3가지의 분석결과를 제시한다.

각 항목에 대한 분석을 위해 분석자가 반드시 이해하고 있어야 하는 내용을 세부적으로 정리하면 〈표 4–2〉와 같다.

4) 매출분석

상권분석 보고서의 '매출분석'에서는 〈그림 4–10〉과 같이 '업종별 매출추이, 상권별 매출비교, 시기별 매출특성, 고객별 매출특성' 4가지의 분석결과를 보여준다.

'업종별 매출추이, 상권별 매출비교, 시기별 매출특성, 고객별 매출특성'에 대한 정보

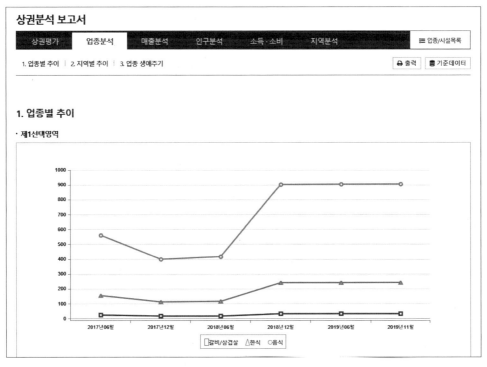

상권분석 보고서

| 상권평가 | 업종분석 | 매출분석 | 인구분석 | 소득·소비 | 지역분석 | ≡ 업종/시설목록 |

1. 업종별 추이 | 2. 지역별 추이 | 3. 업종 생애주기 | 🖨 출력 | 🖥 기준데이터

1. 업종별 추이

· 제1선택영역

갈비/삼겹살 △한식 ○음식

그림 4-9 소상공인 상권정보시스템 상권분석 보고서 : '업종분석' 화면
자료 : 소상공인시장진흥공단 상권정보시스템(2020).

표 4-2 상권분석 보고서 업종분석 세부 내용

구분	내용
1. 업종별 추이	• 분석자가 선택한 업종의 대분류, 중분류, 선택업종을 대상으로 3년 동안의 업소 증감률 추이를 6개월 단위로 나타낸다. • 점포 수의 증감은 선택한 업종에 대한 창업자의 선호도와 소비 트렌드를 나타내는 변수이므로 창업자의 의사결정과 기존 사업자의 수명주기에 큰 영향을 미칠 수 있다.
2. 지역별 추이	• 분석자가 선택한 업종의 전국, 도, 시 등 지역을 대상으로 3년 동안의 업소 증감률 추이를 6개월 단위로 보여준다. • 점포 수의 증감은 선택한 업종에 대한 지역별 창업자의 선호도와 소비 트렌드를 나타내는 변수이므로 창업자의 의사결정과 기존 사업자의 수명주기에 큰 영향을 미칠 수 있다.
3. 업종 생애주기	• 분석자가 선택한 중분류 업종을 점포 수 증가율과 매출 증가율 변수를 기준으로 분류하여 업종의 생애주기를 보여준다. • 유형은 매출과 점포 수가 모두 증가하여 당분간 호황이 예상되는 '성장업종', 소수의 대형/브랜드 점포로 매출이 집중되는 '집중업종', 매출과 점포 수가 모두 감소하는 '침체업종', 점포 수가 늘어나 경쟁이 심화되면서 점포당 매출이 감소하는 '경쟁업종'으로 구분한다.

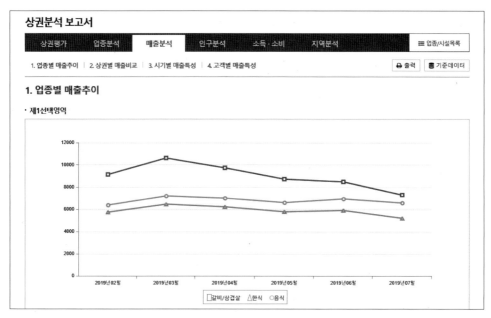

그림 4-10 소상공인 상권정보시스템 상권분석 보고서 : '매출분석' 화면

자료 : 소상공인시장진흥공단 상권정보시스템(2020).

표 4-3 상권분석 보고서 매출분석의 세부 내용

구분	내용
1. 업종별 매출 추이	• 분석자가 선택한 업종의 대분류, 중분류, 선택업종을 대상으로 6개월 동안의 매출과 매출건수의 증감률 추이를 나타낸다. • 매출액과 매출건수 증감은 선택한 업종에 대한 소비자 선호도와 트렌드를 나타내는 변수이다. • 매출추이의 상승과 하락 정보를 활용해서 창업자는 창업 여부에 대한 의사결정을 할 수 있다. • 기존 사업자는 업종의 도입기, 성장기, 성숙기, 쇠퇴기를 파악하여 사업의 확장과 정리, 새로운 마케팅 전략 수립 등에 대한 의사결정에 활용할 수 있다.
2. 상권별 매출 비교	• 분석자가 선택한 업종의 전국, 도, 시, 유사상권 등의 지역을 대상으로 최근 6개월 동안의 매출액과 매출건수 증감률 추이를 나타낸다. • 매출액과 매출건수의 증감은 선택한 업종에 대한 지역별 소비자 선호도와 소비 트렌드를 나타내는 변수이다. • 창업자는 자신이 관심을 가지는 상권에서 분석하는 업종의 성장과 하락 상황이 다른 상권과 비교할 때 어떤 상황인지 확인하여 창업 여부를 결정할 수 있다. • 기존 사업자는 타 상권과 자신의 상권 업종 수명주기 차이를 비교하여 전략 수립에 활용할 수 있다.
3. 시기별 매출 특성	• 분석자가 선택한 업종의 요일별, 시간대별 매출비중을 나타낸다. • 주중, 주말과 각 요일별, 시간대별 매출비중을 활용하여 휴무일 설정과 시간대별 직원 근무 스케줄 기획에 활용한다.
4. 고객별 매출 특성	• 분석자가 선택한 업종의 고객을 성별, 연령대별 매출비중으로 나타낸다. • 목표고객을 설정하고 점포의 콘셉트를 기획하는 데 활용한다.

를 이해하고 활용하기 위해 분석자가 반드시 알아야 하는 내용을 세부적으로 정리하면 〈표 4-3〉과 같다.

5) 인구분석

상권분석 보고서의 '인구분석'에서는 〈그림 4-11〉과 같이 '유동인구, 주거인구, 직장인구, 직업·직종, 주거형태' 5가지의 분석결과를 보여준다.

각 항목에 대한 분석을 위해 분석자가 반드시 이해해야 할 내용을 세부적으로 정리하면 〈표 4-4〉와 같다.

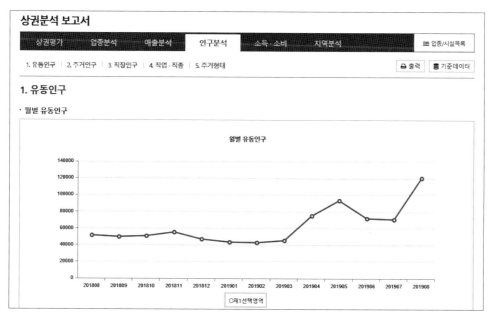

그림 4-11 소상공인 상권정보시스템 상권분석 보고서 : '인구분석' 화면
자료 : 소상공인시장진흥공단 상권정보시스템(2020).

표 4-4 상권분석 보고서의 인구분석 세부 내용

구분	내용
1. 유동인구	• 이동통신사의 휴대전화 통화량 정보를 이용하여 산출한 13개월 동안의 유동인구 현황과 증감률 추이를 나타낸다. • 월별 현황, 성별 현황, 연령대별 현황, 요일별 현황, 시간대별 현황이 있다. • 유동인구의 특성과 변화 추이가 고객특성 및 매출액 변화 추이와 어떤 관계를 보이는지 분석하는 것이 중요하다.
2. 주거인구	• 분석자가 선택한 상권의 거주인구를 성별, 연령대별로 구분하여 비중을 나타낸다. • 주거인구는 창업자와 기존 사업자 입장에서 가망고객이므로 상권 고객특성과 비교하여 목표고객 설정 등의 STP 전략과 마케팅믹스 전술 수립에 활용한다.
3. 직장인구	• 분석자가 선택한 상권의 직장인구를 성별, 연령대별로 구분하여 비중을 나타낸다. • 직장인구는 주거인구와 함께 창업자와 기존 사업자 입장에서 가망고객이므로 상권 고객특성과 비교하여 목표고객 설정 등의 STP 전략과 마케팅믹스 전술 수립에 활용한다.
4. 직업과 직종	• 분석자가 선택한 상권이 포함된 행정 시·군·구 거주자의 직업과 직종 비중을 나타낸다. • 거주인구의 직업과 직종은 상권 고객특성과 비교하여 목표고객 설정 등의 STP 전략과 마케팅믹스 전술 수립에 활용한다.
5. 주거형태	• 분석자가 선택한 상권의 주거형태를 가구수, 주거형태(아파트, 비아파트), 3년 동안의 세대수 변화, 단지 규모와 면적 등으로 나타낸다. • 주거형태는 상권 고객특성과 비교하여 목표고객 설정 등의 STP 전략과 마케팅믹스 전술 수립에 활용한다.

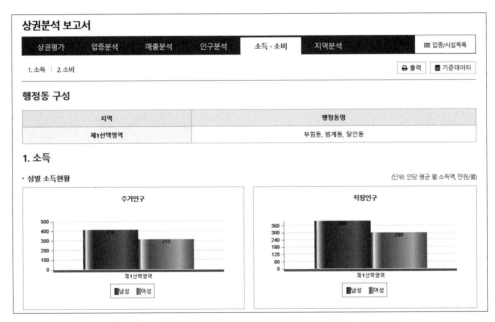

그림 4-12 소상공인 상권정보시스템 상권분석 보고서 : '소득·소비' 화면

자료 : 소상공인시장진흥공단 상권정보시스템(2020).

6) 소득과 소비

상권분석 보고서의 '소득·소비'에서는 〈그림 4-12〉와 같이 분석자가 선택한 상권 내 행정동별 '소득·소비' 2가지의 분석결과를 주거인구와 직장인구로 구분 후, 인구통계적 특성에 따른 비중을 제시한다. 분석자가 선택한 상권의 소득수준과 소비수준은 창업자와 기존 사업자가 목표고객 설정 등의 STP 전략과 마케팅믹스 전술 수립에 활용한다.

7) 지역분석

상권분석 보고서의 '지역분석'은 〈그림 4-13〉과 같이 분석자가 선택한 상권 내 '주요 시설, 학교시설, 교통시설' 3가지의 분석결과를 보여준다.

주요 시설은 '공공기관, 금융기관, 의료/복지, 학교'로 구분하여 표시하며 집객시설은

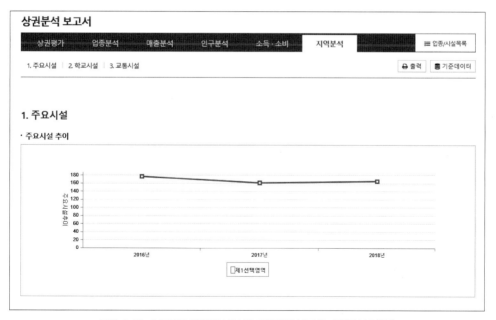

그림 4-13 소상공인 상권정보시스템 상권분석 보고서 : '지역분석' 화면
자료 : 소상공인시장진흥공단 상권정보시스템(2020).

'대형 유통업체, 문화시설, 숙박시설'로 구분하여 표시한다. 주요 시설과 집객시설은 상권으로 고객들이 모이고 소비하도록 만드는 데 큰 역할을 할 수 있다. 주변 상권과 비교하여 시장규모에 영향을 미치는 시설이 무엇인지 찾아야 한다.

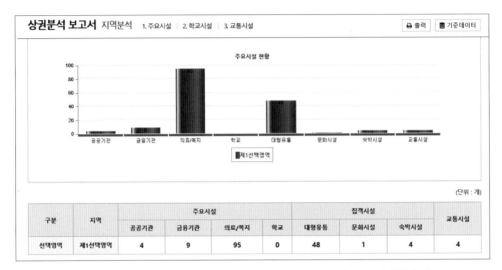

그림 4-14 소상공인 상권정보시스템 상권분석 보고서 : A상권의 '주요 시설 현황' 화면
자료 : 소상공인시장진흥공단 상권정보시스템(2020).

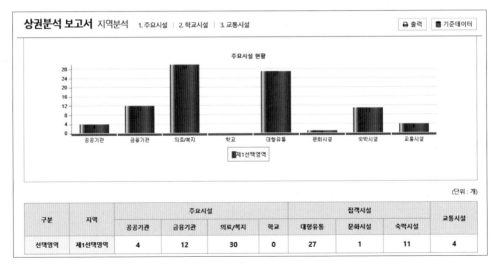

4-15 소상공인 상권정보시스템 상권분석 보고서 : B상권의 '주요 시설 현황' 화면
자료 : 소상공인시장진흥공단 상권정보시스템(2020).

예를 들면, 〈그림 4-14〉의 A상권은 주요 시설에서 의료/복지 기관이 95개이고 집객시설에서 대형 유통업체가 48개이다. 그리고 〈그림 4-15〉의 B상권은 주요 시설에서 의료/복지기관이 30개이고 집객시설에서 대형 유통업체가 27개이다. 이와 같은 주요 시설의 차이가 나타나는 두 상권의 분석 결과에 따르면, A상권의 시장규모가 B상권의 시장규모에 비해 2배가 된다는 것을 발견할 수 있다. 만약 상권을 구성하는 다른 변수가 모두 동일하다고 가정하면, 주요 시설이 상권의 시장규모와 강한 상관관계가 있다고 해석할 수 있다. 즉 각각의 다른 상권에서 의료/복지, 대형 유통업체의 수가 상권의 시장규모와 상호 관계에 있다고 볼 수 있다.

8) 업종시설 목록

〈그림 4-16〉의 상권분석 보고서 화면 우측 상단의 '① 업종/시설목록'을 클릭하여 어

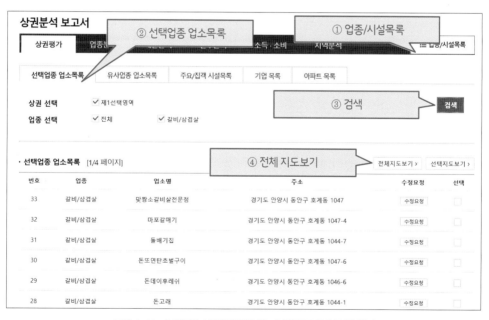

그림 4-16 소상공인 상권정보시스템 : '선택업종 업소목록' 화면
자료 : 소상공인시장진흥공단 상권정보시스템(2020).

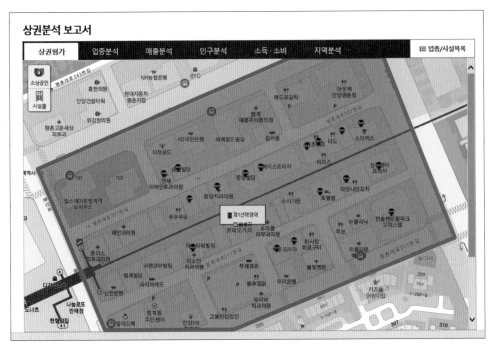

그림 4-17 소상공인 상권정보시스템 : '선택업종 업소 전체지도보기' 화면
자료 : 소상공인시장진흥공단 상권정보시스템(2020).

떤 내용이 있는지 확인한다. 가장 먼저 '② 선택업종 업소목록'를 검색한다. '③ 검색' 버튼을 클릭하면 분석한 상권 내 업소목록이 화면에 나타난다. 검색 버튼 하단의 '④ 전체지도보기'를 클릭하면 지도에서 〈그림 4-17〉과 같이 업소 위치를 확인할 수 있다.

〈그림 4-17〉은 '④ 전체지도보기'를 클릭한 결과 나타난 점포 위치 지도이다. 그리고 지도에 나타난 각 점포 위치에 마우스를 올리면 '상호'를 확인할 수 있다.

5 다양한 상권분석 통계 활용

소상공인 상권정보시스템에는 상권분석 메뉴 외에도 다양한 상권분석 통계를 제공하는 메뉴가 있다. 본서에는 점포이력, 업력통계, 매출통계만을 설명한다. 그 외의 메뉴는

그림 4-18 소상공인 상권정보시스템 : '점포이력분석 및 분석결과' 화면

자료 : 소상공인시장진흥공단 상권정보시스템(2020).

분석자가 직접 하나씩 확인하며 어떤 데이터를 활용해서 어떤 정보가 제공되고 있는지 알아야 하고, 해당 정보를 활용해서 소상공인의 창업과 경영을 위해 어떻게 가공해서 활용해야 하는지에 대한 방법을 강구해야 한다.

1) 점포의 이력

'시장분석' 메뉴의 하단에 위치한 '점포이력분석'에서는 분석하고자 하는 상권 내에 위치한 특정 점포의 이력을 확인할 수 있다. 〈그림 4-18〉과 같이 '점포이력분석' 메뉴를 클릭 후, 분석화면에서 '지역선택'을 하고 지도 화면에서 원하는 점포를 클릭하면 이력을 확인할 수 있다.

지도에서 이력을 확인하기 위한 점포를 클릭하면 '점포현황' 화면이 〈그림 4-18〉과 같이 표시된다. 건물 내의 점포가 언제 개업하여 언제 폐업을 하였는지 구체적으로 확인할 수 있다.

2) 업력통계

소상공인 상권정보시스템에서는 상권과 업종을 지정하여 '업력현황'을 조회하는 기능을 제공한다. 예를 들어 도산공원사거리 상권에 위치한 '커피점과 카페'의 현황을 조회한 결과는 〈그림 4-19〉와 같다. 더 자세한 내용을 확인하려면 〈그림 4-19〉 하단에 위치한 '업력비율' 그래프에 마우스를 올려본다. 2018년 12월 현재 도산공원사거리 상권에 위치한 커피전문점 중 5년 이상의 업력을 가진 점포 비중은 28.6%임을 알 수 있다.

그림 4-19 소상공인 상권정보시스템 : '상권현황/업력통계 조회' 화면
자료 : 소상공인시장진흥공단 상권정보시스템(2020).

3) 매출통계

소상공인 상권정보시스템에서는 상권과 업종을 지정하여 '평균 매출'을 조회하는 기능을 제공한다. 예를 들어 도산공원사거리 상권에 위치한 '커피점과 카페'의 현황을 조회한 결과에 따르면 〈그림 4-20〉과 같이 2018년 하반기를 기준으로 월평균 매출액이 약 2천4백만 원이다. 소비자들의 1회 결제금액은 1만 원인 것으로 나타난다. 물론 독자들이 현재 시점에서 조회를 해 보면 최근의 매출현황을 확인할 수 있다.

이 외에도 소상공인 상권정보시스템은 매우 다양한 상권정보를 제공하고 있다. 다만 분석결과를 해석하고 이해하는 것은 사용자의 몫이다. 상권정보시스템은 자료와 정보를 제공하는 시스템이므로 이를 바탕으로 원하는 결과와 시사점 찾기는 분석자 자신이 해결해야 한다. 창업을 위해 상권과 점포를 선정하거나 기존 사업자가 마케팅을 위

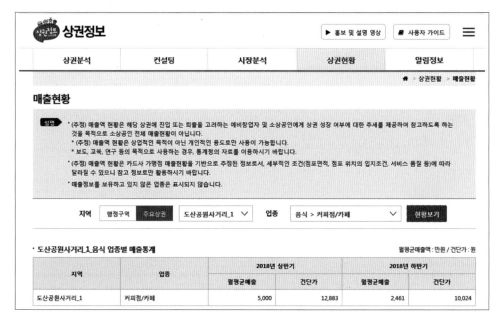

그림 4-20 소상공인 상권정보시스템 : '매출통계 조회' 화면

자료 : 소상공인시장진흥공단 상권정보시스템(2020).

해 상권분석을 한다면 이론적이고 실무적인 학습이 사전에 충분히 이루어져야 한다. 상권분석은 단순히 수치화된 결과만을 얻는 것이 목적이 아니다. 창업자와 기존 사업자 그리고 컨설턴트와 같이 상권분석을 하는 주체에 따라서 달성하고자 하는 목적이 모두 다르다. 분석자는 자신의 상권분석 목적을 명확히 정하고, 그 목적을 달성하기 위한 상권분석과 해석 그리고 전략을 수립할 수 있어야 한다.

학습 요약

1 소상공인 상권정보시스템은 전국의 주요 상권 현황을 누구나 쉽게 분석할 수 있도록 소상공인시장진흥공단에서 구축한 정보시스템이다. 유동인구나 임대시세, 업종 분포 현황, 매출통계, 업력통계 등 상권에 대한 세부정보를 조회할 수 있다. 창업 전 직접 시장조사에 나서지 않아도 이 상권정보시스템을 활용하면 업종 선택이나 입지 선정의 폭을 좁히는 데 큰 도움이 된다. 구체적으로 창업에 필요한 정보로서 경쟁업소의 현황과 추이는 물론이고, 유사업종, 타 업종의 자료 확인이 가능하다.

2 소상공인 상권정보시스템 초기화면의 주요 메뉴를 살펴보면 '상권분석, 컨설팅, 시장분석, 상권현황, 알림정보'로 구성되어 있으며, 일반적으로 소상공인이 많이 사용하는 메뉴는 '상권분석'이다.

3 소상공인 상권정보시스템을 사용하기 위해서는 회원가입을 한 후 로그인을 해야 한다. 상권분석 메뉴를 실행한 후, '지역선택, 영역선택, 업종선택'의 순서대로 분석하고자 하는 대상을 정확하게 지정하면 '분석하기'를 실행할 수 있다.

4 상권분석 결과는 화면으로 확인할 수 있다. 별도의 다양한 형식의 파일로 보고서 출력이 가능하다. 보고서는 '상권평가, 업종분석, 매출분석, 인구분석, 소득과 소비, 지역분석'을 차례로 클릭하면 분석 내용을 확인할 수 있다. 분석결과를 프린터로 출력하려면 '출력' 버튼을 누른다. '출력' 버튼 옆에 위치한 '기준테이터'를 클릭하면 상권정보시스템의 현재 화면에서 제시하는 데이터의 출처를 확인할 수 있으며, 업데이트 주기가 표기되어 있다.

5 소상공인 상권정보시스템에는 상권분석 메뉴 외에도 다양한 상권분석 통계를 제공하는 메뉴가 있다. 본서에는 점포이력, 업력통계, 매출통계만을 설명한다. 그 외의 메뉴는 분석자가 직접 하나씩 확인하며 어떤 데이터를 활용해서 어떤 정보가 제공되고 있는지 알아야 한다. 추가로 소상공인의 창업과 경영에 이러한 정보를 활용하는 방안을 강구해야 한다.

1 소상공인 상권정보시스템이 제공하는 서비스의 구성을 정리해 보자.

2 각각의 메뉴를 실행해 보고 해당 메뉴에서 제공하는 정보의 내용은 무엇이고 구체적으로 어떤 데이터가 제공되고 있는지 정리해 보자.

3 정리한 내용을 바탕으로 각 항목을 창업자의 입장과 경영자의 입장으로 구분하여 어디에 어떤 목적으로 어떻게 활용할 수 있는지 정리해 보자.

4 자신이 창업을 고려하고 있는 상권 또는 자신이 경영하고 있는 점포가 속한 상권을 대상으로 상권분석을 실행한 후, 분석 보고서를 정리하고 시사점을 정리해 보자.

5 상권정보시스템을 사용하며 느낀 점을 정리하고 시스템의 개선 방안을 제시해 보자.

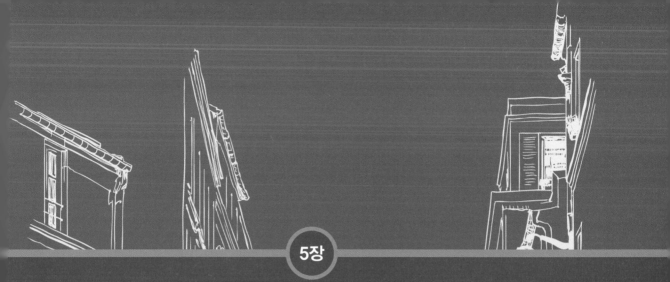

5장

나이스비즈맵 상권분석시스템 사용법

학습내용

1 나이스비즈맵 개요

2 나이스비즈맵 구성

3 예비창업자를 위한 상권분석보고서

4 기존 사업자를 위한 상권분석보고서

5 기본분석보고서 사용법

6 FRAN 서비스 소개

학습목표

• 나이스비즈맵을 이용하는 목적과 이용대상을 설명할 수 있다.

• 나이스비즈맵의 구성을 설명할 수 있다.

• 예비창업자를 위한 상권분석보고서의 내용과 사용법을 설명할 수 있다.

• 기존 사업자를 위한 상권분석보고서의 내용과 사용법을 설명할 수 있다.

• 기본분석보고서 사용법과 보고서 형식 및 내용을 설명할 수 있다.

• FRAN 서비스의 개요와 내용을 설명할 수 있다.

1 나이스비즈맵 개요

국내에서 무료로 제공되는 다양한 상권분석시스템과는 좀 더 차별적인 특성을 가진 유료서비스가 있다. 대표적인 유료 상권분석시스템의 하나인 '나이스비즈맵'을 소개하고 사용법을 안내한다. 나이스비즈맵이 제공하는 상권 관련 정보는 대부분 유료서비스로, 소상공인들이 이용하는 데는 약간의 제약은 있다. 다만 1일 1회 무료로 제공되는 '기본분석' 서비스가 있으므로 사용법을 익히고 활용할 수 있다.

'나이스비즈맵'은 '나이스지니데이타(주)'에서 제공하는 상권분석서비스이다. 신규창업자는 물론이고 기존 사업자의 점포관리와 마케팅에 필요한 정보를 부동산 정보 및 GIS 분석 솔루션과 융합하여 제공한다. 또한 상권을 과학적으로 분석하여 보고서 형태로 제공한다. 이러한 정보를 필요로 하는 대상을 정리하면 다음과 같다.

첫째, 창업아이템과 점포 선정으로 고민하는 예비창업자 및 컨설턴트
둘째, 사업의 활성화를 위해 고민하는 기존 사업자 및 컨설턴트
셋째, 가맹점 개발과 활성화를 위해 고민하는 프랜차이즈 본부

나이스비즈맵에서 취득할 수 있는 정보는 '사업성 진단, 매출분석, 경쟁분석, 고객분석, 지역분석' 등으로 분류할 수 있다. 각각의 메뉴에서 알 수 있는 세부적인 내용과 사용법을 살펴보자.

2 나이스비즈맵 구성

네이버, 다음, 구글 등의 포털사이트에 접속하여 검색창에 '나이스비즈맵'을 입력하면 나이스지니데이타(주)의 나이스비즈맵(https://www.nicebizmap.co.kr) 사이트에 접속할 수

그림 5-1 나이스비즈맵 초기화면

자료 : 나이스비즈맵 홈페이지(2020).

있다. 초기화면은 〈그림 5-1〉과 같다. 시스템을 이용하려면 이 화면에서 먼저 ① 회원가입을 한 후, ② 로그인을 해야 한다.

초기화면에서 보는 바와 같이 나이스비즈맵이 제공하는 서비스는 크게 '상권분석보고서, 출점기획&유통망관리, 업종·프랜차이즈 추천, 빅 데이터'의 4가지로 구성되어 있다. 여기서 핵심서비스는 '상권분석보고서'와 '업종·프랜차이즈 추천' 2가지이다. 본서에서는 이 중에서 가장 많이 쓰이고 있는 예비창업자를 위한 상권분석과 기존 사업자를 위한 상권분석을 중심으로 설명한다.

3 예비창업자를 위한 상권분석보고서

나이스비즈맵 상권분석서비스에서 예비창업자를 위하여 제공되는 상권분석보고서는

그림 5-2 예비창업자를 위한 상권분석보고서

자료 : 나이스비즈맵 홈페이지(2020).

〈그림 5-2〉에서 확인할 수 있는 바와 같이 '업종 추천, 입지(점포) 추천, 기본보고서, 종합보고서'이다. 추천업종과 입지만을 확인하는 서비스는 무료로 사용이 가능하다. 또한 기본보고서는 1일 1회에 한하여 무료 사용이 가능하다.

예비창업자들은 해당 서비스를 직접 사용하기에 앞서 '보고서 샘플보기'를 통해 견본보고서로 형식과 내용을 사전에 충분히 검토하는 것이 좋다. 자신이 원하는 유형의 보고서인지, 원하는 데이터와 정보가 포함되어 있는지를 확인해야 한다.

나이스비즈맵의 업종추천은 지정한 상권(지역)에서 작년과 비교할 때 방문고객 수가 증가한 상위 5개 업종을 알려준다. 전반적으로 특정 상권에서 특정 업종의 방문객 수가 늘었다는 것은 업종이 성장하고 있다고 볼 수 있다.

입지추천은 지정한 업종을 기준으로 월평균 매출액이 높은 상권(지역)을 추천한다. 제약조건으로 월임차료 수준을 설정하여 추천받을 수 있다. 특정 업종의 매출액이 높은 상권을 검토하고 해당 상권의 특성을 분석할 수 있다는 측면에서 매우 유용하다.

4 기존 사업자를 위한 상권분석보고서

나이스비즈맵 상권분석서비스에서 기존 사업자를 위하여 제공되는 상권분석보고서는 〈그림 5-3〉에서 확인할 수 있다. 제공되는 메뉴는 '나의위치, 업종추천, 종합 상권보고서'로 구분한다. 여기서 추천업종만을 확인하는 서비스는 물론이고 행정동 내에서 매출순위 비교와 수익순위 비교는 무료 이용이 가능하다. 그 외에 기본보고서는 1일 1회에 한하여 무료로 사용할 수 있다.

기존 사업자의 상권분석보고서는 서비스를 직접 사용하기에 앞서 '보고서 샘플보기'를 통해서 제공되는 견본으로 보고서의 형식과 내용을 사전에 충분히 검토하여 자신이 원하는 유형의 보고서인지를 확인한다.

기존 사업자를 위한 나이스비즈맵 상권분석에서 '나의 위치' 서비스는 자신의 점포가 있는 상권(지역)에서 경쟁점포와 자신의 점포를 비교하여 매출순위와 이익순위를 확인할 수 있다. 다만 상권선택을 임의로 할 수 없고 행정동을 기준으로만 가능하다.

이용고객의 목적에 맞는 단계별 상권분석서비스 활용법을 안내합니다.

기존 사업자

step.01 **나의위치** [무료]
경쟁점포와 비교하여 내가게의 사업성과를 비교해드립니다.

· 행정동 내 매출순위 비교
· 행정동 내 수익순위 비교

[나의위치 바로가기]

step.02 **업종추천**
선택한 지역에서 경기가 좋아지고 있는 유망업종을 추천합니다.

· 이용고객 증가율이 높은 업종추천
· 추천된 업종간 비교분석 보고서
· 추천된 업종의 주요지표

추천업종 　 무료
상세보고서 　 22,000원

[업종추천 바로가기]
[보고서 샘플보기]

step.03 **종합 상권보고서**
블록 단위로 상권을 지정하여 실제에 가까운 분석정보를 얻을 수 있습니다.

· 예상매출, 예상수익, 사업안정성분석
· 경쟁현황, 업력, 성장성, HOT업종/지역
· 고객이용분석, 고객구성, 타겟고객
· 유동성지수, 인구/기업체통계, 구매력지수, 시설정보

이용요금 　 55,000원

[종합분석 바로가기]
[보고서 샘플보기]

그림 5-3 기존 사업자를 위한 상권분석보고서
자료 : 나이스비즈맵 홈페이지(2020).

5 기본분석보고서 사용법

1일 1건에 한해 무료 사용이 가능한 기본분석보고서를 위주로 나이스비즈맵 사용법을 살펴보면 다음과 같다.

● 첫째, 〈그림 5-4〉의 왼쪽에서 '① 지역찾기' 메뉴를 이용하여 분석하고자 하는 상권을 시, 군, 동의 순으로 선택한다. 상권을 분석할 때는 자신이 원하는 지역을 직접 설정하는 것이 일반적이나 나이스비즈맵의 무료서비스는 동단위로만 상권을 선택할 수 있다. 다만 유료서비스에서는 상권을 자신이 원하는 범위로 설정할 수 있다.

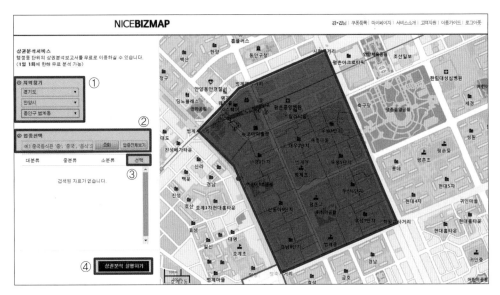

그림 5-4 기본분석보고서 : 초기화면

자료 : 나이스비즈맵 홈페이지(2020).

- 둘째, 지역을 선택하고 나면 '② 업종선택'에서 검색을 통하여 업종을 선택할 수 있다. '업종전체보기' 버튼을 클릭하면 전체업종을 확인하면서 직접 업종을 선택할 수 있다.

- 셋째, 업종을 찾아서 클릭하면 하단의 업종 분류에 선택한 업종이 나타난다. 검색된 업종은 반드시 '③ 선택' 버튼을 클릭한다.

- 넷째, '④ 상권분석 실행하기'를 클릭하여 기본분석을 실행한다.

기본분석보고서의 출력화면은 〈그림 5-5〉와 같다. 가장 먼저 출력된 화면은 '① 지정 상권'이다. 상권현황에는 '상권명, 상권유형, 시설현황, 점포 수' 등이 나타난다.

1) 업종 경기동향

'② 기본상권분석'을 클릭하면 '업종 경기동향, 매출분석, 경쟁분석, 고객분석, 지역분석'

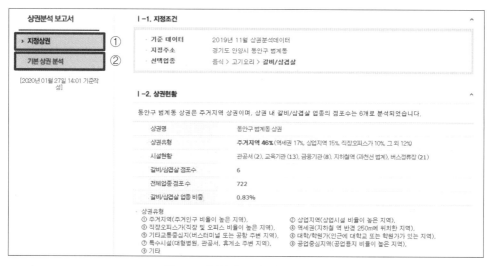

그림 5-5 기본분석보고서 : '지정상권' 화면

자료 : 나이스비즈맵 홈페이지(2020).

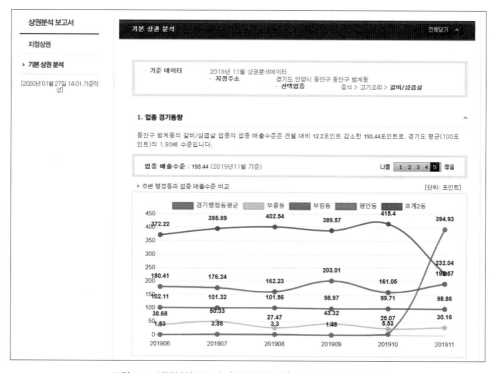

그림 5-6 기본분석보고서 : '기본상권분석' 화면의 '업종 경기동향'

자료 : 나이스비즈맵 홈페이지(2020).

과 같은 세부적인 정보를 확인할 수 있다.

'업종 경기동향'에서 제공하는 서비스에 어떤 것이 있는지 하나씩 살펴본다. 〈그림 5-6〉과 같이 분석하는 지역과 주변 행정동의 매출 수준과 추세를 비교할 수 있다.

2) 매출분석

분석대상 상권의 선택 업종을 대상으로 매출 추정치를 제시한다. 예상 매출액은 '평균값, 중앙값, 상위 20% 평균값, 하위 20% 평균값'으로 구분하여 제시함과 동시에 주변지역과의 비교치도 함께 확인이 가능하다.

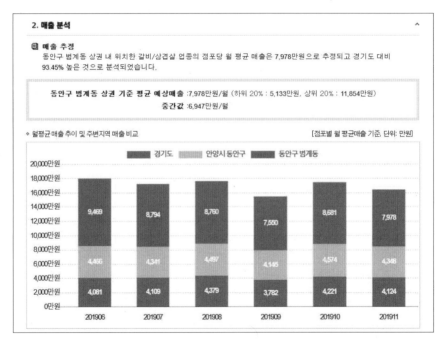

그림 5-7 기본분석보고서 : '기본상권분석' 화면의 '매출분석'

자료 : 나이스비즈맵 홈페이지(2020).

3) 경쟁분석

세 번째 분석자료는 경쟁분석이다. '점포 수 및 이용건수 변화'와 '업력분석' 자료를 제공하고 있다. '점포 수 및 이용건수 변화'를 이용하면 최근 5개월 동안 분석대상 지역에서 점포와 이용건수가 어떤 추세로 변화하고 있는지 확인할 수 있다.

경쟁분석의 두 번째 항목은 '업력분석'이다. 분석대상 상권에서 점포들의 업력 평균값을 주변 상권과 비교함으로써 경쟁 정도를 파악할 수 있다. 예를 들면 〈그림 5-9〉에서 동안구 범계동의 갈비/삼겹살 업종 업력이 주변 상권과 비교할 때 매우 짧은 것을 알 수 있다. 업력이 짧다는 것은 경쟁이 치열해서 창업을 했던 점포들이 빠르게 폐업에 이른다는 해석이 가능하다.

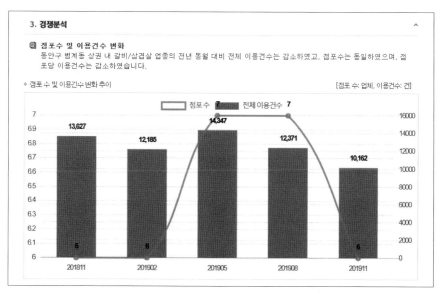

그림 5-8 기본분석보고서 : '기본상권분석' 화면의 '점포 수 및 이용건수 변화'
자료 : 나이스비즈맵 홈페이지(2020).

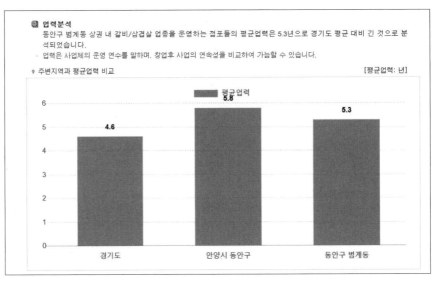

그림 5-9 기본분석보고서 : '기본상권분석' 화면의 '업력분석'

자료 : 나이스비즈맵 홈페이지(2020).

4) 고객분석

고객분석에서는 '고객군별 현황'을 알 수 있다. 고객군은 '거주인구, 직장인구, 유입인구'
로 구분하며, 전체 고객을 각 군별로 배분하여 제시한다. 예를 들면, 〈그림 5-10〉의 분
석결과에서는 유입인구가 49.7%로 거주인구와 직장인구에 비해서 많은 것을 알 수 있
다. 이어서 '요일별 고객비중' 그래프를 제시하고 있다. 이를 통해 주말에 주로 이용하는
고객이 많다는 것을 쉽게 알 수 있다.

〈그림 5-11〉은 시간대별 고객비중을 보여준다. 이 그래프를 활용하면 어떤 시간대에
집중해야 높은 매출을 달성할 수 있는지 파악할 수 있다. 영업시간을 설정하거나 영업
시간에 따른 직원들의 근무스케줄을 계획할 때 활용할 수 있다.

고객분석 데이터 중 '성별/연령별 비중'을 제시하는 그래프도 있다(그림 5-12). 해당
상권의 인구특성과 고객특성을 비교하기에 적합한 자료이다. 자신의 점포 고객특성과
비교한다면 매우 유의미한 시사점을 도출할 수 있다. 마케팅 전략 수립에도 유효적절하
게 활용할 수 있다.

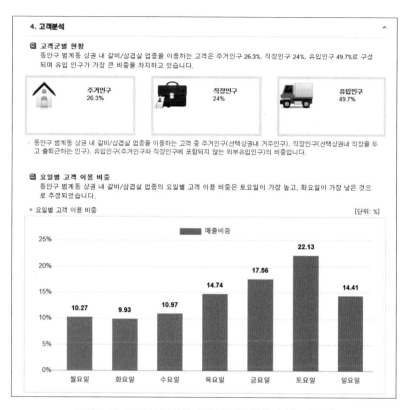

그림 5-10 기본분석보고서 : '기본상권분석' 화면의 '고객분석'

자료 : 나이스비즈맵 홈페이지(2020).

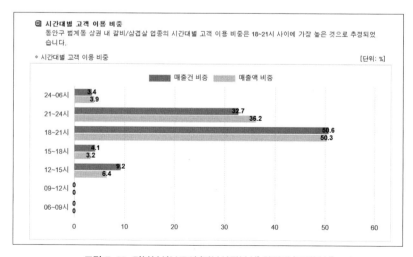

그림 5-11 기본분석보고서 '기본상권분석' 화면의 '고객분석'

자료 : 나이스비즈맵 홈페이지(2020).

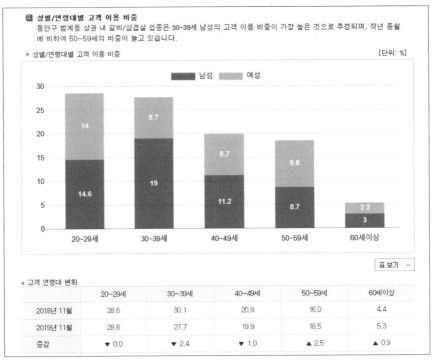

그림 5-12 기본분석보고서 : '기본상권분석' 화면의 '고객분석'

자료 : 나이스비즈맵 홈페이지(2020).

5) 지역분석

기본분석 보고서의 마지막에 제시되는 정보는 지역분석 자료이다. 일평균 유동인구수를 주변상권과 비교하여 제시하고 있다(그림 5-13).

  유동인구는 거주인구에 비해서 외부에서 유입되는 인구일 가능성이 높으므로 분석대상 상권의 주거인구 현황을 별도로 표시하고 있다. 연령대별/성별 현황으로 기존 고객과 비교하여 목표고객을 선정하는 데 활용할 수 있다(그림 5-14).

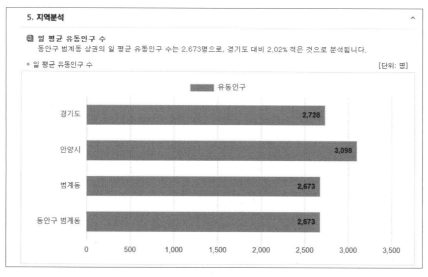

그림 5-13 기본분석보고서 : '기본상권분석' 화면의 '지역분석' 1

자료 : 나이스비즈맵 홈페이지(2020).

구분	계	10세 미만	10~19세	20~29세	30~34세	35~39세	40~44세	45~49세	50~59세	60세 이상
전체	15,776	1,224	2,374	2,129	962	982	1,295	1,812	2,591	2,407
남성	7,582	608	1,251	1,059	462	432	569	839	1,278	1,084
여성	8,194	616	1,123	1,070	500	550	726	973	1,313	1,323

그림 5-14 기본분석보고서 : '기본상권분석' 화면의 '지역분석' 2

자료 : 나이스비즈맵 홈페이지(2020).

6 FRAN 서비스 소개

나이스비즈맵의 'FRAN 서비스'는 프랜차이즈 기업을 위하여 개발된 서비스이다. 다점포 사업의 점포 개발과 관리에 적합하도록 정교화되어 있다. 〈그림 5-1〉의 메인 페이지에서 오른쪽의 '출점기획 & 유통망관리' 영역을 클릭하면 권한을 가진 사용자에 한하여

FRAN 서비스로 접속이 가능하며, 서비스의 메인 화면은 〈그림 5-15〉와 같다.

FARN 서비스는 〈그림 5-15〉에서 보는 바와 같이 '분석업종'과 '분석지역'을 선택한 후, '업종분포, 매출분포, 고객분포, 유동인구, 유망지역, 유사지역, 지점관리' 등의 분석이 가능하다.

지금까지 나이스지니데이타(주)가 제공하는 나이스비즈맵 상권분석시스템에 대하여 사용법을 정리해 보았다. 나이스비즈맵은 무료 사용이 가능한 다른 상권분석시스템에 비하여 정보의 양과 내용 면에서 차별성이 있다. 그러나 대부분의 서비스가 유료로 제공되어 사용자의 접근성이 떨어지는 아쉬움이 있다. 특히 정보의 직관성이 뛰어난 FRAN 서비스는 기업용으로 개발되어 더욱 높은 비용을 지불해야만 사용할 수 있다. 그럼에도 불구하고 무료로 사용 가능한 '입지추천, 업종추천, 기본분석보고서' 등을 적절히 활용한다면 소상공인이 상권분석을 할 때 상당한 도움을 받을 수 있다.

앞으로도 상권분석시스템은 많은 기관들이 연구개발을 거쳐서 다양한 형태로 출시하리라 예상된다. 모든 시스템은 나름대로의 특성과 장·단점이 있다. 사용자들은 하나의

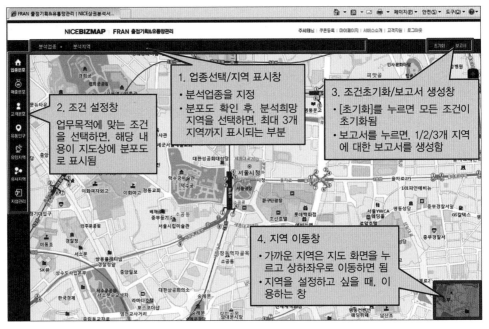

그림 5-15 FRAN 서비스 메인 화면

시스템에만 의존하기보다 각각의 시스템의 특징을 잘 파악하고 필요한 부분을 취사선택하여 적절히 활용하는 것이 좋다.

1 '나이스비즈맵'은 '나이스지니데이타(주)'에서 제공하는 상권분석서비스이다. 신규창업자는 물론이고 기존 사업자의 점포관리와 마케팅에 필요한 정보를 부동산 정보 및 GIS 분석 솔루션과 융합하여 제공한다. 또한 상권을 과학적으로 분석하여 보고서 형태로 제공한다.

2 나이스비즈맵이 제공하는 서비스는 크게 '상권분석보고서, 출점기획&유통망관리, 업종·프랜차이즈 추천, 빅데이터'의 4가지로 구성되어 있다. 여기서 핵심서비스는 '상권분석보고서'와 '업종·프랜차이즈 추천' 2가지이다.

3 나이스비즈맵 상권분석서비스에서 예비창업자를 위하여 제공되는 상권분석보고서는 '업종 추천, 입지(점포) 추천, 기본보고서, 종합보고서'이다. 추천업종과 입지만을 확인하는 서비스는 무료로 사용이 가능하다. 또한 기본보고서도 1일 1회에 한하여 무료 사용이 가능하다.

4 나이스비즈맵 상권분석서비스에서 기존 사업자를 위하여 제공되는 상권분석보고서는 '나의 위치, 업종추천, 종합 상권보고서'로 구분한다. 여기서 추천업종만을 확인하는 서비스는 물론이고 행정동 내에서 매출순위 비교와 수익순위 비교는 무료 이용이 가능하다. 그 외에 기본보고서는 1일 1회에 한하여 무료로 사용할 수 있다.

5 나이스비즈맵의 'FRAN 서비스'는 프랜차이즈 기업을 위하여 개발된 서비스이다. 다점포 사업의 점포 개발과 관리에 적합하도록 정교화되어 있다. FARN 서비스는 '분석업종'과 '분석지역'을 선택한 후, '업종분포, 매출분포, 고객분포, 유동인구, 유망지역, 유사지역, 지점관리' 등의 분석이 가능하다.

1 나이스비즈맵이 제공하는 서비스의 구성을 정리해 보자.

2 기본분석보고서에서 제공하는 각각의 메뉴를 보고 해당 메뉴에서 제공하는 정보의 내용은 무엇이고 구체적으로 어떤 데이터가 제공되고 있는지 정리해 보자.

3 정리한 내용을 바탕으로 각 항목을 창업자의 입장과 경영자의 입장으로 구분하여 어디에 어떤 목적으로 어떻게 활용할 수 있는지 정리해 보자.

4 자신이 창업을 고려하고 있는 상권 또는 자신이 경영하고 있는 점포가 속한 상권을 대상으로 기본분석을 실행해 본 후, 분석 보고서를 정리하고 시사점을 정리해 보자.

5 나이스비즈맵을 사용하며 느낀 점을 정리하고 시스템의 개선 방안을 제시해 보자.

6 소상공인 상권정보시스템과 나이스비즈맵 기본분석보고서를 비교 후 장·단점을 정리해 보자.

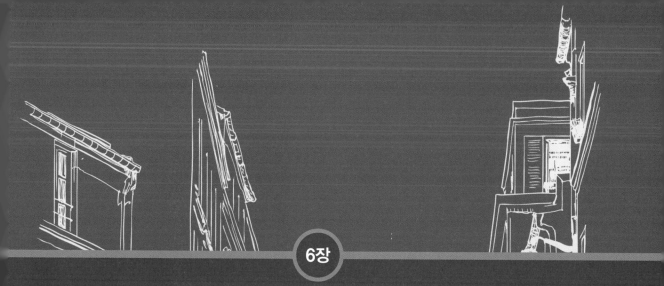

6장

상권분석 실무

학습내용

1 상권분석 프로세스
2 후보상권 선정
3 상권범위 지정
4 상권특성 조사
5 유동인구(통행인구) 교통 및 통행량 조사
6 경쟁점포 조사
7 온라인 상권분석
8 상권의 수명주기와 변화 예측
9 상권 확정
10 상권분석도 작성

학습목표

• 상권분석 프로세스와 각 단계별 대상변수의 내용을 설명할 수 있다.
• 창업을 위한 상권분석에서 후보상권 선정 방법을 설명할 수 있다.
• 상권분석을 위한 최적의 상권범위 지정 방법을 설명할 수 있다.
• 상권특성 조사의 구체적인 내용과 방법을 설명할 수 있다.
• 유동인구(통행인구) 및 교통, 통행량 조사 방법을 설명할 수 있다.
• 경쟁점포 조사를 위한 구체적인 분석 대상변수와 방법을 설명할 수 있다.
• 오프라인 상권분석을 보완하기 위한 목적의 온라인 상권분석 방법을 설명할 수 있다.
• 상권의 변화를 파악하기 위해 활용 가능한 도구와 예측 방법을 설명할 수 있다.
• 비교 분석한 후보 상권 중에서 가장 최적의 상권을 확정하는 방법을 설명할 수 있다.
• 상권분석도 작성을 위해 제시해야 하는 변수와 내용을 설명할 수 있다.

1 상권분석 프로세스

상권을 조사하고 분석하기 위하여 파악해야 하는 내용을 3장 '상권분석 프로세스와 방법'에서 확인하였다면 이제부터 구체적인 분석 실무에 대해 다룬다. 창업자는 후보상권에 대한 세부정보를 수집하여 분석한 후 상권을 결정하기 위하여 각각의 상권을 비교 분석해야 한다. 이러한 과정을 좀 더 정확하게 이해하기 위한 절차는 〈그림 6-1〉과 같다.

또한 상권분석 프로세스에서 각 단계별로 분석해야 할 세부내용을 제시하면 다음과 같다.

- 첫째, 후보상권은 적게는 3곳에서 많게는 10여 곳까지 선정하지만 창업자의 환경에 따라서 적정 수를 정해야 한다. 후보상권이 너무 적은 경우 다양한 상권을 비교하지 못할 수 있으며, 너무 많으면 시간과 비용이 과다하게 소요될 수 있다.
- 둘째, 상권범위 지정은 선택된 후보상권의 공정하고 객관적인 비교 평가를 위하여 가능한 한 정확하게 해야 한다. 상권의 범위는 상권단절 요인이 있는 경우 축소될 수 있으며, 도시계획 등에 의하여 구분된 지리적 특성을 고려해야 한다. 상권은 행정구역을 기준으로 설정하기도 하고, 반경 몇 미터와 같이 임의로 구분하기도 한다. 예를 들어 상권분석시스템을 이용하는 경우 주소지에 의하여 상권이 자동으로 설정되는 경우를 볼 수 있다. 이런 경우에는 상권범위가 분석 목적에 적합한지 검토해야 한다.
- 셋째, 상권특성은 상권의 범위가 지정된 후에 세부내용을 한 가지씩 차례로 확인한다. 상권특성을 파악하기 위해선 기본적으로 업종특성(음식, 소매/유통, 생활서비스, 여가/오락, 의약/의료, 학문/교육)과 인구특성(행정구역상 특성, 인구수, 가구수, 남녀비율, 연령대별 비율, 인구증감, 거주형태, 가계지출, 외식비 지출 등)을 조사해야 한다. 업종특성은 현장조사가 가장 확실한 방법이지만 통계자료나 주요 포털사이트의 지도검색서비스를 이용해서 조사할 수 있다. 인구특성은 주로 통계자료를 이용하여 파악한다. 소상공인시장진흥공단의 '상권정보시스템', 나이스비즈맵의 '상권분석시스템', 지방자치단체의 홈페이지, 기타 상권 내 인구특성을 파악할 수 있는 다양한 통계정보를 찾

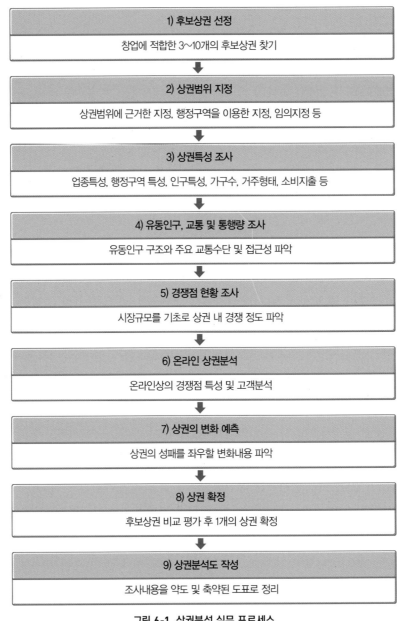

그림 6-1 상권분석 실무 프로세스

아서 이용한다.

- 넷째, 유동인구, 교통 및 통행량(통행인구)을 조사한다. 유동인구는 이동통신사의 통

계자료를 이용하는 방법과 정해진 요일과 정해진 시간대에 통행인구수와 통행자의 성향, 관찰을 통한 직접 조사, 유효구매층 등을 면밀히 조사하는 현장조사법이 있다. 교통 및 통행량 조사는 해당 상권으로의 접근성 등을 판단하는 데 필요하다. 소상공인시장진흥공단 상권정보시스템의 현황을 참고한다.

- 다섯째, 상권 내 경쟁점의 밀집도와 경쟁 정도를 파악한다. 세부적인 경쟁점 조사는 '입지분석'에서 이루어지므로 여기서는 전체 시장규모 대비 경쟁업체 수가 과다하지 않은지와 강력한 경쟁점포로 인한 시장 독과점이 일어나고 있는지 여부 등을 점검한다.

- 여섯째, 온라인 상권분석이다. 이 단계에서는 조사하고 있는 후보상권의 업종과 관련된 핵심 키워드를 찾아내고 그 현황과 조회 수, 월별 추이를 파악한다. 특정 키워드의 수명주기는 물론이고 SNS에 존재하는 다양한 텍스트에 담긴 메시지의 특성, 의도, 구조 등을 객관적인 유목과 단위를 이용하여 과학적으로 분석한다. 상권 키워드의 월별 특성, 방문목적, 동반자, 이용 음식점, 방문시간, 구매한 메뉴와 가격, 만족도 및 구체적인 후기 등을 조사한다. 또한 소셜미디어에 존재하는 다양한 텍스트를 감성언어와 긍정, 부정을 기준으로 분류하여 시사점을 찾아낸다. 온라인 상권분석은 별도의 장에서 자세히 학습한다.

- 일곱째, 향후 상권의 변화 가능성을 점검한다. 도시계획이나 재개발, 재건축 등으로 상권의 발전 가능성과 쇠락 가능성을 예측한다.

- 여덟째, 위에서 제시된 7가지의 분석 내용을 바탕으로 후보상권 사이의 비교 분석을 함으로써 최종적으로 창업을 위한 하나의 상권을 선정한다.

- 아홉째, 최종 선정된 상권을 대상으로 '상권분석도'를 작성함으로써 모든 자료를 한눈에 파악할 수 있도록 정리한다.

위에서 살펴본 상권분석 단계에서 점검해야 할 항목들은 상권조사의 목적과 상황에 따라서 변동될 수 있으며, 추가로 필요한 내용을 첨가할 수 있다.

2 후보상권 선정

예비창업자는 국내에 존재하는 다수의 상권을 대상으로 자신이 창업하려는 업종, 투자가능 금액, 거주지, 선호지역, 연고지역 등을 충분히 고려하여 후보상권을 선정한다. 후보상권을 신정할 때는 조사시간과 비용을 고려하어 3~4곳 이내로 선정하는 경우와 충분한 조사로 투자수익률을 높이기 위하여 10곳 이상을 선정하는 경우가 있다. 자신의 상황과 조건에 따라 선정할 후보상권의 수를 선택하면 된다.

아래에 제시된 사례는 '족발/보쌈'을 창업하는 과정에서 후보상권 3곳을 탐색한 내용이다. [후보상권 1 : 교대역 상권], [후보상권 2 : 남부터미널 상권], [후보상권 3 : 양재역 상권]으로 〈그림 6-2〉에서 조사한 내용을 보면 주거와 업무, 업무/근생, 특수시설 등을 지도에 표시하여 후보상권의 특징을 한눈에 파악할 수 있도록 작성하였다.

또한 후보상권의 '시장성, 경쟁성, 수익성'을 중심으로 분석한 결과는 다음과 같다.

〈표 6-1〉은 시장성에 대한 특징을 비교 정리한 사례다. 비교한 내용을 살펴보면 후보상권의 배후인구와 잠재고객의 규모에서 남부터미널역 상권이 우위에 있음을 확인할

② 후보상권-2
  - 상 권 명 : 남부터미널역 상권(남부터미널역 중심 반경 500m)
  - 상권유형 : 직장오피스가
  - 상권범위

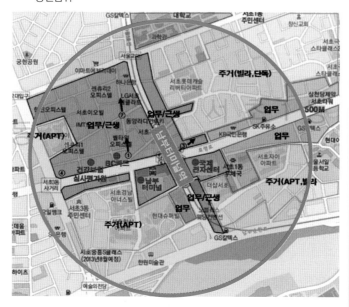

③ 후보상권-3
  - 상 권 명 : 양재역 상권(양재역 중심 반경 500m)
  - 상권유형 : 역세권
  - 상권범위

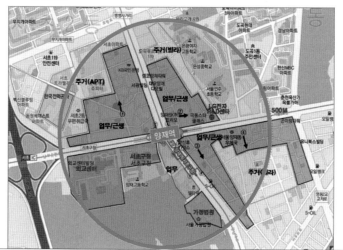

그림 6-2 족발/보쌈 업종의 창업을 위해 서울지역에서 선정한 후보상권

자료 : 상권분석전문가 과정 1기 표기홍의 최종보고서.

표 6-1 후보상권 시장성 비교 분석 사례

항목		교대역 상권			남부터미널역 상권			양재역 상권		
잠재 시장성	배후인구	66,965명 • 주거인구 : 20,091명(30.0%) • 직장인구 : 46,874명(70.0%)			89,586명 • 주거인구 : 33,040명(36.9%) • 직장인구 : 56,546명(63.1%)			60,502명 • 주거인구 : 24,485명(40.5%) • 직장인구 : 36,017명(59.5%)		
	유동인구	•교대역 승하차인원 : 111,820명/일 • 유동인구 : 33,087명/일			• 남부터미널역 승하차인원 : 76,686명/일 • 유동인구 : 25,253명/일			• 양재역 승하차인원 : 90,006명 • 유동인구 : 23,502명		
	집객 및 편의시설	• 관공서 : 서울중앙지방법원 • 교육 : 서울교대, 대성학원, 메가스터디학원 • 금융 : 26지점 / 병원 : 172지점 • 지하철역 : 2·3호선 환승			• 교육 : 서울교대 • 금융 : 24지점 / 병원 : 109지점 • 유통 : 국제전자센터 • 지하철역 : 3호선			• 관공서 : 서초구청, 외교센터, 서울가정법원 • 금융 : 30지점 / 병원 : 152지점 • 문화 : 한전아트센터 (1,020석) • 지하철역 : 3호선·신분당선 환승		
	상권 활성화	• 상권활성화 지수 : 56.4(매우 좋음) • 브랜드 지수 : 90.5(매우 나쁨)			• 상권활성화 지수 : 42.2(좋음) • 브랜드 지수 : 103.3(나쁨)			• 상권활성화 지수 : 55.8(매우 좋음) • 브랜드 지수 : 131.3(나쁨)		
	주요 소비 활동 인구	구분 / 연령대 / 성별			구분 / 연령대 / 성별			구분 / 연령대 / 성별		

주요 소비 활동 인구 (교대역 상권)

구분	연령대	성별
주거	50대 이상 (42.5%)	남(57.8%)
직장	30대(33.0%)	남(75.2%)

주요 소비 활동 인구 (남부터미널역 상권)

구분	연령대	성별
주거	40대(37.8%)	남(62.6%)
직장	30대(40.3%)	남(68.3%)

주요 소비 활동 인구 (양재역 상권)

구분	연령대	성별
주거	30대(42%)	남(62.9%)
직장	40대(43.7%)	남(68%)

타깃 시장성 - 인구 특성 (남성)

교대역 상권

구분	주거인구	직장인구
30대	1,701명	8,365명
40대	1,644명	7,937명
합계(비율)	3,345명 (16.6%)	16,302명 (34.8%)

남부터미널역 상권

구분	주거인구	직장인구
30대	2,940명	12,388명
40대	12,388명	9,239명
합계(비율)	5,508명 (16.7%)	21,627명 (38.2%)

양재역 상권

구분	주거인구	직장인구
30대	2,175명	7,774명
40대	1,906명	6,012명
합계(비율)	4,081명 (16.7%)	13,786명 (38.3%)

기업체 현황

교대역 상권

종업원 수	기업체 수
1천 명 이상	1
5백 명 이상	1
1백 명 이상	7
50명 이상	15
20명 이상	61
합계	5,744명

남부터미널역 상권

종업원 수	기업체 수
1천 명 이상	1
5백 명 이상	1
1백 명 이상	23
50명 이상	19
20명 이상	113
합계	10,946명

양재역 상권

종업원 수	기업체 수
1천 명 이상	–
5백 명 이상	2
1백 명 이상	11
50명 이상	15
20명 이상	61
합계	6,371명

업종 매출 규모

교대역 상권	남부터미널역 상권	양재역 상권
50,688만 원/월 (점포당 평균 매출액 5,632만 원 × 9점포)	15,340만 원/월 (점포당 평균 매출액 3,068만 원 × 5점포)	37,212만 원/월 (점포당 평균 매출액 6,202만 원 × 6점포)

업종 매출 성장률 (최근 6개월)

교대역 상권	남부터미널역 상권	양재역 상권
−5.33%	−7.07%	−1.71%

(계속)

항목		교대역 상권			남부터미널역 상권			양재역 상권		
타킷 시장성	고객 군별 현황	배후인구 중 분석업종 이용고객 수			배후인구 중 분석업종 이용고객 수			배후인구 중 분석업종 이용고객 수		
		주거인구	직장인구	유입인구	주거인구	직장인구	유입인구	주거인구	직장인구	유입인구
		1,839명	4,188명	6,049명	673명	1,808명	2,495명	1,369명	2,621명	5,373명
		9.2%	8.9%	–	2.0%	3.2%	–	5.6%	7.3%	–
		30~40대 남성 수			30~40대 남성 수			30~40대 남성 수		
		구분	비율	명	구분	비율	명	구분	비율	명
		주거인구	32.1%	590명	주거인구	31.3%	210명	주거인구	37.6%	514명
		직장인구	50.7%	2,123명	직장인구	53.6%	969명	직장인구	53.3%	1,396명
		유입인구	43.1%	2,607명	유입인구	53.5%	1,334명	유입인구	51%	2,740명
		계	44.1%	5,320명	계	50.5%	2,513명	계	49.7%	4,650명
	업종 구매력 지수	101.9 (좋음)			100.7 (좋음)			107 (매우 좋음)		
	업황 지수	110.9 (매우 좋음)			107.3 (매우 좋음)			97.6 (좋음)		

자료 : 상권분석전문가 과정 1기 표기홍의 최종보고서.

수 있다. 그러나 남부터미널역 배후인구는 족발/보쌈 업종을 이용하는 인구비중이 매우 낮다. 상권의 규모에도 불구하고 족발/보쌈 업종의 매출규모와 이용히는 30, 40대 남성은 교대역 상권이 월등히 높게 나타나고 있는 것을 확인할 수 있다. 결국 시장성은 남부터미널역 상권이 높으나 목표시장은 교대역 상권이 우수하다는 것을 후보상권 비교 분석표에서 확인할 수 있다.

〈표 6-2〉는 경쟁성에 대한 특징을 비교 정리한 내용이다. 분석내용을 살펴보면, 경쟁점 현황이나 예상되는 업종의 성장성 모두 남부터미널역 상권이 우위에 있다. 신규 창업자는 3년 이상 업력의 경쟁점 수가 적은 양재역 상권이 유리할 것으로 판단된다. 단, 양재역 상권에는 강력한 경쟁 대상인 '영동족발'이 위치하고 있다는 것에 유의해야 한다.

〈표 6-3〉은 수익성에 대한 특징을 비교 정리한 내용이다. 분석내용을 살펴보면 양재역 상권이 추정매출액은 높으나 점포당 매출 편차가 커서 특정 업체의 매출을 제외할 경우 교대역 상권이 수익성 부분에서는 높을 것으로 판단된다. 또한 휴무일과 영업시간 등 영업계획을 감안해도 교대역 상권의 예상매출이 높을 것으로 판단할 수 있다. 관리비용 측면도 임대료 수준은 동일하나 교대역 상권이 건당 매출액이 높고 요일별·시간대별 매출 집중도가 높아 상대적으로 관리에 수월할 것으로 분석되었다.

표 6-2 후보상권 경쟁성 비교 분석 사례

항목		교대역 상권			남부터미널역 상권			양재역 상권		
경쟁 현황	경쟁업체 수 ('13년 5월)	9개점			5개점			6개점		
경쟁 예상	상권 내 매출성장률 상위 업종 (최근 3개월)	• 막창구이 : 1.4% • 샤브샤브전문 : 0.7%			• 삼계탕전문 : 0.5%			• 해장국/감자탕 : 0.6%		
	상권 내 점포증가율 높은 업종 (최근 3개월)	• 불고기전문 : 100% • 낚지/오징어 : 100% • 샤브샤브전문 : 100%			• 갈매기살 : 50%			• 낚지/오징어 : 66% • 해장국/감자탕 : 66% • 추어탕전문 : 50%		
	분석업종 매출성장률 상위 상권	비경쟁상권			서초3동-N-1(46.45%) : 교대역 인근			비경쟁상권		
	분석업종 점포 수 증가율 상위 상권	비경쟁상권			비경쟁상권			비경쟁상권		
신규 진입 용이성	업력 현황	업력	비율	점포 수	업력	비율	점포 수	업력	비율	점포 수
		5년 이상	33.3%	3개점	5년 이상	40.0%	2개점	5년 이상	16.7%	1개점
		4년 이상	11.1%	1개점	4년 이상	–	–	4년 이상	16.7%	1개점
		3년 이상	11.1%	1개점	3년 이상	20.0%	1개점	3년 이상	–	–
		2년 이상	11.1%	1개점	2년 이상	20.0%	1개점	2년 이상	16.7%	1개점
		1년 이상	–	–	1년 이상	–	–	1년 이상	16.7%	1개점
		1년 이내	33.3%	3개점	1년 이내	20.0%	1개점	1년 이내	33.3%	2개점

자료 : 상권분석전문가 과정 1기 표기홍의 최종보고서.

창업을 위한 후보상권을 선정하는 절차는 매우 중요하다. 평생 자신이 몸담을 직장을 선택하는 것과 다르지 않기 때문이다. 후보상권을 선정함에 있어서 가장 먼저 고려해야 할 사항은 정보 취득과 창업의 편의성이다. 후보상권을 선정할 때는 상권정보의 취득이 용이한 곳을 우선적으로 고려하는 것이 좋다. 아무리 좋은 상권도 해당 상권의 정보 취득에 어려움이 있다면 창업 이후에 많은 애로를 겪을 수 있다.

다음으로 창업자의 사업편의성이다. 창업자는 거주지와 연계하여 삶의 질을 고려해야 한다. 예를 들어 사업이 아무리 번창하더라도 출·퇴근이 어려운 상권에서 이루어지는 사업은 오래 지속하기 힘들다. 저자가 상담을 한 사례 중에서 안양에 거주하는 부부가 홍대 인근에 창업하여 많은 애로를 겪다가 결국 수익성이 높은 사업임에도 중도에 타인에게 점포를 양도한 경우가 있었다. 후보상권의 선택이 얼마나 중요한지 잘 보여주

표 6-3 후보상권 수익성 비교 분석 사례

항목		교대역 상권			남부터미널역 상권			양재역 상권		
매출액	점포당 평균 매출액	5,632만 원/월			3,068만 원/월			6,202만 원/월		
		구분	매출액/월	분산도	구분	매출액/월	분산도	구분	매출액/월	분산도
		상위 20%	7,075만 원	126%	상위 20%	6,684만 원	218%	상위 20%	13,057만 원	210%
		하위 20%	2,644만 원	47%	하위 20%	1,082만 원	35%	하위 20%	2,070만 원	33%
	타깃사장 매출액	2,855만 원/월 (점포당 매출액 × 타깃고객 비율 50.7%)			1,530만 원/월 (점포당 매출액 × 타깃고객 비율 53.6%)			3,305만 원/월 (점포당 매출액 × 타깃고객 비율 53.3%)		
관리비용	임대료 (10평 기준)	구분	층	월 임대료	구분	층	월 임대료	구분	층	월 임대료
		활성화	2층	150만 원	활성화	2층	150만 원	활성화	2층	150만 원
			1층	200만 원		1층	200만 원		1층	200만 원
		비활성화	2층	90만 원	비활성화	2층	90만 원	비활성화	2층	90만 원
			1층	120만 원		1층	120만 원		1층	120만 원
	매출액 비율 분산	• 건당 매출액 : 38,830원 • 요일별			• 건당 매출액 : 28,063원 • 요일별			• 건당 매출액 : 35,387원 • 요일별		
		평일	토요일	일요일	평일	토요일	일요일	평일	토요일	일요일
		84.9%	8.7%	6.4%	81.5%	11.8%	6.6%	77.5%	13.6%	9.0%
		• 계획 영업시간 외 매출			• 계획 영업시간 외 매출			• 계획 영업시간 외 매출		
		영업시간		영업시간 외	영업시간		영업시간 외	영업시간		영업시간 외
		80.2%		19.8%	77.8%		22.2%	74.4%		25.6%
투자규모	보증금/ 권리금 (10평 기준)	구분	층	월 임대료	구분	층	월 임대료	구분	층	월 임대료
		활성화	2층	6,400만 원	활성화	2층	6,300만 원	활성화	2층	6,200만 원
			1층	8,700만 원		1층	8,600만 원		1층	8,500만 원
		비활성화	2층	3,800만 원	비활성화	2층	3,800만 원	비활성화	2층	3,700만 원
			1층	5,200만 원		1층	5,100만 원		1층	5,100만 원

자료 : 상권분석전문가 과정 1기 표기홍의 최종보고서.

는 사례이다.

이상의 고려사항 외에도 나이스비즈맵의 상권분석시스템에서 제공하는 입지추천, 예상매출액 서비스, 프랜차이즈 점포 분포 등의 다양한 변수를 참고할 필요가 있다.

3 상권범위 지정

1) 상권범위

상권을 분석하려면 가장 먼저 경계 설정을 통해 범위를 확정해야 한다. 점포를 이용하게 될 것으로 예상되는 소비자들의 거주범위 또는 근무지의 범위를 알기 위해 가장 많이 이용하는 방법은 '고객 포스팅 기법(CST, Customer Spotting Technique)'이다. 고객 포스팅 기법은 고객이 어디서 와서 어디로 가는지, 사는 곳이나 근무지 등은 어디인지 파악하는 방법이다.

실제 점포를 방문하는 고객을 대상으로 조사하기 때문에 기존에 점포를 운영하는 사업자에게는 상권범위를 파악하는 데 유용한 방법이다. 다만, 신규 창업자는 아직 점포와 고객이 없으므로 CST 기법을 사용할 수 없다. 물론 상권 내 유사한 경쟁업체 주변에서 CST 기법을 이용하여 상권범위를 파악할 수는 있겠지만 쉬운 일은 아니다.

상권범위를 측정하기 위한 방법으로 CST 기법을 이용하기 힘든 경우에는 그 대안으로서 1차 상권을 대략적으로 추정하여 범위를 설정해야 한다. 예를 들면 상권의 분류에서 패스트푸드 전문점의 1차 상권을 반경 500m로 가정하고 있으므로 패스트푸드와 같은 업태의 음식점을 창업하는 경우라면 상권범위를 반경 500m로 설정해 볼 수 있다. 〈그림 6-3〉은 '소상공인 상권정보시스템'을 이용하여 상권을 분석하기에 앞서 상권의 범위를 지도 위에 표시한 사례이다.

점포의 업종, 업태 및 크기에 따라 미치는 범위, 즉 상권범위는 다르게 형성된다. 업종, 업태에 따라 차이는 크게 나타나지만 일반적으로 1차 상권은 가장 많은 고객이 거주하는 지역으로 점포 매출의 70%가량을 차지하며, 보통 점포로부터 반경 500m 정도를 의미한다. 2차 상권이란 1차 상권 외에 20~25%의 점포 매출을 발생시키는 고객이 거주하는 지역으로 반경 500m~1km의 범위로 구분한다. 3차 상권은 점포로부터 반경

고객 포스팅 기법

고객 포스팅 기법(CST)은 'William Apple Baum'이 개발한 기법으로 '유추법'이라고도 한다. 사용이 쉬워 상권분석에서 가장 대중적으로 사용되는 방법이다. 점포 방문객을 대상으로 인터뷰나 설문조사를 통해 거주지를 파악한 후 지도상에 표기하여 상권의 범위와 경계를 파악하는 형식으로 이루어진다. 종종 패밀리레스토랑 등에서 점포 입구에 지역의 지도를 세워 놓고 자신의 집 위치에 스티커 등을 붙이는 이벤트를 하는데 이것이 바로 CST의 일종이다.

CST는 자사의 신규점포와 특성이 비슷한 기존의 유사점포를 선정하여, 그 점포의 상하범위를 추정한 결과를 바탕으로 자사점포의 신규입지에서의 매출액, 즉 상권 규모를 측정하는 데 이용하는 방법이다. CST에 의한 상권 규모의 측정은 CST Map의 기법을 이용하여 이루어진다.

CST는 자사점포를 이용하는 고객들의 거주지를 지도상에 표시한 후 자사점포를 중심으로 서로 다른 동심원을 그림으로써, 자사점포의 상권 규모를 시각적으로 파악할 수 있어서 매우 유용하다. CST를 이용하는 유추법은 자사가 창업하려는 점포와 유사한 점포를 택하는 것이 중요하고, 그 점포의 상권을 분석하여 자사점포의 상권과 예상 매출액을 추정하는 방식이어서 매우 유용하게 사용할 수 있다는 장점이 있는 반면, 유사한 점포를 발견하기 힘든 상황에서는 사용할 수 없다는 단점이 있다.

상권분석에서 상권의 범위를 측정하기 위해 사용하는 방법은 CST 외에도 '현지조사법(The Survey Technique), 통계적 분석법(The Statistical Technique), 수학적 분석법(The Mathematical Technique)' 등 다수의 방법이 있으나 본서에서 모두 다루지 못하므로 추가적인 학습을 통해 익히기 바란다.

1~2km 또는 나머지의 범위를 의미한다. 상권의 범위는 원형으로 나타나는 것이 아니라 지형에 따라 그 형태가 바뀌며 점포가 포함되어 있는 상가권의 규모에 따라 다르게 나타날 수 있다. 다양한 상권분석 자료를 참고하여 적절하게 선택한다. 다만 상권범위의 설정이 애매모호한 경우는 가상의 중심입지를 기준으로 반경 500m와 같은 원형으로 설정하거나 행정구역을 이용하여 설정하는 것도 고려해 볼 수 있다.

예를 들면, 〈그림 6-4〉와 같이 소상공인 상권정보시스템에 해당 상권 주소를 입력하여 반경 500m의 상권범위를 설정할 수 있다. 해당 시스템의 상권 그리기에서는 반경뿐만 아니라 원형, 다각 등 다양한 형식으로 상권의 범위를 설정할 수 있도록 메뉴를 제공

그림 6-3 소상공인 상권정보시스템 : 상권범위 설정 사례
자료 : 소상공인시장진흥공단 상권정보시스템.

그림 6-4 소상공인 상권정보시스템 :
지역, 상권, 업종 선택 메뉴
자료 : 소상공인시장진흥공단 상권정보시스템.

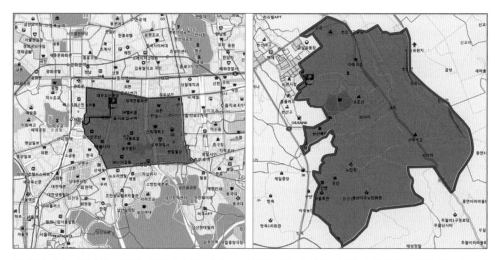

주) 블록 기준 지정방식 : 인구수, 점포 수 등을 기준으로 블록을 나누어 원하는 블록만 선택하는 방식(인구, 점포 과
밀지역은 블록이 세분화되어 나뉘어 있으며 산, 하천, 공원 같은 경우 블록이 넓게 지정되어 있음)

그림 6-5 나이스비즈맵 : 상권범위 설정 사례

하고 있다.

소상공인 상권정보시스템 외에 나이스지니테이타(주)에서 제공하는 나이스비즈맵(https://www.nicebizmap.co.kr)에서는 직접 지도상의 행정구역 단위로 상권범위를 지정하는 기능 외에도 다양한 방식으로 상권범위를 설정하는 메뉴를 제공하고 있다.

상권범위를 설정하는 과정에서 고려해야 할 요인으로 상권단절요인이 있다. 상권단절요인은 상권의 규모를 제한한다. 다만, 이러한 요인들이 상권규모까지 단절한다고 보기는 어렵다. 상권을 단절시키는 다양한 요인은 다음과 같다.

상권단절요인

- 자연 지형물(예 하천, 둑, 강, 공원 등), 인공 지형물(예 철로, 6차선 이상의 도로)
- 장애물 시설(예 쓰레기처리장, 학교 등), C급지 업종(예 카센터, 우유대리점, 가구점, 기술위주 업종 등)
- 점포자체 장애(예 계단, 경사, 화단 등), 기타(예 주유소, 주차공간시설 등)

이상의 상권단절요인 외에도 다양한 요인이 상권을 단절시키는 사례를 주변에서 찾아볼 수 있다. 신도시의 경우 종합병원이나 열병합발전시설 등이 단절요인으로 작용하는 사례가 많으며 자칫 집객시설로 판단할 수 있는 지방법원이나 세무서 등이 단절요인으로 작용하는 경우도 있다. 상권의 범위를 설정하면서 고려해야 할 개념으로 '상권의 규모'가 있다. '상권의 범위'가 소비자를 기준으로 설정된다면 '상권의 규모'는 상가들 간의 밀집형태로 구분할 수 있다. 예를 들면 강남역 상권이란 표현을 사용할 때, 강남역을 중심으로 상가가 밀집한 지역을 의미하는 것으로 이를 '강남역 상권의 규모'로 정의할 수 있다.

2) 상권규모 지정

상권규모는 상가가 밀집해 있는 구역으로 점포 수가 많고 밀도가 높을수록 활성화된다. 〈그림 6-6〉은 앞에서 설명하였던 '상권의 범위' 내에 위치한 '상권의 규모'를 설정한 사례이다. 상권을 분석할 때 소비자를 기준으로 '상권의 범위'가 가장 우선시되지만 점

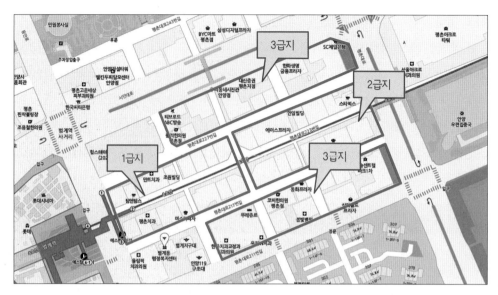

그림 6-6 상권 규모의 경계 설정 사례

자료 : 네이버 지도.

포들 간의 밀집현황을 파악하고 상권이 고객을 유인하는 힘을 파악하기 위해서 '상권의 규모'도 동시에 도표화 하는 것이 좋다.

〈그림 6-6〉의 사례에서는 '상권의 규모'를 1급지, 2급지 3급지로 구분하여 상권 내부의 입지 현황을 구체적으로 표시하고 있다. 6차선 이상의 도로와 장애물 시설 등에 의해 경계를 설정했고, 상가권 내에서 1급지는 권리금, 임차보증금, 월 임차료 등의 소요비용이 가장 클 것으로 예상되는 지역이다.

〈그림 6-6〉에서 상권의 규모를 지정하는 입지 구분은 입지 평가기준인 가시성, 접근성, 홍보성 등을 활용하였다. 입지의 평가기준에 대해서는 추후 입지분석에서 좀 더 구체적으로 살펴보기로 한다.

동일한 상권범위에 위치한 점포라도 상권의 규모에서는 차이가 난다. 상권범위 내 독점세대와 가망세대의 규모 때문이다. 독점세대란 상권범위 내 소비자 중 해당 점포(상권)만을 이용할 것으로 예상되는 상권범위이며, 가망세대란 상권범위 내 소비자 중 다른 점포(상권)도 이용할 것으로 예상되는 상권범위를 뜻한다. 현실적으로 특별한 경우를 제외하고 독점세대와 가망세대를 명확히 구분하는 것은 불가능하다. 동일한 상권 규모 안에 경쟁업체가 전혀 존재하지 않는 경우는 없기 때문이다. 또한 상권이 활성화 되는 곳은 해당 지역의 중심지라고 할 수 있다. 이러한 중심지에는 소비자들이 많이 모이게 되는 편의시설이 집중된다. 대형 건물이나 시설물이라고 해서 모두 집객효과가 있는 시설이라고 할 순 없지만 학교나 종합운동장, 대형 상가는 집객 역할을 할 수 있다. 그러나 경우에 따라서는 단절요인으로 작용할 수도 있다. 상권과 멀리 떨어진 집객시설은 오히려 고객을 분산시켜서 상권규모를 약화시키는 경우가 있다.

3) 업종별 상권의 범위

상권의 범위를 구분함에 있어서 동일 상권 내에 존재하는 입지라도 상권범위가 다를 수 있다. 또한 동일 입지의 점포라도 업종에 따라서 상권의 범위는 차이가 있다. 예를 들면, 패스트푸드를 판매하는 경우와 파인다이닝 같은 전문음식점인 경우 상권의 범위는 많은 차이를 보인다. 그 외에도 상권범위는 점포 면적과 비례하고 구매빈도와 반비례한다. 예를 들면, 편의품점의 경우는 점포 면적은 작고 구매빈도가 높으므로 1차 상권의 범위가 보통 반경 100m 이내이다. 하지만 선매품점의 경우는 점포 면적은 크고 구매빈도는 낮은 관계로 1차 상권의 범위가 반경 1~2km로 확대된다. 전문품점의 경우는 더 넓어진다. 일반음식점과 전문음식점도 업종과 업태의 특성에 따라 상권의 범위가 달라질 수 있다.

〈그림 6-7〉은 나이스비즈맵 상권분석시스템을 이용하여 강남역을 중심으로 반경 500m 안에 위치한 커피전문점의 지역별 고객비중을 분석한 결과이다. 이는 업종별 상권의 범위를 확인하는 데 도움이 될 수 있다.

경쟁점포에 의해서도 상권의 범위는 달라진다. 경쟁점포의 수가 많을수록 상권의 범위는 더 넓어질 수 있다. 업종의 군집화는 소비자를 유인할 수 있기 때문이다. 경쟁점포가 없다면 해당 점포의 상권범위는 업종과 업태에 따라 넓어질 수도, 좁아질 수도 있다. 이 외에 상권의 범위는 업종친화력에 의해서 영향을 받는다. 업종친화력이란 '업종 간의 연관성 정도'를 말한다. 업종구성이 이질적인 경우와 동질적인 경우로 구분된다. 예를 분석지역으로 유입되는 고객의 거주지는 역삼1동이 2.59%로 가장 높았으며, 직장지는 서초2동이 35.76%로 가장 높았습니다.

[유입고객 주거지역]

순위	시·군·구 단위		읍·면·동 단위	
1	서초구	8.34%	역삼1동	2.59%
2	강남구	8.31%	서초2동	2.26%
3	송파구	5.5%	서초4동	1.27%
4	용인시	5.46%	반포1동	0.69%
5	성남시	5.33%	잠실2동	0.68%

[유입고객 직장지역]

순위	시·군·구 단위		읍·면·동 단위	
1	서초구	40.76%	서초2동	35.76%
2	강남구	23.0%	역삼1동	18.01%
3	송파구	6.86%	소공동	3.68%
4	수원시	2.7%	명동	2.24%
5	성남시	1.92%	서초4동	2.2%

그림 6-7 이용거리별 고객비중 분석 사례

자료 : 나이스비즈맵 홈페이지.

들면, 아파트단지 내 상권, 역세권, 번화가 상권 등은 이질적 업종 간의 결합으로 생성되는 상권으로 볼 수 있는 반면에 로데오거리, 전자상가 등은 동질적 업종 간의 결합이 매우 강하다. 이러한 결합은 상권의 범위를 넓히는 방향으로 작용한다.

업종친화력을 판단하기 위해서는 고객의 소비특성을 이해해야 한다. 경제적 소비를 추구하는 소비자는 최소의 비용으로 최대의 효용을 추구하므로 소비자가 비교쇼핑을 원하는 경우라면 동질적 업종이 모인 상권을 선택하게 된다. 만약 연계쇼핑을 원하는 경우에는 이질적 업종이 모인 상권을 선택하게 된다. 예를 들면, 1층은 식당이고 2층은 주점, 3층은 노래방, 4층은 당구장 또는 PC방인 건물이 있다면 이런 건물에는 소비자가 연계된 쇼핑을 할 수 있어서 업종친화력이 높다고 할 수 있다. 결과적으로 창업자는 업종친화력을 고려한 출점전략을 생각해 볼 수 있다. 이질적 업종으로 구성된 상권에서는 전·후방 업종으로 출점하는 것이 좋다. 예를 들면 외식업종이 활성화된 상권에서는 디저트 카페나 서비스 업종으로 출점한다거나 동질적 업종으로 구성된 상권에서는 보완업종으로 출점하는 것이다. 물론 보완업종으로의 창업은 충분한 자금력과 브랜드 파워, 마케팅 능력을 바탕으로 하거나 완벽한 차별화 전략이 수립되어 있어야 한다.

4 상권특성 조사

상권범위와 상권규모 등에 대한 조사자의 판단이 이루어진 후에는 상권특성에 대한 분석이 필요하다. 상권특성 분석이란 업종특성(음식, 소매/유통, 생활서비스, 여가/오락, 의약/의료, 학문/교육)과 인구특성(행정구역상 특성, 인구수, 가구수, 남녀비율, 연령대별 비율, 인구증감, 거주형태, 가계지출, 외식비 지출 등)을 세부적으로 조사하는 것이다. 인구특성은 주로 통계자료를 이용하여 파악하고 소상공인 상권정보시스템과 나이스비즈맵 상권분석시스템, 지자체의 홈페이지, 기타 상권 내 인구특성을 파악할 수 있는 다양한 정보를 이용한다.

1) 행정구역 현황과 인구의 특성

상권특성을 파악하기 위한 첫 번째 단계는 지정된 상권범위 내의 환경과 잠재고객 또는 목표고객에 대한 성향을 파악하는 활동이다.

- 첫째, 행정구역상의 현황을 조사하여 영업에 미치게 되는 영향력을 분석한다. 예를 들면, 조례 등에 따른 지역 개발의 제한이 없는지 살펴본다. 가장 흔한 예로 서울 인사동을 들 수 있다. 인사동은 관광특구로 지정되어 있어서, 신규창업과 업종전환에 제약사항이 많다. 이러한 행정구역상의 현황은 해당 동사무소나 구청 등을 통하여 자료를 수집할 수 있다.
- 둘째, 상권 내 거주인구의 특성을 파악한다. 예를 들면, 해당 상권범위 내에 거주하는 인구수, 남녀의 비율, 세대수, 연령대 구성 비율, 인구의 증감 현황, 거주의 형태, 평균가게 소비지출 등을 조사하는 것이다. 인구의 특성을 파악할 수 있는 자료원으로는 통계청 홈페이지(http://kostat.go.kr), 나이스비즈맵의 상권분석시스템(www.nicebizmap.co.kr), 소상공인 상권정보시스템(http://www.sbdc.or.kr), 비즈지아이에

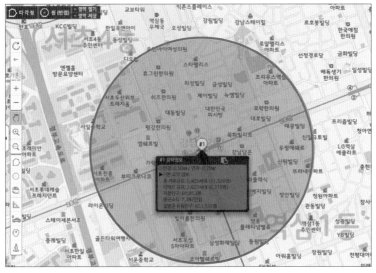

그림 6-8 강남역 중심 반경 500m 상권지도

자료 : biz-gis 홈페이지.

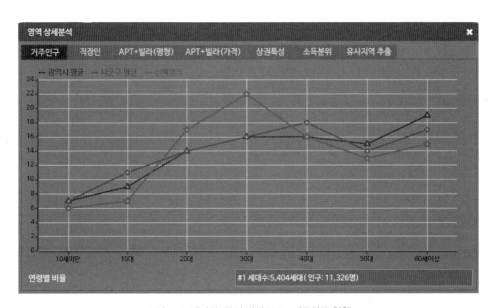

그림 6-9 강남역 중심 반경 500m 거주인구 현황

자료 : biz-gis 홈페이지.

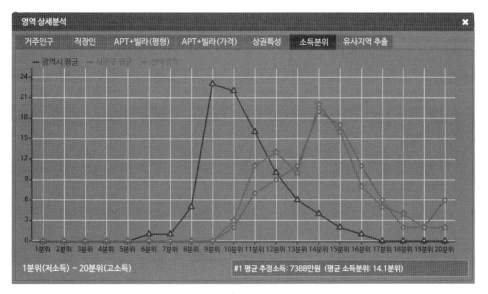

그림 6-10 강남역 중심 반경 500m 소득분위 현황

자료 : biz-gis 홈페이지.

스(https://www.biz-gis.com) 등이 있다. 좀 더 구체적인 자료나 최신 자료는 지방자치단체(시청, 구청, 지역주민센터) 홈페이지나 민원실을 방문하여 조사할 수 있다. 실무에서 조사자에게는 효과과 효율을 높이기 위해 직접 조사한 자료(1차 자료)가 아닌 기존에 조사되어 적은 비용으로 취득이 가능한 자료(2차 자료)를 이용하는 것이 좋다.

또한 인구통계적·사회통계적 특성이 자신이 창업하려는 사업의 목표고객과 부합하는지 검토하는 것이 중요하다. 예를 들면 스파게티전문점처럼 어린아이와 젊은 여성 고객이 선호하는 메뉴를 대표상품으로 판매하려는 경우에는 30대 내외의 젊은 부부의 구성비가 높은 곳이 유리할 수 있다.

〈그림 6-11〉과 〈그림 6-12〉는 biz-gis를 이용하여 분석한 사례다.

물론 수요 측면에 해당하는 목표고객층이 아무리 많더라도 공급 측면에 해당되는 경쟁업체가 많아 과도한 경쟁이 예상된다면 상권의 매력도는 떨어질 수 있다.

• 셋째, 상권 내 직원채용이 쉽게 이루어지고 있는지를 점검해야 한다. 정규직은 물론이고 아르바이트와 같은 임시직 채용에도 문제가 없는지 확인해야 한다.

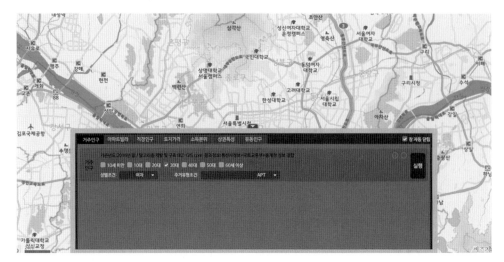

그림 6-11 서울시 중심 거주인구 현황 분석

자료 : biz-gis 홈페이지.

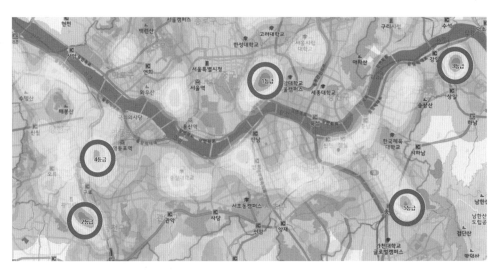

그림 6-12 서울시 중심 30대 여성 아파트 거주 빈도 현황

자료 : biz-gis 홈페이지.

2) 업종특성

〈그림 6-13~15〉는 biz-gis를 이용하여 선택한 지역의 업종특성을 분석한 자료이다. 한 식의 비중이 높은 상권일수록 식사 목적이, 유흥주점의 비중이 높을수록 식사보다 간

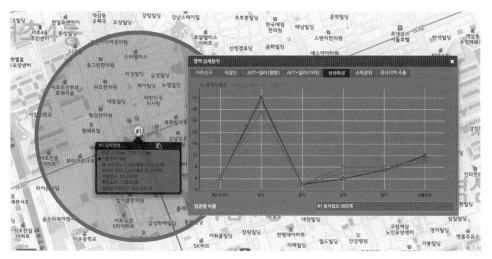

그림 6-13 강남역 중심 반경 500m 업종특성

자료 : biz-gis 홈페이지.

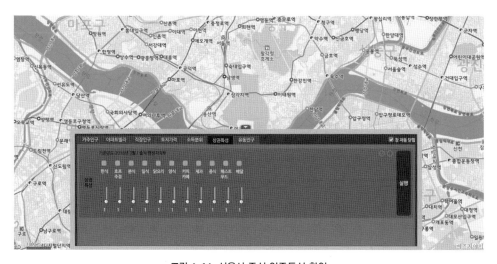

그림 6-14 서울시 중심 업종특성 확인

자료 : biz-gis 홈페이지.

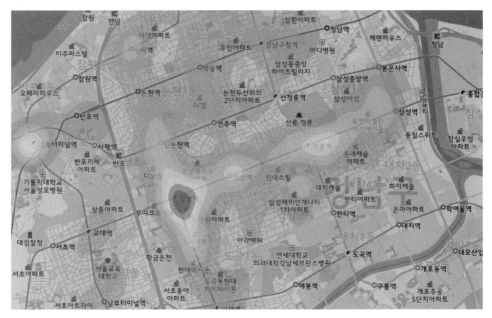

그림 6-15 서울시 중심 일식업종 분포현황

자료 : biz-gis 홈페이지.

단한 술자리로 활성화되어 있는 상권임을 추정해 볼 수 있다. 한식은 낮고 양식과 일식, 유흥주점이 적당히 분포되어 있는 곳은 모임장소로 활성화된 상권으로 분류해 볼 수 있다. 물론 다양한 분석도구를 활용하여 추정의 타당성을 검증해야 한다.

업종특성을 분석할 때 상권범위를 기준으로 분석하는 상권(입지) 중심 접근법이 있지만 〈그림 6-15〉와 같이 업종(업태) 중심 접근법을 적용하여 활성화된 지역을 중심으로 상권의 특징을 도출할 수 있다. 관련 자료는 비즈지아이에스(https://www.biz-gis.com)를 이용해 확인할 수 있다. 다만 모든 데이터는 다른 시스템과 비교하며 검증해야 한다.

5 유동인구(통행인구) 교통 및 통행량 조사

1) 유동인구 조사

상권환경과 특성 그리고 인구현황을 파악한 후에는 상권 내 유동인구를 조사한다. 상권 내 유동인구(통행인구)는 현장조사가 가장 확실한 방법이지만 많은 시간과 비용이 소요되는 단점이 있다. 따라서 기존의 상권분석 통계를 활용하거나 역세권인 경우 지하철역의 정보를 이용해 유동인구를 추정할 수 있다. 또한 상권분석시스템을 이용하면 신용카드 정보와 이동통신사의 유동인구 정보를 확인할 수 있다.

유동인구가 많은 상권과 입지의 점포가 반드시 좋은 점포라고 할 수는 없다. 자신이 판매하려는 아이템을 구매할 수 있는 잠재고객이 많은 지역을 찾는 것이 중요하므로 유동인구의 특성과 구매율을 함께 파악해야 한다. 예를 들면, 통행 인구의 양과 통행 인구의 성별·연령별 구매성향, 통행 인구의 통행 목적 및 구매비율, 보행속도와 같이 통행인구의 특성을 함께 파악한다.

biz-gis에서 제공하는 X-ray map을 활용하면 〈그림 6-16〉과 같이 나이대별, 성별, 시간대별 유동인구 현황을 확인할 수 있다. 또한 내가 선택한 상권의 고객 분포를 확인할 수 있다.

나이스지니테이타(주)가 제공하는 나이스비즈맵 FRAN 서비스를 이용하면 〈그림 6-17〉과 같이 각 입지의 유동인구 차이와 세부적인 현황을 분석할 수 있다.

소상공인 상권정보시스템에서 제공하는 유동인구 현황은 〈그림 6-18~22〉와 같이 분석자가 설정한 범위 내의 유동인구 현황을 '인구분석' 메뉴에서 SKT 정보를 이용하여 월별, 성별, 연령별, 시간별, 요일별로 제공한다. 그리고 일일 지하철 승하차 인원에 대한 정보를 '지역분석' 메뉴에서 제공하고 있다. 가능하다면 통행인구에 대한 조사는 통계적 방법과 현장에서 이루어지는 관찰을 병행하는 것이 좋다.

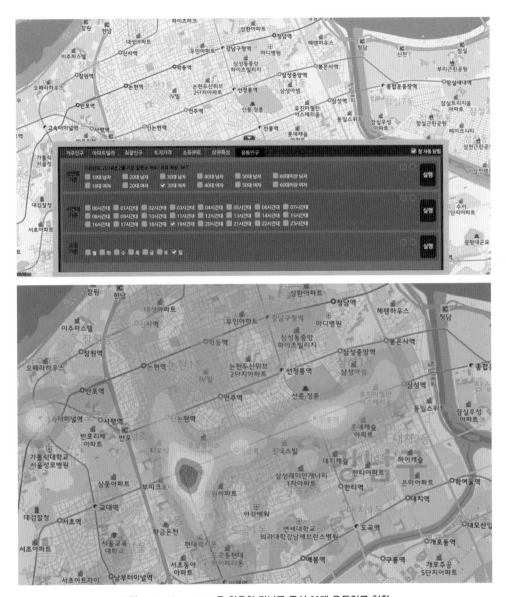

그림 6-16 X-ray map을 활용한 강남구 중심 30대 유동인구 현황

자료 : biz-gis 홈페이지.

그림 6-17 FRAN 서비스 : 교대역 상권 유동인구 현황

자료 : 나이스비즈맵 홈페이지.

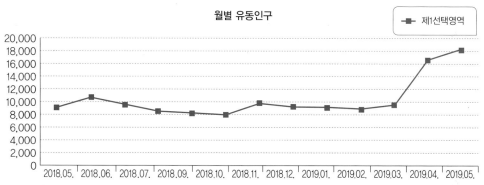

지역	2018.05.	2018.06.	2018.07.	2018.08.	2018.09.	2018.10.	2018.11.	2018.12.	2019.01.	2019.02.	2019.03.	2019.04.	2019.05.
제1선택영역	9,125	10,638	9,636	8,613	8,317	8,015	9,732	9,197	9,084	8,857	9,489	16,643	18,289
증감률	−	16.58% ▲	−9.42% ▽	−10.62% ▽	−3.44% ▽	−3.63% ▽	21.42% ▲	−5.50% ▽	−1.23% ▽	−2.50% ▽	7.14% ▲	75.39% ▲	9.89% ▲

그림 6-18 인구분석 : 월별 유동인구 현황

자료 : 소상공인시장진흥공단 상권정보시스템.

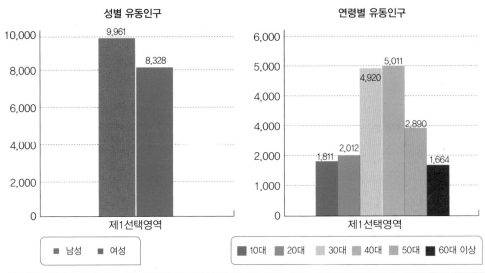

지역	구분	성별		연령별					
		남성	여성	10대	20대	30대	40대	50대	60대 이상
제1선택영역	명	9,961	8,328	1,811	2,012	4,920	5,011	2,890	1,664
	비율	54.5%	45.5%	9.9%	11.0%	26.9%	27.4%	15.8%	9.1%

그림 6-19 인구분석 : 성별, 연령별 유동인구 현황

자료 : 소상공인시장진흥공단 상권정보시스템.

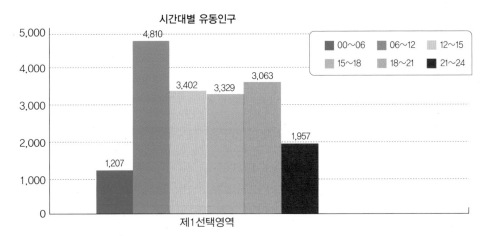

지역	구분	00~06시	06~12시	12~15시	15~18시	18~21시	21~24시
제1선택영역	명	1,207	4,810	3,402	3,329	3,603	1,957
	비율	6.6%	26.3%	18.6%	18.2%	19.7%	10.7%

그림 6-20 인구분석 : 시간대별 유동인구 현황

자료 : 소상공인시장진흥공단 상권정보시스템.

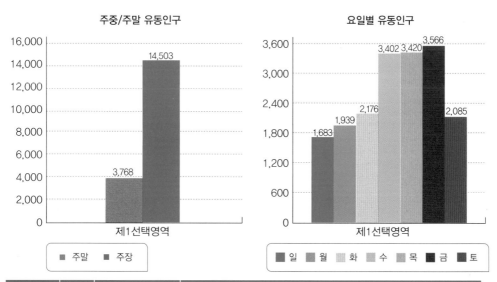

지역	구분	주중/주말		요일별						
		주중	주말	일	월	화	수	목	금	토
제1선택영역	명	3,768	14,503	1,683	1,939	2,176	3,402	3,420	3,566	2,085
	비율	20.6%	79.3%	9.2%	10.6%	11.9%	18.6%	18.7%	19.5%	11.4%

그림 6-21 인구분석 : 주중, 주말, 요일별 유동인구 현황

자료 : 소상공인시장진흥공단 상권정보시스템.

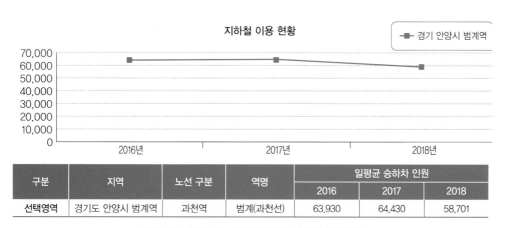

구분	지역	노선 구분	역명	일평균 승하차 인원		
				2016	2017	2018
선택영역	경기도 안양시 범계역	과천역	범계(과천선)	63,930	64,430	58,701

그림 6-22 지역분석 : 지하철 일평균 승하차 인원 현황

자료 : 소상공인시장진흥공단 상권정보시스템.

표 6-4 통행인구 조사표

구분		남자					여자					합계
		10대	20대	30대	40대	50대	10대	20대	30대	40대	50대	
평일	12~13시											
	18~20시											
주말	12~13시											
	18~20시											

주) 실제 조사 시 연령 구분이 힘들 수 있다. 가능한 범위 내에서 청년층, 중년층 장년층 등으로 나누는 것이 실효성이 높을 수 있다.

현장에서 직접 통행인구를 조사할 때는 평일과 주말을 구분해서 시간대별로 조사해야 한다. 통행인구 조사는 후보 점포에서만 하는 것이 아니라 길의 건너편 등 상권의 주요 도로에서 해야 한다. 통행인구의 현장조사는 〈표 6-4〉와 같이 성별, 연령대별, 요일별, 시간대별로 구분하여 유동인구의 대표성을 확인할 수 있도록 하는 것이 바람직하다. 시간대는 주로 점심식사 시간대인 12시~14시, 저녁식사 시간대인 18시~20시까지를 중심으로 한다. 필요에 따라 추가적인 시간대를 조사하고, 요일은 상권과 업종, 업태의 특성을 고려하여 유사성이 있는 요일별로 구분한다. 예를 들면 평일은 월요일~목요일까지, 주말은 금요일~일요일까지로 구분하여 조사한 후 평균값을 구하면 평일과 주말 유동인구의 대푯값으로 사용할 수 있다.

2) 유동인구와 가로활력도 측정

유동인구를 측정할 때는 가로활력도(street vitality)를 함께 고려해야 한다. 가로활력도란 보행량(1분 사이 너비 1m 거리를 지나간 보행자 수)과 보행자의 활동 중 '선택적·사회적 활동'이 차지하는 비율, 선택적·사회적 활동을 지속한 시간 등을 종합해 100점 만점으로 산출하는 지수를 의미한다. 덴마크 도시공학자 얀 겔(Jan Gehl)이 제시한 선택적·사회적 활동은 옥외활동 유형 가운데 통학과 통근 등을 목적으로 거리를 지나가는 필수적 활동을 제외한 활동을 뜻한다. 음식이나 음료를 구매하거나 쇼핑을 하는 것이 대표적인 선택적·사회적 활동이라 할 수 있다.

예를 들어 국무총리실 산하 건축도시공간연구소의 '서울시 주요 상업가로의 가로활력도 평가 결과와 시사점' 보고서에 따르면, 서울에서 가장 유동인구가 많은 곳 중 하나인 강남역 일대가 강남역보다 유동인구 적은 신촌이나 서래마을보다 공간의 활력이 떨어진다는 분석이 나왔다. 지나치게 혼잡하고 여유 공간이 없어 거리를 지나는 사람들이 외식, 휴식, 소통, 놀이, 쇼핑 등의 활동을 자유롭게 못 하기 때문이라는 분석이다.

따라서 상권분석을 할 때는 유동인구의 수와 특성에만 집중해서는 안 된다. 유동인구가 실제 구매로 연결되고 있는지, 만약 안 되고 있다면 그 이유는 무엇이고, 구매로 연결시키기 위한 방법이 존재하는지 확인해야 한다. 즉 상권에서 유동인구가 외식이나 쇼핑과 같이 분석자가 원하는 의미 있는 활동을 하기 위해 이들이 머무는 시간이 긴지, 아니면 길게 만들 수 있는 방법이 있는지를 찾아야 한다.

3) 교통수단과 교통량 조사

유동인구의 조사에 이어 상권과 연계된 교통수단, 도로의 현황과 교통량에 대한 조사를 실시한다. 특히 교통수단 중 지하철역의 존재와 환승역 등의 이용현황은 상권을 분석하는 데 큰 도움이 된다. 일반적으로 지하철역의 이용객이 많고 지하철역 주변으로 집객시설이 잘 갖추어진 경우 시장규모가 클 수 있다. 또한 자가용을 이용하는 고객을 위한 주차시설이 상권 내에 잘 갖추어져 있는지 조사한다.

〈그림 6-23〉은 소상공인 상권정보시스템에서 제공하는 교통시설 정보이다. 지하철과 버스정류장으로 구분하여 제공하고 있으며, 지하철의 경우 일일 승하차 인원에 대한 정보를 연도별로 비교하여 제공해 준다.

나이스비즈맵 상권정보시스템의 '시설통계'에서는 버스정류장 외에 '버스노선 수'를 제시하고 있으며, 분석대상 상권 영역 내에 지하철역이 있는 경우 '일평균 승하차 인원' 정보를 제공한다.

교통수단 및 통행량의 조사는 상권으로의 접근성을 확인할 수 있는 중요한 요소이다. 만약 상권 내 점포가 확정된 경우라면 매장 전면의 도로 상태를 확인하여 자동차

구분	지역	지하철역	버스정류장
선택영역	제1선택영역	2	19

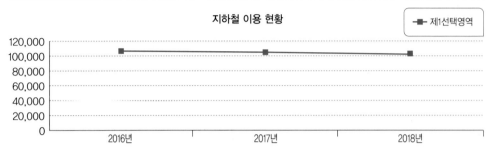

구분	지역	노선 구분	역명	일평균 승하차 인원		
				2016	2017	2018
선택영역	제1선택영역	서울2호선	교대(서울2호선)	80,544	78,682	0
		서울3호선	교대(서울3호선)	24,735	24,994	100,169

그림 6-23 지역분석 : 교통시설 현황

자료 : 소상공인시장진흥공단 상권정보시스템.

시설통계

지역 내 위치하는 공공기관 및 편의시설, 교통시설 등은 다음과 같다.

관공서	교육기관	금융기관
6	12	10
대형 유통점	문화시설	병원
1	0	155

•학교

구분	학교명	학생 수
어린이집	우주어린이집	15
어린이집	행복한사랑어린이집	13
어린이집	구립중앙어린이집	70
어린이집	예원어린이집	10
초등학교	서울원당초등학교	312
어린이집	성악어린이집	35
어린이집	관악구청직장어린이집	46
어린이집	24시간연세어린이집	35
초등학교	서울봉천초등학교	840
어린이집	에덴어린이집	92
어린이집	예진선교어린이집	31
어린이집	구립낙성대어린이집	71

•극장

극장명	좌석수
메가박스 서울대	665
롯데시네마 서울대입구	676

•버스

버스노선 수	정류장 수
134	26

•지하철

역명	일평균 승하차인원
서울대입구(서울2호선)	121,234

그림 6-24 시설통계 : 교통시설(버스, 지하철) 현황

자료 : 소상공인시장진흥공단 상권정보시스템.

이용객들에게 가시성이 좋은지, 자동차 이용객들의 접근이 편리한지에 대한 조사를 통하여 점포의 경쟁력을 판단한다.

통행차량에 대한 조사도 통행인구 조사와 같이 요일과 시간에 대한 대표성을 가질 수 있도록 잘 배분해야 한다. 다만 통행차량에 대한 조사는 상권의 소비규모 파악을 위해 꼭 필요한 경우에만 실시한다. 다양한 교통망 중에서 상권의 매출규모에 가장 큰 영향을 미치는 수단은 지하철이다. 새롭게 형성되는 상권의 경우 지하철의 개통 여부가 상권의 성장을 좌우한다. 지하철 개통 이외에도 다른 교통망과의 연계성은 상권 발달에 큰 영향을 미치는 요소이다. 물론 지하철역이 개설되었다고 반드시 상권의 매출규모가 높아진다고 볼 수는 없다. 상권의 집객력이 강력한 역세권이란 단순히 지하철이 개통되었다는 사건 이외에 상업시설, 주거시설과 다양한 집객시설이 적절히 조화를 이루는 경우를 의미한다.

6 경쟁점포 조사

상권분석에서 가장 중요한 부분이 경쟁업체 조사다. 경쟁점포를 조사하기 위해서는 창업자의 업종과 업태가 결정되어야 한다. 직접적 경쟁업체뿐 아니라 잠재적 경쟁점포에 대한 정의도 되어야 한다. 예를 들면, 일반적으로 음식점은 비슷한 가격대의 음식점은 모두 잠정적인 경쟁점포로 볼 수 있다. 〈그림 6-25〉는 다양한 경쟁점포를 분류하여 분포도를 작성한 사례이다.

경쟁점을 조사할 때는 상권분석시스템을 이용하여 경쟁점포들의 평균 매출액을 조사할 수 있지만 이 정보의 신뢰성을 검증하기 위해 경쟁점포 매출액에 대한 현장조사가 이루어져야 한다. 동일한 상권에 존재하는 경쟁점포는 창업하려는 점포에 큰 영향을 미치기 때문이다. 경쟁점포라는 것은 직접적인 경쟁 상대라 할 수 있는 동일한 업종과 간접적인 경쟁이라 할 수 있는 유사업종을 모두 포함한다. 경쟁점포를 조사할 때에는 위치, 영업시간, 정기 휴일, 후보 점포와의 거리, 면적, 메뉴, 종업원의 수, 테이블 수, 영업활

그림 6-25 경쟁점 분석을 위한 분포도 작성 사례

자료 : 다음 지도.

성화 정도, 서비스 내용과 수준, 시간대별 고객 수 등을 조사하여 경쟁력을 판정해야 한다. 이를 자세히 살펴보면 다음과 같다.

- 첫째, 자신의 경쟁점포라 생각되는 점포리스트를 작성하고 지도 위에 위치를 표시한다. 경쟁점포에 대한 세부적인 파악은 직접 현장조사를 하는 방법도 있지만 1차로 나이스비즈맵(www.nicebizmap.co.kr)이나 소상공인 상권정보시스템을 활용해 확인할 수 있다. 특히 나이스비즈맵은 나이스지니테이타(주)에서 제공하는 사이트로 매출/수익정보, 지수정보 등을 강화하여 경쟁점포에 대한 정보파악이 용이하다.
- 둘째, 경쟁점포의 영업시간, 정기 휴일, 면적, 메뉴, 종업원의 수, 판매촉진 수단, 좌석 수, 영업 활성화 정도, 고객의 특성, 점포의 인지도를 확인한다. 특히 고객특성 분석은 고객이 어디에서 방문하는지, 방문의 목적이 무엇인지를 정확히 알아내는 것이 핵심이다. 가능하다면 경쟁업체의 방문자와 인터뷰나 설문조사를 하여 방문자의 특성

과 상권범위를 알 수 있다면 가장 이상적이다.

- 셋째, 경쟁점포를 직접 방문하여 서비스 정도, 메뉴의 가격, 맛 등 경쟁자의 주된 상품을 조사한다. 메뉴에 대한 조사는 메뉴의 구성을 살펴보고, 메뉴북을 통해 전략적인 상품이 어떤 것인지 확인한다. 이 과정에서는 경쟁점포의 전단지, POP 등을 확인하고 메뉴의 가격대를 파악한다. 또한 실제 식사를 해 보면서 메뉴의 가치(품질 대비 가격)를 확인하는 것이 필요하다.

- 넷째, 경쟁사의 예상매출은 현장조사를 통하여 추정한다. 매출에 대한 예상은 거래 납품업자의 납품 실적을 조사하여 추정할 수 있다. 예를 들면, 생맥주를 판매하는 곳이라면 일일 생맥주 소비량을 파악하여 대략적인 매출을 추정할 수 있다. 비슷한 원리로 매장에서 사용하는 원재료의 소비량을 파악할 수 있다면 매출 추정에 도움이 된다. 경쟁점포의 매출을 알 수 있는 또 다른 방법은 방문고객 수를 조사한 후 추정된 객단가와 곱하여 구하는 방법이다. 방문고객 수는 효율적인 조사를 위해 조사대상 업체의 바쁜 시간대의 테이블 회전율과 한가한 시간대의 테이블 회전율을 확인하여 산출한다.

  이 외에도 경쟁점포의 매출을 추정할 수 있는 방법으로는 영업 마감시간 전에 영수증의 전표 발행번호를 이용해서 일일 테이블 이용 수를 확인하고 여기에 테이블 단가를 곱하여 추정하는 방법이 있다. 경쟁점포의 매출을 추정하는 방법은 다양하다. 매출 추정은 상황에 따라 가용한 방법이 달라질 수 있고 한 가지 방법에 의한 추정은 신뢰도를 담보할 수 없기에 조사자는 가능하다면 다양한 방법을 동원해 매출 추정의 정확도를 높인다.

- 다섯째, 자신의 점포와의 경쟁, 공존의 요소들을 분석하여 대책을 수립하기 위한 경쟁점포 분석표를 작성한다.

  경쟁점포 조사는 개괄적인 조사보다는 통계분석 내용을 참고하여 심층적인 현장조사가 필요하다. 특히 직접적인 경쟁점포 중 영업이 활성화된 점포를 조사함으로써 향후 개점 후의 자신의 실적과 상황을 예측해 볼 수 있다. 예를 들면, 활성화된 점포의 월매출액을 추정함으로써 자신이 달성 가능한 최대 매출액을 가늠해 보는 것이다. 활성화된 점포의 물리적 환경과 서비스 수준을 측정함으로써 자신이 경쟁력에서 앞설 수 있는 차별화 전략을 강구할 수 있다. 경쟁점 조사는 다음과 같은 분석표를 이용하여 꼼꼼히 체크한다. 다만 상권분석 단계에서의 경쟁점 조사는 개략적인 부분만 다루고 세부적인 경쟁점 조사는 입지분석 단계에서 추가적으로 설명한다. 상권분석에서 이루어지는의 경쟁점 분석 사례는 〈표 6-5〉와 같다.

경쟁점포 분석은 기존의 경쟁점포뿐만 아니라 향후 자신의 점포가 활성화된 후, 새롭게 진출할 것으로 예상되는 경쟁현황도 고려해야 한다. 외식업체 간의 경쟁은 타 산업에 비하여 치열하다. 자신의 사업이 시장에 진입하여 안정기에 접어들었다고 안도의 숨을 쉬는 순간, 새로운 경쟁자가 나타난다.

경쟁자는 항상 초과수익이 있는 시장을 노리고 있다. 내가 경쟁점포를 분석하여 높은 수익성을 확인하고 시장에 진입한 것처럼 다른 경쟁자도 같은 방법으로 차별성을 가지고 시장에 진입한다. 새로운 경쟁자의 진입을 항상 염두에 두고 끊임없는 연구개발을 해야 하는 이유가 여기에 있다.

경쟁점포 조사 방법

- 경쟁점포의 위치와 수 : 인터넷을 활용한 방법과 직접 조사를 병행하여 경쟁점포의 위치와 숫자를 파악함으로써 밀집도와 같은 경쟁의 정도를 확인한다.
- 소상공인 상권정보시스템을 이용한 경쟁점포 조사
- 경쟁점포 내부현황 조사 : 영업시간, 정기휴일, 면적, 메뉴, 종업원 수, 촉진수단, 좌석수, 영업활성화 정도, 고객의 특성, 인지도 등을 직접 조사한다.
- 미스터리 쇼핑을 통한 조사 : 미스터리 쇼퍼를 채용하여 서비스 수준, 메뉴의 가격 및 맛, 메뉴의 구성 및 가치를 파악한다.
- 예상매출액의 추정 : 실질조사를 통한 추정, 식재료 납품업자나 주류납품업자를 통한 추정, 주변 점포나 부동산을 통한 추정 등이 있다.

다수의 상권이 상호 경쟁하는 상황에서 상권의 성패는 상권을 이용하려는 소비자를 끌어당기는 힘(상권력)에 의해 좌우된다. 상권력의 경쟁은 그 크기에 따라 1등과 2등으로 나누어지지는 않는다. 상권력이 강한 곳이 1등이라면 약한 곳은 2등이 아니라 모든 고객을 잃게 되는 상황이 될 수 있다. 상권 사이의 경쟁에서는 일반적으로 란체스터 법칙이 적용된다. 예를 들어, 상권력 차이가 2배라면 고객 흡인력은 4배 이상의 차이가 날

표 6-5 경쟁점포 분석표 예시

구분	업종		2018. 04. 액/건	2018. 05. 액/건	2018. 05. 증감률	2018. 06. 액/건	2018. 06. 증감률	2018. 07. 액/건	2018. 07. 증감률	2018. 08. 액/건	2018. 08. 증감률	2018. 09. 액/건	2018. 09. 증감률
선택 업종	한식/ 백반/ 한정식	매출액	6,144	6,535	6.36%▲	6,591	0.86%▲	6,866	4.17%▲	6,408	−6.67%▽	5,901	−7.91%▽
		건수	1,451	1,555	7.17%▲	1,525	−1.93%▽	1,671	9.57%▲	1,615	−3.35%▽	1,400	−13.31%▽
	갈비/ 삼겹살	매출액	6,146	6,018	−2.08%▽	6,147	2.14%▲	6,832	11.14%▲	6,246	−8.58%▽	5,401	−13.53%▽
		건수	1,359	1,366	0.52%▲	1,334	−2.34%▽	1,313	−1.57%▽	1,422	8.30%▲	1,271	−10.62%▽
	냉면집	매출액	7,052	9,766	38.49%▲	9,876	1.13%▲	11,996	21.47%▲	9,995	−16.68%▽	7,348	−26.48%▽
		건수	2,996	3,897	30.07%▲	4,262	9.37%▲	4,699	10.25%▲	4,108	−12.58%▽	2,715	−33.91%▽
중 분류	한식	매출액	6,015	6,320	5.07%▲	6,440	1.90%▲	6,664	3.48%▲	6,179	−7.28%▽	5,666	−8.30%▽
		건수	1,465	1,552	5.94%▲	1,536	−1.03%▽	1,656	7.81%▲	1,606	−3.02%▽	1,393	−13.26%▽
대 분류	음식	매출액	5,145	5,322	3.44%▲	5,427	1.97%▲	5,745	5.86%▲	5,433	−5.43%▽	4,862	−10.51%▽
		건수	2,022	2,100	3.86%▲	2,156	2.67%▲	2,334	8.26%▲	2,270	−2.74%▽	1,964	−13.48%▽

- 최근 6개월간 매출액 현황 추이를 통해 업종의 계절적 변동성, 성장성 등을 판단할 수 있으며, 업소 수 변화추이와 비교하여 경쟁관계의 변화 등을 가늠해 볼 수 있다. 이용건수는 매출액에 대한 결제건수를 의미하므로, 특정 업종(음식업)의 경우에는 이용고객 수를 의미하지는 않는다. 이용횟수의 변화를 확인할 수 있다.
- 또한 경쟁점포 분석은 대분류, 중분류의 변화추이도 함께 확인하여 상권의 흐름을 파악할 수 있다.

* 확인 : 매출액 현황은 카드사 가맹점 매출현황을 기반으로 추정된 정보로서, 세부적인 조건(점포 면적, 점포 위치의 입지조건, 서비스 품질 등)에 따라 달라질 수 있으니 참고 정보로만 활용

상권 내 경쟁업체	정리
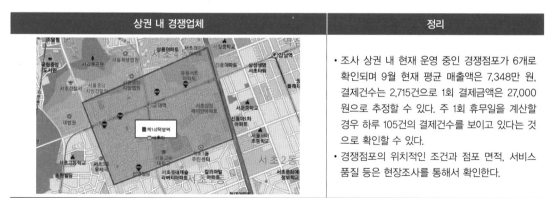	• 조사 상권 내 현재 운영 중인 경쟁점포가 6개로 확인되며 9월 현재 평균 매출액은 7,348만 원, 결제건수는 2,715건으로 1회 결제금액은 27,000원으로 추정할 수 있다. 주 1회 휴무일을 계산할 경우 하루 105건의 결제건수를 보이고 있다는 것으로 확인할 수 있다. • 경쟁점포의 위치적인 조건과 점포 면적, 서비스 품질 등은 현장조사를 통해서 확인한다.

자료 : 소상공인시장진흥공단 상권정보시스템.

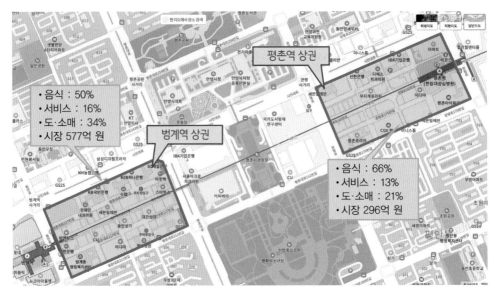

그림 6-26 상가권의 경쟁관계

자료 : 네이버 지도.

수 있다. 신도시 등에서 외형적으로는 비슷한 상권이 다수인 경우 상권력이 큰 곳으로 대부분의 고객이 몰려서 상권력이 강한 상권만이 성장하고 나머지 상권은 모두 어려움을 겪는 현상을 종종 발견하게 된다.

예를 들어, 〈그림 6-26〉과 같이 안양 평촌신도시 상권 내의 범계역 상가권과 평촌역 상가권을 비교해 보자. 두 상가권은 안양 평촌이라는 상권에서 상호 경쟁관계에 있다. 처음 도시계획을 하는 시점에서는 두 상가권의 크기, 건축물의 인·허가 조건 등이 거의 동일하였고 분양가도 비슷한 수준에서 상가 매매가 이루어졌다. 그런데 20년이 지난 현재 시점에서는 이용고객 수, 매출 규모, 상가 가격 등에서 두 상가권이 큰 차이를 보이고 있다. 구체적으로 살펴보면, 범계역 상가권의 월평균 시장규모는 577억 원인 데 반해 평촌역 상가권은 296억 원 수준으로 약 2배의 차이가 난다.

7 온라인 상권분석

지금까지 후보상권을 선택하고 상권분석을 진행했다. 상권정보시스템 등을 활용하여 오프라인 상권에서 산출된 통계적인 수치를 확인할 수 있다. 그러나 통계적인 데이터만 가지고 상권의 현황을 모두 확인하는 것은 불가능하다. 따라서 온라인 상권분석을 이용해서 기존의 통계정보로 확인이 어려운 정보를 보완해야 한다.

온라인 상권분석의 중요성은 소셜미디어 매체가 다양해지고 그 지평이 계속적으로 넓어지면서 증가하고 있다. 한마디로 오프라인 상권의 영향 변수가 점포의 매출액에 미치는 영향에 비하여 온라인 상권의 영향력이 커지고 있다는 의미이다. 이와 같은 현상

표 6-6 온라인 상권분석의 대상

구분		블로그	SNS	위키	UCC	마이크로 블로그
사용 목적		• 정보공유	• 관계 형성 • 엔터테인먼트	• 정보 공유	• 엔터테인먼트	• 관계 형성 • 정보 공유
주체적 대상		• 1 : N	• 1 : 1. • 1 : N	• N : N	1 : N	• 1 : 1 • 1 : N
사용 환경	채널 다양성	• 인터넷 의존적	• 인터넷 환경 • 이동통신 환경	• 인터넷 의존적	• 인터넷 의존적	• 실시간 기록
	즉시성	• 사후기록	• 사후기록 • 현재 시점 기록	• 사후기록	• 사후제작	• 현재 상태, 개인 적 감정(문자 수 제한)
콘텐츠	주요 콘텐츠	• 특정 주체에 대 한 주관적 논평 • 신변잡기 정보	• 신변잡기 정보	• 협업에 의해 창 조된 지식	• 특정 주체에 대 한 동영상	• 정보 왜곡 위험 성 존재
	신뢰성	• 주관적 해석/ 비판	• 악의적 왜곡 가 능성 낮음(실명 기반 네트워킹)	• 주관적 해석/ 비판	• 주관적 해석/창 의성에 의한 원 콘텐츠의 희화 화 등 왜곡 가 능성 존재	–
대표 사례		• 개인블로그	• 페이스북 • 마이스페이스 • 싸이월드	• 위키피디아	• 유튜브	• 트위터

자료 : 동아비즈니스리뷰 40호 시간과 공간, 超세분화하라.

은 누구나 쉽게 온라인에서 마케팅 활동을 할 수 있게 되면서 나타나고 있다.

무엇보다도 온라인 매체가 지속적으로 다양해지면서 온라인 상권분석은 기본적인 분석도구(예 네이버, 네이버 검색광고, 네이버 데이터랩, 네이버 블로그, 네이버 지도, 다음 쇼셜메트릭스, 다음 지도, 구글, 구글 지도, 페이스북 등)에 더해 추가적인 분석도구(예 현대카드의 마이메뉴, 핫플레이스, 인스타그램, 유튜브, 다이닝코드, 카카오내비, 카카오플레이스, 전국맛집, 블로그모니터, 카카오톡 M자비스 등)를 활용할 수 있어서 파급력이 더 커지고 있다.

구체적인 온라인 상권분석을 위한 매체는 SNS, 위치기반 서비스, 이미지 기반 서비스 등을 포함하며, 자세한 분류와 기능은 〈표 6-6〉에서 확인할 수 있다.

이와 같이 소셜미디어의 특징을 이해하면 온라인 상권분석을 위한 조사상권, 관심업종의 특성을 구분할 수 있다. 〈그림 6-27〉은 온라인 상권분석을 위해 개발된 KYG 모형이다. KYG 모형은 분석 도구, 분석 방법, 분석 영역에 따라 조사 방법론을 구체화하

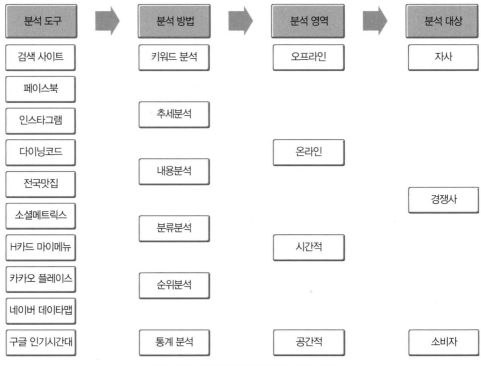

그림 6-27 온라인 상권분석을 위한 KYG 모형

고 있으며 자사와 경쟁사, 소비자를 분석하는 방법을 체계적으로 제시하고 있다.

　온라인 상권분석에 대한 구체적인 방법론은 본서의 8장에서 다룬다.

8 상권의 수명주기와 변화 예측

상권분석의 마지막 단계는 해당 상권이 도입기, 성장기, 성숙기, 쇠퇴기 중 어디에 해당하는지 알아내고 앞으로 어떻게 변화할지에 대한 전망을 하는 것이다. 상권은 항상 변하기 때문에 현재 상황이 중요하지만 미래의 변화도 중요하므로 반드시 단기, 중기, 장기적인 변화를 예측할 필요가 있다. 모든 생물체가 수명주기를 가지고 있듯이 상권에도 수명주기가 존재한다. 이것은 사람이 태어나서 성장하다가 어느날 세상을 떠나는 것처럼 상권도 활성화되기도 했다가 침체되기도 한다는 데 기인한다. 따라서 상권조사자는 향후 상권의 수명주기를 예측할 수 있어야 한다. 그것은 주변의 도시 개발, 집객시설의 진출, 상권 내 과도한 상가건물의 신축, 도시 주요 시설의 이전 등(도시계획확인원, 아파트 재개발 정보 등)을 통해 예측 가능하다.

　예를 들면, 〈그림 6-28〉은 경리단길 상권의 변화를 네이버 트렌드에서 '경리단길 맛집' 키워드의 고객관심도를 이용해서 추정해 본 결과이다. 2016년 초반까지 고객들의 관심도가 높아지면서 성장기에 돌입했던 경리단길 상권이 2017년부터 쇠퇴기에 접어든 것을 알 수 있다. 결과적으로 경리단길 상권은 어려움을 겪으며 공실률이 급격하게 증가하는 현상이 일어났지만 예측을 제대로 했다면 2017년 초부터 충분히 감지가 가능했던 상황임을 네이버 트렌드에서 확인할 수 있다.

　상권의 변화 예측 시에는 물리적 변화뿐 아니라 소비자의 성향이나 라이프스타일의 변화도 고려해야 한다. 상권 변화를 촉진하는 요소는 젠트리피케이션이나 물리적인 변화도 중요하지만 소비자의 변화에 기인하는 경우가 많다. 그 외에도 주변 상권의 확대·축소 가능성을 파악하고 주변 건물의 신축·철거계획과 개발계획(지하철역, 재개발/재건축, 백화점과 할인점 건설, 도시계획 변경, 횡단보도 설치 등) 조사 등을 통하여 상권의 변

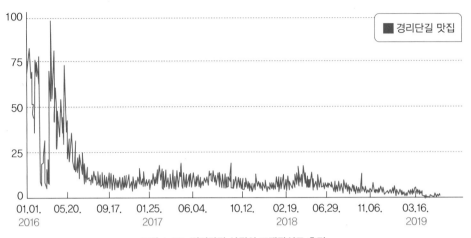

그림 6-28 경리단길 상권의 고객관심도 추정

자료 : 네이버 트렌드.

화를 예측해야 한다.

상권의 변화를 예측해야 하는 단순한 예를 들어보자. 새로운 아파트 단지가 건설되거나 랜드마크가 될 수 있을 정도의 커다란 상가가 인근 상가권에 신축되면 지금까지는 최상의 상권, 입지였던 상가권이 그 지위를 상실하게 될 수 있다. 또한 지하철 노선, 신규도로 건설, 버스노선의 변경도 상권을 변화시키는 요인으로 작용한다. 상권의 변화는 소비자의 성향이 지속적으로 변한다는 것을 의미한다. 도로 정비를 통하여 도로가 확장된다면 상권이 분할되는 경우도 있다.

상권의 변화는 상권을 축소 또는 확대시키는 경향이 있는데, 상권의 축소는 상권의 쇠퇴를 의미하지만 상권이 확대된다고 해서 상권이 활성화된다고 할 수는 없다. 상권이 잠재고객에 비해 너무 확대되면 겉은 화려하겠지만 과당경쟁으로 점포 입장에서는 좋은 성과를 내기 어렵다.

그래서 상권을 분석할 때는 후보지의 점포가 속해 있는 상권이 향후에 어떠한 영향에 의해 어떻게 변화할 것인지에 대한 조사를 해야 한다. 미래의 상권 변화는 영업 성과뿐만 아니라 권리금에도 영향을 미친다. 상권의 변화를 예측하는 데 활용되는 가장 기초적인 자료는 '토지이용계획확인원'이다. 〈표 6-7〉에 제시된 발급사이트를 이용하여 확인 가능하며 추가적으로 인터넷 검색, 상권 내 거주자 및 상인들과의 대화, 지방자치단

표 6-7 상권의 변화 예측 사례

		http://www.minwon.go.kr
토지이용계획확인서 ※ 서류 별첨	지역/지구	일반상업지역, 방화지구, 특정개발진흥지구
	토지이용 규제 기본법	가축사육제한구역「가축분뇨의 관리 및 이용에 관한 법률」, 대공방어 협조구역(위탁고도 : 77~257m)과「군사기지 및 군사시설 보호법」, 정비구 역(도시환경정비사업)「도시 및 주거환경정비법」, 4대문 안「서울특별시 도시계획 조례」, 과밀억제권역「수도권정비계획법」
도시재생사업	재건축사업	해당 사항 없음
	재개발사업	북창지구단위계획 결정 : 2005.09.01(서고시2005-263호)-기준용적 율 : 400%, 허용적률 : 500% 건축물최대높이 : 40m 이하
		'북창 제1종지구단위계획 변경결정(안)' 조건부 가결-중구 북창동 93 -52 일대, 용적률 645%로 완화, 건축물 최대 높이 42.7m 상향 조정. 관광호텔 건립 예정(부지 중 213m²를 도로용지로 기부채납, 건물 내 275m² 규모의 전시실설치 조건부)

주) 토지이용계획 확인 사이트 : http://luris.moct.go.kr/web/actreg/arservice/ArLandUsePrint.jsp

체 관련 부서 등에 문의하여 정보를 수집, 보완하는 것이 안전하다. 상권뿐 아니라 자신이 임차할 점포의 건물이 노후화된 경우 향후 재건축에 대한 가능성도 함께 파악해야한다.

9 상권 확정

사업자가 창업을 하려는 최종 상권은 지금까지 살펴본 다양한 상권분석 항목을 기초로후보상권을 비교 평가하여 선정해야 한다. 최종 선정하는 상권 한곳은 다수의 후보상권 중에서 가장 높은 투자수익률을 실현할 수 있는 곳을 선택해야 한다.

후보상권의 비교 평가는 앞에서 배운 후보상권 비교를 참고하여 모든 상권조사 항목을 대상으로 정성적 분석법, 정량적 분석법, 온라인 상권분석을 병행해야 한다. 통계적분석법은 주로 소상공인 상권정보시스템, 나이스비즈맵과 Biz-gis 등과 같은 상권분석시스템을 활용하면서, 현장조사에 더해 온라인 상권분석을 위한 SNS 매체를 보완적으

표 6-8 후보상권의 비교평가

상권		상권의 특징
후보상권 1	장점	
	단점	
후보상권 2	장점	
	단점	
후보상권 3	장점	
	단점	
최종 후보상권		

로 이용하면 도움이 된다. 최종적으로 〈표 6-8〉과 같이 상권의 특징과 선정 이유를 정확히 기록하여 최종 후보상권을 확정한다.

10 상권분석도 작성

상권분석도란 상권 지도 또는 약도 등을 활용하여 상권분석 결과를 한눈에 알아보기 쉽도록 표시하는 것이다. 다음과 같은 내용을 포함하여 표시하는 것이 상권 현황 파악에 효과적이다.

- 상권 지도 또는 약도 등을 활용한 관련 정보의 표시
- 상권을 이용하는 배후 세대수, 인구수 표시
- 역, 정류장, 횡단보도 등 교통기관별 표시
- 금융기관, 관공서, 대형 할인점 등과 같은 집객시설 표시
- 쇼핑 도로에 따른 동선의 파악
- 상권 내 입지등급을 1급지, 2급지, 3급지의 순으로 A, B, C로 표시
- 경쟁 또는 관련 점포의 표시

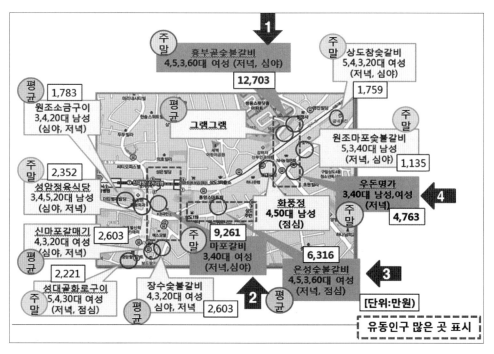

그림 6-29 상권분석도 사례

　상권분석도는 일반적으로 상권정보를 제공하는 인터넷 사이트에서 확인하는 경우도 있지만 최신 정보가 아닌 경우가 많다. 또한 단순히 점포위치만 표시된 경우가 많으므로 자신이 직접 만들면서 상권현황을 세부적으로 기록하는 것이 좋다.

　〈그림 6-29〉는 상권분석도 사례이다. 상권분석 결과를 중심으로 경쟁점포 현황을 지도에 기록한 내용이다. 조사된 경쟁점포에는 고객 나이대와 성별 분포, 시간대 분포, 요일별 분포, 추정매출액를 기록하여 최종 확정된 상권의 현황을 한눈에 볼 수 있도록 구성할 수 있다.

1 상권분석은 후보상권 선정(창업에 적합한 3~10개의 후보상권 찾기), 상권범위 지정(상권범위에 근거한 지정, 행정구역을 이용한 지정, 임의지정 등), 상권특성 조사(업종특성, 행정구역 특성, 인구특성, 가구수, 거주형태, 소비지출 등), 유동인구, 교통 및 통행량 조사(유동인구 구조와 주요 교통수단 및 접근성 파악), 경쟁점 현황 조사(시장규모를 기초로 상권 내 경쟁 정도 파악), 온라인 상권분석(온라인상의 경쟁점 특성 및 고객 분석), 상권의 변화 예측(상권의 성패를 좌우할 변화내용 파악), 상권 확정(후보상권 비교 평가 후 1개의 상권 확정), 상권분석도 작성(조사내용을 약도 및 축약된 도표로 정리)의 순서로 이루어진다.

2 예비창업자는 국내에 존재하는 다수의 상권을 대상으로 자신이 창업하려는 업종, 투자 가능 금액, 거주지, 선호지역, 연고지역 등을 충분히 고려하여 후보상권을 선정한다. 후보상권을 선정할 때는 조사시간과 비용을 고려하여 3~4곳 이내로 선정하는 경우와 충분한 조사로 투자수익률을 높이기 위하여 10곳 이상을 선정하는 경우가 있다. 자신의 상황과 조건에 따라 선정할 후보상권의 수를 선택하면 된다.

3 상권을 분석하려면 가장 먼저 경계 설정을 통한 범위가 확정되어야 한다. 점포를 이용하게 될 것으로 예상되는 소비자들의 거주범위 또는 근무지의 범위를 알기 위해 가장 많이 이용하는 방법은 '고객 포스팅 기법(CST, Customer Spotting Technique)'이다. 고객 포스팅 기법은 고객이 어디서 와서 어디로 가는지, 사는 곳이나 근무지 등은 어디인지 파악하는 방법이다.

4 상권의 범위를 구분함에 있어서 동일 상권 내에 존재하는 입지라도 상권범위가 다를 수 있다. 또한 동일 입지의 점포라도 업종에 따라서 상권의 범위는 차이가 있다. 예를 들면, 패스트푸드를 판매하는 경우와 파인다이닝과 같은 전문음식점인 경우 상권의 범위는 많은 차이를 보인다. 그 외에도 상권범위는 점포 면적과 비례하고 구매빈도와 반비례한다.

5 상권특성 분석이란 업종특성(음식, 소매/유통, 생활서비스, 여가/오락, 의약/의료, 학문/교육)과 인구특성(행정구역상 특성, 인구수, 가구수, 남녀비율, 연령대별 비율, 인구증감, 거주형태, 가계지출, 외식비 지출 등)을 세부적으로 조사하는 것이다. 인구특성은 주로 통계자료를 이용하여 파악하고 소상공인 상권정보시스템과 나이스비즈맵 상권분석시스템, 지자체의 홈페이지, 기타 상권 내 인구특성을 파악할 수 있는 다양한 정보를 찾아서 이용한다.

6 동일한 상권에 존재하는 경쟁점포는 창업점포에 큰 영향을 미친다. 경쟁업종이라는 것은 직접적인 경쟁 상대라 할 수 있는 동일한 업종과 간접적인 경쟁이라 할 수 있는 유사업종을 모두 포함한다. 경쟁점포를 조사할 때에

는 위치, 영업시간, 정기 휴일, 후보 점포와의 거리, 면적, 메뉴, 종업원 수, 테이블 수, 영업활성화 정도, 서비스 내용과 수준, 시간대별 고객 수 등을 조사하여 자신과의 경쟁 정도를 확인해야 한다.

7 후보상권을 선택하고 상권분석을 진행하며 상권정보시스템 등을 활용하여 오프라인 상권에서 산출된 통계적인 수치를 확인할 수 있다. 그러나 통계적인 데이터만 가지고 온라인 상권의 현황까지 모두 확인하는 것은 불가능하다. 따라서 온라인 상권분석을 이용해서 기존의 통계정보로 확인이 어려운 정보를 보완해야 한다.

8 상권분석의 마지막 항목은 해당 상권이 미래에 어떻게 변화할지에 대한 전망을 하는 것이다. 상권은 항상 변하기 때문에 현재 상황이 중요하지만 미래의 변화도 중요하므로 반드시 단기, 중기, 장기적인 변화를 예측할 필요가 있다. 모든 생물체가 수명주기를 가지고 있듯이 상권에도 수명주기가 존재한다. 이것은 사람이 태어나서 성장하다가 어느날 세상을 떠나는 것처럼 상권도 활성화되기도 했다가 침체되기도 한다는 데 기인한다. 따라서 상권조사자는 향후 상권의 수명주기를 예측할 수 있어야 한다. 그것은 주변의 도시 개발, 집객시설의 진출, 상권 내 과도한 상가건물의 신축, 도시 주요 시설의 이전 등(도시계획확인원, 아파트 재개발 정보 등)을 통해 예측 가능하다.

9 상권분석도란 상권 지도 또는 약도 등을 활용하여 상권분석 결과를 한눈에 알아보기 쉽도록 표시하는 것이다. 다음과 같은 내용을 포함하여 표시하는 것이 상권 현황 파악에 효과적이다.

- 상권 지도 또는 약도 등을 활용한 관련 정보의 표시
- 상권을 이용하는 배후 세대수, 인구수 표시
- 역, 정류장, 횡단보도 등 교통기관별 표시
- 금융기관, 관공서, 대형 할인점 등과 같은 집객시설 표시
- 쇼핑 도로에 따른 동선의 파악
- 상권 내 입지등급을 1급지, 2급지, 3급지의 순으로 A, B, C로 표시
- 경쟁 또는 관련 점포의 표시

1   자신의 점포를 창업한다고 가정하고 후보상권 중에서 최종 상권을 선택하여 상권분석도를 그리는 단계까지 진행해 보자.

2   자신이 선호하는 업종과 업태를 선택한 후, 후보상권 3곳을 선정한다면 어떤 기준을 가지고 선택해야 하는지 설명해 보자.

3   후보상권을 분석하기 위해 상권범위를 설정해야 하는데, 어떻게 상권의 범위를 설정하여 분석할지 정리해 보자.

4   후보상권을 분석하기 위해서는 상권특성 조사(업종특성, 행정구역 특성, 인구특성, 가구수, 거주형태, 소비지출 등)를 해야 한다. 어떤 분석법을 활용해서 어떻게 정리해야 하는지 설명해 보자.

5   후보상권을 분석하기 위해 유동인구, 교통 및 통행량 조사(유동인구 구조와 주요 교통수단 및 접근성 파악)를 해야 하는데, 어떤 분석법을 활용해서 어떻게 정리해야 하는지 설명해 보자.

6   후보상권을 분석하기 위해서는 경쟁점 현황 조사(시장규모를 기초로 상권 내 경쟁정도 파악)를 해야 한다. 어떤 분석법을 활용해서 어떻게 정리해야 하는지 설명해 보자.

7   후보상권을 분석하기 위해서는 상권의 변화 예측(상권의 성패를 좌우할 변화내용 파악)을 해야 한다. 어떤 분석법을 활용해서 어떻게 정리해야 하는지 설명해 보자.

8   비교 분석한 후보상권 중 하나의 상권을 확정하기 위한 분석표를 작성하고 선택하기 위한 근거를 제시해 보자.

9   최종 선택한 상권에 대한 상권분석도(조사내용을 약도 및 축약된 도표로 정리)를 그려 보자.

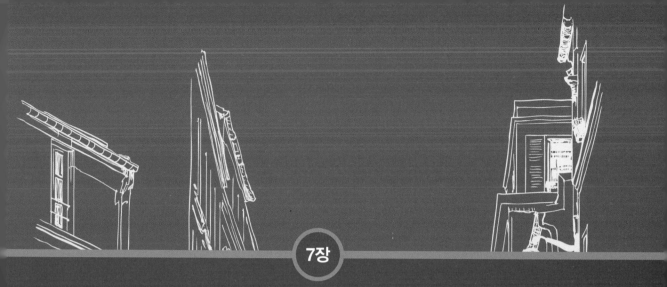

7장

입지분석 실무

학습내용

1 입지분석의 이해
2 입지분석 실무 프로세스
3 상권 내 전체 매물 조사
4 투자금액과 비용 조사 및 비교
5 점포특성 조사
6 입지특성 조사
7 경쟁점 조사
8 입지등급
9 매출액 추정 및 사업타당성 분석
10 권리분석
11 입지분석보고서 작성
12 입지 확정 및 계약

학습목표

• 입지분석을 이해하고 분석 프로세스를 설명할 수 있다.
• 상권 내 전체 매물을 확인하고 조사하는 방법을 설명할 수 있다.
• 투자금액과 비용을 조사하고 비교하여 후보입지를 선정하는 방법을 설명할 수 있다.
• 점포특성, 입지특성, 경쟁점, 입지등급을 조사하는 방법을 설명할 수 있다.
• 매출액 추정 및 사업타당성 분석법을 설명할 수 있다.
• 권리분석 후 입지분석보고서 작성법을 설명할 수 있다.
• 입지를 확정하고 점포 계약을 하는 방법을 설명할 수 있다.

1 입지분석의 이해

앞서 상권분석 과정과 방법 그리고 세부적인 사례들을 살펴보았다. 그런데 상권에 집중하다 보면 숲(상권)만 보고 나무(입지)는 보지 못하는 우를 범할 수 있다. 이제부터 실제 숲속의 나무를 집중적으로 조사하고 분석하는 입지분석을 배워야 할 단계이다. 숲속의 수많은 나무 중 가장 생육이 좋고 오래 살아남을 것 같은 나무를 찾는 것이 우리의 목표이다. 물론 아무리 좋은 나무라 하더라도 내가 지불할 수 있는 가격범위 내(나의 능력으로 키울 수 있는)의 나무를 선택하는 것이 중요하다. 즉, 나와 가장 잘 어울리는 입지를 찾아야 한다. 아무리 좋은 입지라도 내가 취득 또는 임차할 수 없다면 의미가 없다.

입지분석의 궁극적인 목적은 상권 내의 주거인구, 직장인구, 유동인구가 입지로 유입되는 크기와 유입되도록 만드는 방법의 조건을 측정하는 데 있다. 다양한 인구의 유입량은 추정매출액과 사업타당성 분석에 중요한 변수로 쓰인다. 선택한 입지까지 소비자를 끌어들이는 유발요인과 소비자가 올 수 없도록 방해하는 단절요인은 인구 유입에 영향을 준다. 이를 측정하기 위해 나의 점포와 경쟁점 사이의 경쟁력 차이를 분석하고 경쟁우위를 만들 수 있는 전략을 수립해야 목표매출액과 수익률을 달성할 수 있다.

입지를 조사하고 분석하기 위해서는 가장 먼저 시장에 매물로 나온 점포부터 찾아야 한다. 아무리 좋은 점포라도 이미 주인이 있다면 나의 점포가 될 수 없다. 물론 필요에 따라서 설득과정을 통해 타인의 점포를 나의 점포로 만드는 점포개발이 필요할 수 있다. 후보 점포에 대한 검증 결과는 상대평가를 통해 이루어진다. 절대적인 기준은 존재하지 않는다. 가장 경쟁력 있는 입지를 찾기 위해 우리는 입지의 지리적 특성(가시성, 인지성, 홍보성, 접근성, 보완성, 주차편의성)과 기능적 특성(토지용도, 집객성, 단절성)을 하나씩 차근차근 조사하고 비교하면서 최적의 선택을 해야 한다.

특히 점포의 외적 특성을 조사하는 단계에서는 무엇보다도 현장을 심층적으로 확인해야 한다. 단순한 탁상공론으로 시간을 낭비해서는 곤란하다. 이제부터 직접 현장을 뛰면서 오프라인상의 최고의 점포를 찾아 온라인에서도 최고의 점포가 될 수 있도록 만들어야 한다.

1) 입지분석의 개요

입지는 '오프라인 및 온라인 점포의 위치적 조건'을 의미한다. 이러한 입지를 분석하는 과정을 '입지분석'이라 한다. 입지 분석은 크게 두 가지의 입지분석 방법론을 이용한다. 첫 번째는 온라인 입지를 분석하는 방법론으로 온라인 상권분석과 같은 방법이다. 두 번째는 오프라인 입지분석 방법론으로 '입지가 위치하고 있는 조건을 분석하는 것'이다. 오프라인 입지는 내적요인과 외적요인 두 가지로 구분하여 분석한다. 본서에서 다룰 '입지분석'은 입지의 외적요인과 내적요인을 포함하여 다룬다.

입지의 외적요인을 분석하기 위해서는 분석대상 변수를 세부적으로 구분해야 한다. 입지의 외적요인은 크게 지리적 특성과 기능적 특성으로 구분한다. 먼저 지리적 특성에 대하여 살펴보자. 입지의 지리적 특성이란 '가시성, 접근성, 인지성, 호환성, 보완성, 홍보성, 주차편의성 등에 영향을 주는 요인'을 의미한다. 예를 들면, 점포의 위치, 점포와 지하철역의 거리, 버스정류소와의 거리, 차량의 통행 방향, 유동인구의 통행 방향 등을 조사 분석하는 것을 말한다. 다음으로 입지의 기능적 특성을 들 수 있다. 기능적 특성은 '토지용도, 집객성, 단절성'을 의미한다.

2) 입지평가 방법

입지를 평가하는 방법에는 크게 세 가지가 있다. 첫째는 정성적 평가법이다. 주로 평가자의 지식, 경험을 토대로 평가하는 주관적 평가방법이다. 둘째는 정량적 평가법이다. 빅데이터를 활용하여 도출되는 통계치를 이용하여 평가하는 방법으로 가장 합리적이고 과학적인 평가법이라 할 수 있다. 셋째는 소셜분석이다. 온라인상에서 취득한 비정형 데이터나 통계적 데이터를 이용하여 입지를 평가한다.

각각의 평가방법에 대한 세부적인 설명은 '상권분석'에서 다루었으므로 참고하기 바란다.

① 정성적 평가법

평가자의 지식, 경험이나 주관적 판단에 따라 입지를 평가하는 방법이다. 주로 경험이 많은 전문가의 의견이 필요한 부분에 이용한다.

② 정량적 평가법

입지에 영향을 주는 요소들에 대한 데이터를 통계적으로 분석하는 방법으로 과거 매출 자료, 경쟁 점포 실적 등을 분석하여 수치적으로 입지를 평가한다. 정량적 평가법은 세 가지 방법 중 비교적 가장 객관적이고 합리적인 평가방법이다.

③ 소셜분석법

소비자들이 많이 이용하는 소셜미디어에는 입지 선택에 필요한 다양한 정보가 가득하다. 대부분 텍스트 형태로 존재하는 비정형 데이터가 주를 이루지만 최근에는 소셜미디어 매체가 취득하는 정량적인 데이터가 늘어나고 있다.

입지의 평가뿐 아니라 본서에서 다루는 모든 평가는 위에서 설명한 3가지 방법을 적절하게 조합하여 이루어진다. 과학적인 상권과 입지의 평가를 위해 가장 이상적인 방법

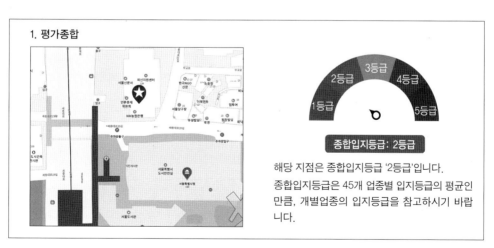

그림 7-1 입지분석 : 종합입지등급 평가 사례
자료 : 소상공인시장진흥공단 상권정보시스템.

은 계량적 평가이지만 시간과 비용이 많이 소요되는 단점이 있다. 특히 음식업의 경우 소매업에 비하여 계량적 평가의 한계가 큰 편이다. 따라서 전문가들에 의해 개발된 체크리스트와 조사자의 주관적 판단을 적절히 조화시키는 방법이 많이 이용된다.

실무에서 계량적 평가는 많은 비용이 소요되므로 직접 조사하기보다는 기존에 개발된 상권분석시스템을 주로 활용한다. 〈그림 7-1〉은 소상공인 상권정보시스템의 입지분석 결과이나, 입지의 계량적 평가를 활용한 사례이다.

2 입지분석 실무 프로세스

입지분석은 〈표 7-1〉에 나타난 바와 같이 10단계로 진행한다. 앞서 이루어진 상권분석에서 최종 선택된 상권을 대상으로 사업을 하게 될 입지를 선택하기 위해 '매물 조사'를 시작한다.

표 7-1 입지분석 실무 프로세스 10단계

연번	구분		내용
1	전체 매물 조사		• 목표 임대차 조건표 작성 • 상권 내 전체 임차 또는 매입 가능 점포 조사 • 온라인 정보원, 오프라인 정보원 활용
2	투자금액 및 비용 비교		• 권리금(영업권), 보증금, 임차료, 관리비 등 비용 항목 • 후보입지 3~5개로 정리
3	점포특성	점포 조건	• 점포 조건(면적, 형태, 간판) • 임차 조건(시설 조건, 업종 구성, 주차장 현황, 운영 현황, 점포 이용 인구특성, 업종 구성) • 점포이력 확인
		시설 조건	• 건물 내·외부의 하자 여부와 하자 발생 가능성 • 전기 용량, 도시가스, 상하수도, 공조시설, 화장실 등
4	입지특성	지리적 특성	• 가시성, 인지성, 접근성, 호환성, 보완성, 홍보성, 주차편의성
		기능적 특성	• 토지용도, 집객성, 단절성
5	경쟁분석		• 경쟁점 특성 분석

(계속)

연번	구분	내용
6	입지 등급	• 종합등급, 업종별 등급, 목표고객
7	매출액 추정 및 사업타당성 분석	• 매출액 추정 및 사업타당성 분석
8	권리분석	• 소유권 및 권리관계(등기부등본, 도시계획확인원, 건축물대장) • 건물주 인적 특성
9	입지분석 보고서	• 후보입지를 비교 분석한 결과를 보고서로 작성
10	입지 확정 및 계약	• 임대차 계약 또는 매입

상권 내에서 조사한 매입 또는 임차 가능한 전체 매물을 대상으로 투자금액과 고정비를 비교한 후, 후보입지를 3~5개로 선별하여 입지분석 프로세스를 진행함으로써 최종 입지를 선택하고 계약을 체결한다.

3 상권 내 전체 매물 조사

1) 목표 임대차 조건 정리

상권 내 매물을 조사하기에 앞서 조사자는 '목표 임대차 조건표'를 작성해야 한다. 〈표 7-2〉에서 보는 바와 같이 권리금, 보증금, 임차료, 관리비, 기타 비용 등에 대한 목표 금

표 7-2 목표 임대차 조건표

구분		내용
점포특성	업종/업태	주점/제한된 풀 서비스 또는 셀프 서비스
	목표고객	회사원
	영업시간	오후 5시~오전 2시
희망지역(상권)		1. 범계 2. 산본 3. 수원역
희망 층수		2층
규모		99평방미터(30평)
권리금		5,000만 원 이하

(계속)

구분	내용
임차보증금	5,000만 원 이하
월 임차료	200만 원 이하(부가가치세 별도)
월 관리비	5천 원 이하/3.3평방미터
기타 비용	월 10만 원 이하
월 예상 매출액	도입기(3천만 원), 성장기(4천만 원), 성숙기(5천만 원)

액을 설정하고 매물 조사를 한다.

만약 이러한 목표액을 설정하지 않고 조사를 한다면, 예상하지 못했던 잘못된 선택을 하게 될 위험이 커진다. 예를 들면, 목표 임대차 조건에 부합하지 않는 자신의 투자 가능 범위를 넘어서는 입지를 선택할 수 있다.

2) 점포개발 정보원

목표 투자금액 범위 내에서 투자수익률이 가장 높을 것으로 예상되는 점포를 선택하기 위한 목적으로 이루어지는 입지분석은 후보입지(후보점포)를 찾는 것부터 시작된다. 후보입지 탐색은 매물로 나와 있는 점포의 정보를 취득하는 과정이다. 즉, 기존의 점포 운영자가 사업을 지속하기 어려운 경우나 특별한 사정이 발생하여 점포를 부동산 중개업소 등에 중개를 의뢰하고 중개업소는 다른 임차인을 찾게 되면서 후보 점포가 매물로

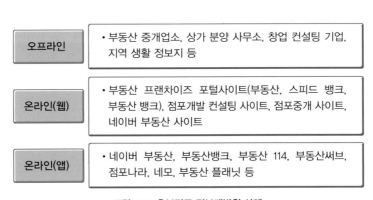

그림 7-2 후보점포 정보개발원 사례

그림 7-3 상가중개 전문 애플리케이션 '네모'
자료 : 구글 플레이.

등장한다. 예비창업자의 입장에서 후보입지에 대한 정보는 다양한 방법을 통해 취득할 수 있다. 과거에는 주로 부동산중개인이나 주변의 지인 또는 점포에 표시된 임대안내문 등을 통해서 취득하는 정보가 다수였다. 하지만 최근에는 온라인을 통한 정보취득 경로가 많이 활용되고 있는 실정이다.

예를 들면, 오프라인에서의 후보입지 정보는 주로 부동산 중개업소, 상가분양 사무소, 창업컨설팅 기업, 지역생활정보지 등을 통해 유통된다. 온라인상에서의 후보입지 정보는 상가중개용 앱(예 네모, 부동산플래닛 등)의 활용도가 점점 커지고 있다.

스마트폰에서 쉽게 사용할 수 있는 앱의 활성화에도 불구하고 온라인 상가 중개는 여전히 부동산 프랜차이즈 포털사이트(예 네이버 부동산, 부동산 114, 스피드뱅크, 부동산뱅

그림 7-4 부동산 중개 사이트 '네이버 부동산'
자료 : 네이버 부동산.

크)를 이용하는 사례가 많다.

이와 같이 오프라인과 온라인에서 점포 정보를 제공하는 곳을 일반적으로 '점포개발 정보원'이라고 한다. 점포개발 정보원이 갈수록 다양해지고 있는 점을 고려할 때 어떤 정보원을 활용할지는 각각의 정보원이 가지는 장·단점을 비교해서 결정한다. 다만 자신의 상황에서 가장 유리한 정보원을 활용할 필요가 있다. 예를 들면, 점포에 '주인직접 임내'라는 문구를 보고 직접 짐포주와 연락하여 임대차계약을 체결한디고 가정해 보자. 직접 거래를 통해 창업자는 부동산 중개 수수료를 절약하게 되고 또 한편으로는 부동산 중개업소들이 임의로 착복할지 모르는 바닥권리금 등의 피해를 줄일 수 있다.

다만 점포주로 믿고 계약을 체결한 임대인이 실제 점포주가 아닐 경우라든가 소유권 이외의 권리문제(과다한 근저당 설정, 가압류, 가등기) 미확인 등으로 인하여 발생하는 문제점은 스스로 책임을 지는 위험을 감수해야 한다. 만약 부동산 중개업소를 통해 계약을 체결한다면 이러한 문제에 대한 책임을 중개인에게 물을 수 있고, 사전에 중개인이 충분히 방지하려는 노력을 한다는 측면에서 위험을 회피할 수 있다.

최근에는 창업컨설팅이라는 브랜드를 걸고 상가점포를 전문적으로 중개하는 인터넷 사이트가 다수 생겨나고 있다. 특정 업체의 경우 하부조직을 갖추고 다수의 사이트를 개설하여 창업컨설팅과 점포 중개를 병행하는 사례가 있다. 대부분의 업체가 '점포개발

그림 7-5 창업컨설팅 기업의 점포 중개 사례 1

자료 : 한국창업연구소 홈페이지.

그림 7-6 창업컨설팅 기업의 점포 중개 사례 2

자료 : KS창업원 홈페이지.

전문창업컨설턴트'라는 슬로건을 내걸고 영업 중이다. 이러한 정보원을 활용하는 경우, 전문성을 갖춘 컨설턴트의 도움을 받게 되어 저렴한 비용으로 성공적인 창업이 가능한 경우가 있지만 자칫 과다한 컨설팅 비용을 지불하게 되거나 또는 실제 시세보다 높은 권리금을 지불하게 되는 경우가 있으므로 창업자의 신중한 판단이 필요하다.

4 투자금액과 비용 조사 및 비교

다양한 오프라인 및 온라인의 점포개발 정보원을 이용하여 수집한 매물을 대상으로 〈표 7-3〉과 같이 각 점포의 개요와 임대차조건을 정리한다. 조사표에는 점포의 주소와 위치, 임대차 조건, 현재 또는 직전 점포의 운영 현황 등을 기입한다.

각 점포별로 조사한 정보를 비교하여 3~5개의 후보점포를 선별하는 작업을 한다. 매물 정보는 〈표 7-4〉와 같은 양식을 이용하여 투자금액과 비용을 비교한다.

상권 내 모든 임차(매입) 가능 물건에 대한 권리금부터 관리비까지 정확하게 조사한

표 7-3 점포 개요 및 임대차조건 조사표 사례

구분	물건명	내용		
점포 개요	주소 및 위치	경기도 안양시 동안구 범계동 ○○번지, 범계 사거리 100m 지점		
	정보원	A부동산 중개업소		
	총 층수/ 점포 층수	10층 건물/1층 점포	임대면적/실면적	80/40평
	건물 전면 넓이	8m	계단 위치	내부계단
	출입구 위치	건물 정면	점포 내 기둥 유무	없음
임대차 조건	권리금/수취인	1억 원/기존 임차인	월세(기존)	300만 원(250)
	보증금(기존)	5,000만 원(4천)	월 관리비	60만 원/월
	합계	1억 5,000만 원	평당 기본관리비	5,000원/평
현재 점포현황	업종	한식전문점	업태(테이블 단가)	캐주얼(35,000원)
	영업기간	3년	일평균 매출	50만 원
	영업시간	오전11시~오후10시	종업원 수(주방/홀)	6명(3/3)

표 7-4 전체 매물 비교표

구분	정보원	주소	권리금	보증금	임차료	관리비
입지 1						
입지 2						
입지 3						
입지 4						
입지 5						
입지 6						
입지 7						
입지 8						
입지 9						
입지 10						
검토 결과						

표 7-5 전체 매물의 투자비와 월 비용을 비교하여 최종 선정한 후보입지 사례

후보입지	주소
입지 A	경기도 안양시 동안구 호계동 100-○
입지 B	경기도 안양시 동안구 범계동 100-9
입지 C	경기 안양시 동안구 호계동 100-2번지

후, 목표 임대차 조건표와 비교하면 자신의 창업에 적합하다고 판단되는 후보 점포를
〈표 7-5〉와 같이 선별할 수 있다.

창업을 위해 점포를 임차하는 행위는 다양한 임차 관련 비용을 발생시킨다. 그리고
이러한 비용은 곧 사업의 주요 원가가 된다. 임차 관련 비용은 권리금, 임차보증금, 월임
차료, 관리비 등 네 가지로 분류할 수 있으며, 세부적인 내용을 살펴보면 〈표 7-6〉과
같다.

표 7-6 점포임차에 소요되는 투자비와 비용

구분	내용
권리금	• 지속적인 영업을 통하여 발생된 무형적인 이익, 영업에 필요한 내부 인테리어 등에 대한 사용 이익을 포함한 비용으로 기존 임차인에게 지급하는 금액 • 법률적인 근거를 제시할 수 없으며, 관행적으로 지급하는 비용
임차보증금	• 계약이 만료되는 시점에서 반환받을 수 있는 금액
임차료	• 임차인이 임대인에게 건물 사용에 대한 대가로 매월 지급하는 임대차 비용
관리비	• 건물과 시설 등을 관리하는 데 소요되는 비용(시설 유지보수비, 관리 인력 인건비 등)
중개수수료	• 임대차 계약을 중개한 부동산 중개인에게 지급하는 수수료

1) 임차보증금

임차보증금은 '타인의 부동산 또는 동산을 월세 등의 조건으로 사용하기 위하여 지급하는 보증금'을 의미한다. 보통 사업을 위한 임대차계약 시점에서 향후 매월 후불로 지급하게 될 월임차료의 지급을 보증하기 위한 목적으로 일시에 임차인이 임대인에게 지불하는 보증금의 성격을 갖는다. 따라서 임차인이 월임차료, 관리비 등을 연체하는 경우 임차보증금에서 차감하게 된다. 임차보증금은 통상 1~2년 임차료의 합계금액 정도가 된다.

2) 월임차료

'당사자의 일방이 상대방에 대해서 어떤 물건의 사용 및 수익을 허용하고 상대방이 이에 대해서 대가를 지불할 것을 약정하는 것에 의해서 성립된 계약을 일반적으로 임대차라고 하고, 이 임대차에 의하여 임차인이 임대인에게 지급하는 대가의 총칭을 '임차료'라고 한다. 이때 임차료는 통상 한 달에 한 번씩 지불하는 것이 상관례이므로 월임차료라는 표현을 사용한다. 그리고 이와 같은 임차료는 임대인 입장에서 본다면 월임대료가 된다.

일반적으로 계약일로부터 1개월 이후부터 임차인이 임대인에게 지불하게 되는 점포의 사용대가로 외식사업자의 경우 식재료비와 인건비 다음으로 큰 비중을 차지하는 비용이다. 외식업의 경우 월임차료는 3일분의 매출액을 초과하지 말 것을 권장하고 있다. 즉, 월매출액의 10%를 초과하지 않는 범위 내에서 점포를 임차해야 한다는 것이다. 물론 이런 권장사항이 꼭 지켜져야 하는 것은 아니므로 자신의 상황에 따라 적절하게 고려하면 된다.

월임차료 금액은 통상 부가가치세를 포함하지 않은 금액이므로 예를 들어, 월임차료가 300만 원이라고 한다면, 임차인이 실제 지불할 금액은 부가가치세 10%를 포함한 330만 원이 됨을 잊지 말아야 한다. 물론 임차료와 함께 지불한 부가가치세는 매입세액이 되어 향후 사업을 통해 발생한 부가가치세 매출세액에서 공제받을 수 있다.

3) 관리비

관리비는 '건물이나 시설의 관리에 관한 비용'을 의미한다. 이를 구체적 항목으로 살펴보면 감가상각비, 지대, 차입금 이자, 공과금, 수선비, 보수 점검비, 운전·청소비, 인건비, 동력용 수도광열비, 용도품비, 잡비 등으로 이루어진다. 대규모 집합건물의 경우 규모가 클수록 단위 면적별 관리비가 많이 산정되는 경우가 있다. 따라서 임대차계약 전에 자세히 파악하고 비교하여 타 건물에 비하여 과다하지 않은지 판단한다. 점포를 임차하는 경우 관리비가 있는지, 만약 관리비를 지불해야 한다면 기본금액이 얼마이고 수도광열비 등과 합산되어 납부하는 것인지 등 세부적인 내용을 확인하는 것이 필요하다. 경우에 따라서는 점포의 월임차료보다 월관리비가 더 많이 지출되는 경우가 있다.

대형 건축물의 점포일수록 관리비가 비싸고, 소규모 건물의 경우 별도의 관리비가 없는 경우가 있다. 임차면적 264평방미터(80평), 전용면적 132평방미터(40평)인 동일 규모의 점포를 임차하여 경쟁하는 두 개의 점포가 있다고 가정해 보자. A점포는 평당 기본관리비가 5,000원이라서 매달 40만 원의 기본관리비를 납부하지만 B점포는 관리비가 없어서 추가로 지불하는 비용이 40만 원 절감된다. 따라서 두 점포의 경쟁력에서 A점포는 큰 타격을 받게 된다. 왜냐하면 B점포는 절감되는 비용으로 가격인하를 하거나, 음식의 품질을 높이거나, 추가적인 판매촉진 활동을 할 수 있기 때문이다.

4) 권리금

권리금이란 '점포 등을 빌리는 임차인이, 점포를 빌려주는 임대인에게 내는 임차료 외에, 임차인이 전 임차인에게 내는 관행상의 금전'을 의미한다. 전 임차인이 요구하는 권리금은 대상 부동산에 설치한 설비나 개량비용, 장사가 잘되어 수익이 보장되는 보이지 않는 대가 등이 포함된다. 임차인은 전 임차인에게 지급한 권리금을 추후 임대인에게 청구할 수 없다. 이것은 그 부동산이 발생시키는 특수한 장소의 이익 대가로서 별도로 내는 것이기 때문이다. 상황에 따라서 권리금은 점포의 임차보증금보다 더 많을 수도 있다. 권리금은 그곳의 영업시설·비품 등 유형물이나 거래처, 신용, 영업상의 노하우 또는 점포 위치에 따른 영업상의 이점 등 무형의 재산적 가치의 양도 또는 일정 기간 동안의 이용대가이다. 즉 전 임차인이 점포를 타인에게 양도하기 때문에 포기해야 하는 시설비와 영업권이다.

국내에서는 권리금을 특별히 어떻게 해야 한다고 정한 법률이 없었으나 2015년 「상가임대차보호법」이 개정되면서 권리금의 정의, 권리금의 회수기회 보호, 권리금 적용 제외, 표준권리금 계약서의 작성 등의 조항이 신설되었다.

(1) 「상가임대차보호법」의 권리금 정의

「상가임대차보호법」 제10조의3에서는 권리금을 '임대차 목적물인 상가건물에서 영업을 하는 자 또는 영업을 하려는 자가 영업시설·비품, 거래처, 신용, 영업상의 노하우, 상가건물의 위치에 따른 영업상의 이점 등 유형·무형의 재산적 가치의 양도 또는 이용대가로서 임대인, 임차인에게 보증금과 차임 이외에 지급하는 금전 등의 대가를 말한다.'고 정의하고 있다. 그리고 권리금 계약을 '신규임차인이 되려는 자가 임차인에게 권리금을 지급하기로 하는 계약을 말한다.'고 규정하였다.

(2) 권리금 회수기회의 보호

「상가임대차보호법」 제10조의4(권리금 회수기회 보호 등)의 내용은 다음과 같다.

① 임대인은 임대차기간이 끝나기 6개월 전부터 임대차 종료 시까지 다음 각 호의 어느 하나에 해당하는 행위를 함으로써 권리금 계약에 따라 임차인이 주선한 신규임차인이 되려는 자로부터 권리금을 지급받는 것을 방해하여서는 아니 된다. 다만, 제10조 제1항 각 호의 어느 하나에 해당하는 사유가 있는 경우에는 그러하지 아니하다. 〈개정 2018. 10. 16.〉

  1. 임차인이 주선한 신규임차인이 되려는 자에게 권리금을 요구하거나 임차인이 주선한 신규임차인이 되려는 자로부터 권리금을 수수하는 행위

  2. 임차인이 주선한 신규임차인이 되려는 자로 하여금 임차인에게 권리금을 지급하지 못하게 하는 행위

  3. 임차인이 주선한 신규임차인이 되려는 자에게 상가건물에 관한 조세, 공과금, 주변 상가건물의 차임 및 보증금, 그 밖의 부담에 따른 금액에 비추어 현저히 고액의 차임과 보증금을 요구하는 행위

  4. 그 밖에 정당한 사유 없이 임대인이 임차인이 주선한 신규임차인이 되려는 자와 임대차계약의 체결을 거절하는 행위

② 다음 각 호의 어느 하나에 해당하는 경우에는 제1항 제4호의 정당한 사유가 있는 것으로 본다.

  1. 임차인이 주선한 신규임차인이 되려는 자가 보증금 또는 차임을 지급할 자력이 없는 경우

  2. 임차인이 주선한 신규임차인이 되려는 자가 임차인으로서의 의무를 위반할 우려가 있거나 그 밖에 임대차를 유지하기 어려운 상당한 사유가 있는 경우

  3. 임대차 목적물인 상가건물을 1년 6개월 이상 영리목적으로 사용하지 아니한 경우

  4. 임대인이 선택한 신규임차인이 임차인과 권리금 계약을 체결하고 그 권리금을 지급한 경우

③ 임대인이 제1항을 위반하여 임차인에게 손해를 발생하게 한 때에는 그 손해를 배상할 책임이 있다. 이 경우 그 손해배상액은 신규임차인이 임차인에게 지급하기로 한 권리금과 임대차 종료 당시의 권리금 중 낮은 금액을 넘지 못한다.

④ 제3항에 따라 임대인에게 손해배상을 청구할 권리는 임대차가 종료한 날부터 3년 이내에 행사하지 아니하면 시효의 완성으로 소멸한다.

⑤ 임차인은 임대인에게 임차인이 주선한 신규임차인이 되려는 자의 보증금 및 차임을 지급할 자력 또는 그 밖에 임차인으로서의 의무를 이행할 의사 및 능력에 관하여 자신이 알고 있는 정보를 제공하여야 한다.

(3) 권리금 적용 제외

「상가건물임대차보호법」의 제10조의5(권리금 적용 제외)에서는 다음과 같은 경우는 권리금 회수기회의 보호에서 예외를 인정하고 있다.

1. 임대차 목적물인 상가건물이 「유통산업발전법」 제2조에 따른 대규모점포 또는 준대규모점포의 일부인 경우 (다만, 「전통시장 및 상점가 육성을 위한 특별법」 제2조 제1호에 따른 전통시장은 제외한다)

2. 임대차 목적물인 상가건물이 「국유재산법」에 따른 국유재산 또는 「공유재산 및 물품 관리법」에 따른 공유재산인 경우

(4) 표준권리금계약서 작성 등

「상가건물임대차보호법」 제10조의6(표준권리금계약서의 작성 등)은 '국토교통부장관은 임차인과 신규임차인이 되려는 자가 권리금 계약을 체결하기 위한 표준권리금계약서를 정하여 그 사용을 권장할 수 있다.'라고 규정하고 있다.

그림 7-7 한국공인중개사협회 홈페이지의 중개보수 요율표 화면
자료 : 한국공인중개사협회 홈페이지.

5) 중개수수료

중개수수료는 부동산중개업자가 중개를 한 대가로 받는 보수를 의미한다. 상한요율은 1천분의 9 이내에서 중개업자가 정한 상한요율 이하에서 중개의뢰인과 개업공인중개사가 협의하여 결정하며, 중개 시점에서 「공인중개사법」, 한국공인중개사협회 홈페이지, 시도 조례를 확인한다.

5 점포특성 조사

조사자는 앞에서 확정된 후보입지를 대상으로 각 입지에 대한 점포 조건과 시설 조건을 〈표 7-7〉의 내용과 같이 세부적으로 조사한다. 다만 본 사례는 음식점 예비창업자를 가정한 내용이므로 실제 조사하는 항목은 조사자의 분석 목적에 따라 변경이 될 수 있다.

표 7-7 점포특성 조사 항목 사례

구분		내용
점포특성	점포 조건	• 점포 구조(면적, 형태, 간판) • 임차 조건(시설 조건, 업종 구성, 주차장 현황, 운영 현황, 점포 이용 인구특성, 업종 구성) • 점포이력 확인
	시설 조건	• 건물 내·외부의 하자 여부와 하자 발생 가능성 • 전기용량, 도시가스, 상하수도, 공조시설, 화장실 등

1) 점포조건

입지분석을 위해 조사해야 할 점포조건은 건물면적, 형태, 간판 유무와 위치, 시설 조건, 업종 구성, 주차장 현황, 점포 운영현황과 이력, 점포 이용 인구특성, 점포 내 업종 구성 등과 같은 변수이다. 구체적인 조사 사례는 〈표 7-8〉과 같다.

　점포조건 조사에서 반드시 포함시켜야 하는 항목으로 '점포이력'이 있다. 점포이력 확인이란 조사대상 점포가 신축 후 지금까지 어떤 업체가 얼마의 기간 동안 사업을 영위하였는지 기록을 확인하는 것을 의미한다.

　〈그림 7-8〉은 안양시 범계동 상권의 점포 이력조사를 위하여 소상공인 상권정보시

표 7-8 후보입지에 대한 점포조건 비교표

항목		내용			비고
		입지 A	입지 B	입지 C	
건물 면적		132m²/40평	198m²/60평	132m²/40평	
층수		2층	2층	1층	
점포 모양		사각	직사각	직사각	
건물 노후도		상	중	중	
출입구 위치		건물후면	건물후면	건물전면	
출입구 높이		2.5m	2.5m	3m	
간판 위치		대로변과 주도로	분수대관장	도로면	
간판 길이		25m	20m	7m	
돌출간판		2개	1개	1개	
건물면 돌출 정도		평행	평행	평행	
창문 유무		전면	전면	전면	
외관 길이		25m	20m	7m	
건물의 업종 구성	3층	주점	호프	호프	
	2층	후보지	후보지	커피	
	1층	부동산	화장품	후보지	
	지층1	주차	주차	주차	
엘리베이터 유무		유	유	유	
계단 유입 유무		유	유	무	
계단 넓이/경사도		1.5m/중간	1.5m/중간	무	
화장실 위치		내부	내부	공용	
창고		무	내부	내부	
환기시설		무	유/추가시설요	유/추가시설요	
주차대수		건물공용	무/외부공용	건물공용	
의견					

그림 7-8 시장 분석 : 점포이력 조사 사례 1
자료 : 소상공인시장진흥공단 상권정보시스템.

**그림 7-9 시장 분석 : 점포이력 조사
사례 2**
자료 : 소상공인시장진흥공단 상권정보시스템.

스템의 '시장분석-점포이력'을 분석한 결과이다. 지도에서 조사하려는 점포를 클릭하면 〈그림 7-9〉와 같은 세부적인 충별 점포이력을 확인할 수 있다.

점포이력을 조사하는 이유는 이전의 점포들이 어떤 업종으로 얼마나 사업을 영위하였는지 확인하여 만약 사업기간이 특별히 짧았다고 생각되는 경우 어떤 이유로 폐업을 하게 되었는지를 확인하기 위함이다.

2) 시설조건

점포조건 항목들이 대부분 점포의 외부에서 조사가 가능한 내용이라면 시설조건 항목은 건물 내·외부의 하자 여부와 하자 발생 가능성, 전기용량, 도시가스, 상하수도, 공조시설, 화장실 등과 같이 점포의 내부에서 확인해야 하는 내용이 주를 이룬다. 특히 음식점을 위한 점포의 경우 다음과 같은 점에 유의해야 한다.

- 음식업의 경우 전기를 많이 사용하는 업종이라면 기본적인 전기 사용량으로는 용량이 부족할 수 있으므로 기존이 '계약전력'을 확인한다.
- 기존의 '계약전력'으로 전기용량이 부족하다면, 전기 승압을 해야 한다. 한국전력공사 고객센터로 확인한다.
- 도시가스의 경우에도 비용적인 측면에서 저렴하여 많이 사용하고 있는데 건물 내부까지 연결되지 않았다면 300~500만 원가량의 비용이 발생하게 된다.
- 상하수가 설치되어 있지 않다면 추가적인 비용이 발생하므로 사전에 충분히 설치 비용에 대해 확인하고 건물주와 상의한다.
- 화장실은 정화조의 용량을 확인해야 한다. 건물의 전체 용량을 확인하여 자신이 창업하려는 업종이 가능한지 알아본다. 건축물대장과 구청 위생과에서 확인 가능하다.

계약전력을 증설해야 하는 경우는 한국전력공사의 사이버 지점(http://cyber.kepco.co.kr)의 '자주하는 질문' 메뉴에서 아래와 같이 자세한 내용을 확인할 수 있다.

계약전력 증설

계약전력을 증설하는 경우는 전기공사면허업체를 선정하여 내선공사를 한 후 전기사용 신규신청과 동일하게 신청하면 됨. "사이버지점 → 신청·접수 → 업무찾기"에서 "전기사용신청(증설)"을 검색하여 신청 가능하며 관할 한전지사에 내방 또는 우편·FAX로 신청하거나 전기공사업체를 통한 대행신청도 가능함.

※ 계약전력을 변경한 후 1년 이내에는 특별한 사정이 없는 한 계약전력을 감소시킬 수 없음

[구비서류]

① 주택용 및 계약전력 5kW 이하 : 전기사용신청서 I(한전양식) – 구비서류 없음

※ 단, 사용자(임차인 등) 명의로 신청 시에는 전기사용신청서에 소유자의 날인을 받아 임대차계약서 사본과 함께 제출해야 함

② 계약전력 6kW 이상 : 전기사용신청서 II(한전양식, '사이버지점 → 신청·접수 → 서식자료실'에서 다운로드)

※ 단, 건물소유자가 아닌 사용자(임차인 등) 명의로 신청 시에는 전기사용신청서의 전기사용란 밑에 소유자 날인 후 임대차계약서 사본 첨부 및 신청서 뒷면의 전기요금 연대보증각서에 소유자 인감 날인 후 인감증명서 첨부(또는 소유자 자필 서명 시 한전 방문 및 소유자 주민등록증 사본 제출)

　– 주민등록증 사본

　– 건축허가서 사본, 건축물관리대장, 건물등기부등본 중 하나

　– 사용전점검신청서 및 전기설비단선결선도(사용전 점검 수행기관이 안전공사인 경우 사용전점검 필증 제출)

　– 사업자등록증 사본(산업용 및 세금계산서 필요고객에 한함) : 사용전검사필증 사본 및 내선설계도(자가용 전기설비 고객에 한함)

　– 사용설비 및 콘덴서 내역(전기사용신청서 뒷면 활용)

※ 사용전점검신청서와 전기설비단선결선도(옥내배선도)는 사용전점검 희망일 3일 전까지 제출해야 하며, 사업자등록증 사본, 사용전 검사실시 확인서는 전기사용개시 전까지 제출하면 되고, 사업자등록증 사본을 전기사용개시 전까지 제출하지 못하는 경우에는 주민등록증 사본 또는 다른 전기사 용장소의 사업자등록증 사본(사업체 이전의 경우)의 제출도 가능(단, 사업자등록증 발급 즉시 그 사본 제출)

자료 : 한국전력공사 홈페이지.

세심하게 시설조건을 조사한 후 〈표 7–9〉와 같은 양식에 기입하여 비교한다.

표 7-9 시설조건 비교표

구분	입지 A	입지 B	입지 C
계약전력	20kW(10kW 증설 필요)		
도시가스	건물 내 사용 가능(점포 인입 필요)		
화장실(정화조 용량)	재시설 필요(140인 이상 충족)		
상수도	이상 없음		
하수도	배관 지름 점검 필요		
공조시설	중앙집중식(신규 설치 필요)		
간판	전면 사용 중이며 소유권 이상무		
「소방법」 등 기타 법률상 문제점	없음		

6 입지특성 조사

입지특성은 입지의 지리적 특성(가시성, 접근성, 홍보성, 인지성, 호환성, 보완성, 주차편의성)과 입지의 기능적 특성(집객성, 단절성, 유동인구 소비특성, 경쟁관계, 지역용도)으로 구분하여 조사한다.

1) 입지의 지리적 특성

입지의 지리적 특성에는 '가시성, 접근성, 홍보성, 인지성, 호환성, 보완성, 주차편의성'이 있다. 한 가지씩 구체적으로 살펴보자.

(1) 가시성

입지의 가시성이란 '점포 전면을 오고 가는 고객이 그 점포를 쉽게 발견 할 수 있는지의 척도'를 의미한다. 우리가 점포를 지나다 보면 어떤 점포는 눈에 잘 띄고, 어떤 점포는 잘 보이지 않는다. 바로 이 점이 가시성 때문이다. 점포가 소비자의 눈에 얼마나 잘 보이는가의 척도는 지리적 특성 중 가장 중요한 요소이다. 입지조건의 최우선은 가시성이 좋은 곳이라 할 수 있다. 예를 들면, 다음과 같은 사례를 살펴보자.

- 건물의 좌측과 우측의 경계면보다는 점포의 전면이 길거나 볼록하게 튀어나온 건물의 1층은 눈에 잘 보인다. 그래서 일반적으로 예비창업자들은 1층 점포를 선호한다. 점포를 구하다 보면 1층 점포의 임차료가 동일 건물의 2층 이상보다 면적 대비 2배 이상 비싼 것을 알 수 있다. 즉, 가시성이 임차료에 영향을 미친다.
- 넓은 유리창의 점포가 좁은 유리창의 점포보다 가시성이 좋다. 당연한 결과이다. 눈에 잘 띄게 될 것이 명확하기 때문이다.
- 가로수가 점포의 간판이나 전면을 가리는 경우에는 가시성이 떨어진다. 겨울과 봄에

는 가시성이 뛰어났던 점포가 여름과 가을에는 울창한 가로수로 인해 모두 가려진다. 결국 가시성이 떨어지는 점포가 된다. 특히 2층의 경우 나무의 특성상 상부가 울창하므로 점포 선정 시 특히 유의해야 한다. 가시성이 떨어지는 점포는 소비자에게 인식되는 데 많은 시간과 비용이 소요된다.

- 가시성이 떨어지는 점포의 문제를 극복하기 위한 방법으로 간판을 포함한 점포 외부의 파사드 또는 익스테리어를 강조할 수 있다. 가로수가 문제되는 경우 사전에 잘 확인하고 편법을 쓰기보다는 구청에 가지치기를 요구한다.

(2) 접근성

접근성이란 '소비자가 점포를 방문하게 될 가능성의 척도'를 의미한다. 즉 '얼마나 그 점포를 쉽게 찾아 올 수 있는가를 판단하는 척도'이다. 점포 진입이 쉬우면 접근성이 좋다는 것이고 고객이 접근하기 편리하다는 것이다.

집합건물의 경우 건물 내에서도 계단이나 장애물 등에 의해 고객의 접근이 방해되는 것이 없는지 확인한다. 또한 가시성이 좋은 점포를 보고 방문했는데 입구 위치를 찾기 힘들다거나 입구는 찾았는데 들어가는 통로가 미로처럼 되어 있는 경우는 접근성이 좋지 않은 경우이므로 주의가 필요하다.

접근성은 '멀리서 찾아오는 고객이 쉽게 찾을 수 있거나 차량을 이용하여 방문하는 고객의 편리성'을 의미하기도 한다. 다음의 두 가지 사례를 통해 접근성의 개념을 더욱 명확히 이해해야 한다.

- 차량을 이용해 점포를 찾아오는 경우, 대형 빌딩은 주차장에서 점포까지 오는 길이 찾기 힘들거나 불편함을 초래하면 고객에게 좋지 않은 인식을 심어 줄 수 있다. 차량의 접근이 용이하려면 주차장 입구에 안내직원이나 인도에 차량 진입구가 안내되어 있어야 한다.
- 도보 또는 대중교통을 이용하여 방문하는 고객을 위해서는 지하철역, 버스정류장과 거리가 가깝고 쉽게 찾을 수 있어야 한다.

(3) 홍보성

홍보성이란 '사업 시작 후 고객에게 어떻게 유효하게 점포를 알릴 수 있을 것인가'를 의미한다. 홍보성은 가시성과도 밀접한 관련이 있다. 가시성이 점포의 외형적 특성에 좌우된다고 할 때, 홍보성은 간판과 연관지을 수 있다. 점포의 가시성은 뛰어난데 간판을 설치할 수 없는 경우가 있다. 예를 들면, 3층 이상은 간판을 달 수 없도록 하는 법규나 조례가 적용되는 경우이다. 이때는 점포가 무엇을 판매하는 매장인지 알 수 없어 고객과의 소통이 단절될 수 있다. 또한 돌출간판의 경우 측면에서 잘 보이는 위치에 있을 경우 홍보성이 뛰어나지만 반대방향에서는 전면간판을 가려 홍보성을 떨어뜨릴 수 있다. 그렇다면 다음과 같은 다양한 사례를 통해 홍보성을 높이는 전략을 고민해 보자.

- 점포의 홍보에 영향을 미치는 요인으로는 간판의 크기, 위치, 점포 위치, 유동인구 통행량, 건물의 집객력 등이 있다.
- 간판은 점포의 홍보에 가장 중요한 역할을 담당하는 도구이다. 따라서 크기와 위치를 주의 깊게 살펴야 한다. 간판을 통하여 점포의 위치를 노출시킬 수 있으며, 잠재고객들에게 점포의 업종과 업태를 효과적이고 효율적으로 알릴 수 있다.
- 점포의 전면이 넓고, 평면간판의 위치가 좋으며 돌출간판까지 설치할 수 있는 점포가 홍보성 측면에서 유리한 점포이다.

(4) 인지성

인지성은 가시성과 연관이 있는 특성이다. 입지의 인지성은 '점포를 찾아오는 고객에게 점포의 위치를 얼마나 쉽게 설명 할 수 있느냐의 정도'를 의미한다. 추가로 소비자가 점포를 인지하고 기억하기 쉬운 정도를 의미하기도 한다. 따라서 앞서 설명한 홍보성과 깊은 연관이 있다. 일반적으로 가시성, 인지성, 홍보성은 명확하게 구분이 곤란하여 하나의 특성으로 결합하여 측정하기도 한다. 다음과 같은 사례를 통해 인지성에 대한 이해를 높일 수 있다.

- 점포의 위치를 쉽게 설명하기 위해서는 주변에 대표적인 건물이나 시설, 유명 브랜드

매장이 있는 것이 유리하다.

- 인지성이 떨어지는 점포의 경우 사전에 점포의 위치를 설명하기 쉽게 정리하여 홈페이지, 네이버 플레이스, 페이스북, 인스타그램 등의 다양한 매체에 게시한다.

(5) 호환성

호환성이란 '점포에 입점 가능한 업종과 업태의 다양성 정도를 나타내는 척도'이다. 어떤 입지의 경우 소매업으로 성공하였으나 서비스업, 외식업 등 다른 업종으로 사업을 하더라도 성공 가능성이 크다면 호환성이 좋다고 할 수 있다. 패스트푸드, 캐주얼 다이닝, 파인 다이닝 등 다양한 업태의 점포가 모두 성공 가능성이 높으면 호환성에서 높은 점수를 얻을 수 있다. 그에 반하여 어떤 입지는 업종과 업태 선택의 폭이 좁아서 호환성이 떨어질 수 있다. 따라서 다음과 같은 점을 고려하여 가능한 한 호환성이 좋은 입지를 선택하도록 노력한다.

- 다양한 업종과 업태로 성공 가능성이 높은 입지는 사업위험 관리가 용이하다.
- 업종과 업태 선택의 폭이 넓은 경우 업종 변경이 쉽다.
- 실패로 인한 폐업 시 매수자를 찾아서 양도·양수하기 쉽다.

(6) 보완성

보완성이란 '선택한 업종과 업태가 주변의 점포와 잘 어우러져서 나타나는 시너지의 정도를 나타내는 척도'이다. 예를 들어, 오피스 상권에서 커피전문점을 창업한다면 동일건물 또는 가까운 입지에 직장인들이 점심식사를 하기 위해 많이 찾는 점포가 있는 경우 보완성이 우수하다고 할 수 있다. 다음과 같은 점을 고려하여 보완성이 뛰어난 입지를 선택하도록 노력한다.

- 상권에 따라서 점포 사이의 상관관계가 높은 업종이 다를 수 있다. 자신이 선택하려는 상권과 업종으로 시너지 효과를 낼 수 있는 업종이 어떤 것이 있는지 확인한다. 예를 들면, 강남역 상권에서 죽 전문점은 성형외과와 보완성이 높은 것으로 나타난다.

- 소비자 특성에 따라서 점포 사이의 상관관계가 높은 업종이 다를 수 있다. 자신이 선택하려는 목표고객의 특성을 고려하여 시너지 효과를 낼 수 있는 업종이 어떤 것이 있는지 확인한다. 예를 들면, 주부의 경우 소매점과 커피전문점의 보완성이 높고 직장인의 경우 간단하게 식사를 할 수 있는 음식점과 커피전문점의 보완성이 높은 것으로 나타난다.
- 대형 상업시설에 입점하는 경우 보완성이 성공의 주요 변수가 되므로 특히 주의한다.

(7) 주차편의성

소비자가 구매행동을 하기 위해 더 많은 고민을 할수록 주차편의성의 중요도는 높아진다. 예를 들면, 패스트푸드 레스토랑보다 파인 다이닝을 이용할 때 주차가 중요해지고 편의품보다 전문품을 구매할 때 주차편의성이 점포 결정에 큰 영향을 미친다. 즉 주차 가능 여부에 따라 구매의사결정이 변할 수 있으므로 다음과 같은 점을 고려한다.

- 주차장이 없는 경우 주변의 공용 주차장을 이용하도록 안내 표지를 하고 주차장까지의 거리가 먼 경우 주차 지원 서비스(발레파킹)를 도입한다.

> **발레파킹([프랑스어]valet, [영어]parking)**
>
> 호텔, 백화점, 음식점과 같은 서비스업체 등의 주차장에서 주차 요원이 손님의 차를 대신 주차하여 주는 행위

2) 입지의 기능적 특성

입지의 기능적 특성이란 '입지 자체의 특성이 아닌 입지와 주변환경의 상호작용에 따라 나타나는 특성'을 의미한다. 주로 '집객성, 단절성, 유동인구 소비특성, 경쟁관계, 지역용도'가 기능적 특성을 설명하는 데 활용되는 변수이다. 입지의 주변에 집객시설이 있으면 인지성이 높아지고 집객시설로 유입되는 목적성 고객들을 유인할 수 있다. 예를 들어,

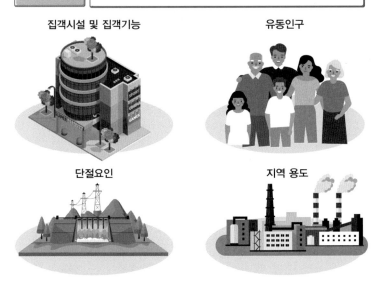

그림 7-10 입지의 기능적 특성

어떤 상권에 대형 상업시설이 개점하면 주변 입지에 많은 영향을 준다. 집객성으로 인하여 혜택을 받는 입지가 나타나고 단절성으로 인해 손해를 보는 입지도 있다. 입지의 기능적 특성을 파악하는 세부적인 내용으로 〈그림 7-10〉과 같은 항목들을 고려한다.

(1) 집객성

집객성이란 주변환경이 소비자들이 많이 모이도록 만들어 주는 특성을 의미한다. 예를 들면, 백화점, 극장, 관공서, 금융기관 등이 대표적인 집객시설로 알려져 있으며, 케이블카, 루지, 스카이워크와 같은 관광자원은 집객성을 높이는 시설이다.

(2) 단절성

단절성은 소비자가 모이는 것을 방해하는 특성을 의미한다. 예를 들면, 하천, 둑, 강, 공원 등과 같은 자연지형물을 비롯해서 철도, 6차선 이상의 도로, 경사, 계단, 화단, 쓰레기 처리장, 종합병원, 학교, 주유소, 카센터, 인공지형물이나 상점 등이 소비자가 입지로 접근하는 것을 방행하는 단절요인이 될 수 있다.

(3) 유동인구특성

대부분의 유동인구는 실제 소비를 하는 경우보다는 다른 목적지를 향해서 이동하는 경우가 많다. 따라서 입지분석을 할 때 유동인구 조사는 세밀하게 3차로 나누어서 진행한다. 상권으로 유입되는 유동인구의 유발지점을 파악하는 것이 유동인구 조사의 1차 조사이다. 2차 조사는 유입인구의 흐름을 찾아내는 것이다. 유동인구가 유발되는 지점에서 소비목적에 따라서 흐름이 달라질 수 있으므로 소비자 특성에 따라서 어떻게 움직이는지 동선을 파악한다. 3차 조사는 입지(점포) 전면의 유동인구를 조사하는 것이다. 유동인구 중 점포로 유입되는 고객 수와 특성 및 목적을 파악하는 것이 '입지분석'의 핵심이 될 수 있다. 유동인구조사에서는 유동인구의 수도 중요하지만 유동인구의 특성을 파악하는 것이 더욱 중요하다. 예를 들면, 여성 고객을 대상으로 하는 업종이라면 여성이 많은지, 30대 주부가 많은지를 포함하여 그들이 이동하는 목적이 무엇인지를 파악하는 것이 중요하다. 유동인구의 조사를 위하여 유의해야 할 내용을 정리하면 다음과 같다.

- 교통시설로부터의 쇼핑동선이나 생활동선을 파악한다.
- 주중, 주말, 휴일 등 최소 3회 이상 조사한다.
- 유동인구의 수보다 인구특성과 이동방향 및 목적 등이 더 중요하다.
- 조사시간은 영업시간대를 고려하여 설정한다.
- 조사시간대가 길어서 조사비용이 과다한 경우 일부 시간대만 조사하여 평균값으로 전체 시간을 추정한다.
- 점포 전면을 통행하는 유동인구 조사표를 만들어 정리한다.

(4) 지역용도

- 점포 주변지역의 용도에 관한 조사와 주변 집객시설에 관한 조사가 필요하다. 일반적으로 '상권분석' 단계에서 주로 이루어지지만 '입지분석' 단계에서 좀 더 세심하게 검증한다.

표 7-10 점포 전면을 통행하는 유동인구 조사표

구분		남자					여자					합계
		10대 이하	20대	30대	40대	50대 이상	10대 이하	20대	30대	40대	50대 이상	
평일	11시~15시											
	15시~17시											
	17시~22시											
	종합의견	유동인구가 점포로 유입되는 현황 등 점포 전면의 통행인구에 대한 종합적인 의견을 정리함										
주말	11시~15시											
	15시~17시											
	17시~22시											
	종합의견	유동인구가 점포로 유입되는 현황 등 점포 전면의 통행인구에 대한 종합적인 의견을 정리함										

주) 연령을 너무 세분화할 필요가 없는 경우 식별 가능한 수준으로 분류 방법을 개발하여 사용함

- 일반적으로 점포 주변에 유사한 업종이 많거나 또는 너무 상반되는 업종만이 있는 경우에는 좋지 않은 입지이다.
- 주변 점포가 기술 위주의 업종이 많은 곳이나 저가 상품 위주인 곳은 그 지역이나 상권의 소비 수준이 매우 낮다는 것을 의미한다. 기술 위주의 업종으로는 세탁소, 지물포, 표구점, 세차장 등이 있다.
- 주변 점포의 간판이나 시설이 노후되어 있는 곳은 피하는 것이 좋다. 이는 주변 점포의 영업이 활성화되지 못하고 있는 것을 의미한다.

7 경쟁점 조사

경쟁점은 상권 및 입지분석에서 단절요인임과 동시에 창업하려는 점포의 비교대상이다. 경쟁점 조사는 세부적이고 내면적인 분석을 해야 하므로 세심한 접근이 필요하다. 경쟁력이 비슷한 수준의 경쟁점은 소비인구의 흐름을 단절시켜 매출을 나누는 결과를 초래한다. 하지만 점포의 규모가 크거나 강력한 콘셉트의 경쟁점이 점포 유입도로의 전면에

위치한다면 기존 점포는 상당한 타격을 받는다. 보통 경쟁점 조사를 할 때는 동일 상권에서 동종 업종을 대상으로 제품, 가격, 입지특성, 프로모션, 물리적 환경, 서비스, 인적 자원 경쟁력 등을 조사한다.

1) 경쟁점의 정의

경쟁점포를 조사하려면 먼저 경쟁점에 대한 정의를 명확히 해야 한다. 같은 상품과 제품을 판매하는 곳을 경쟁점이라고 할지, 아니면 동일한 가격대의 업종과 업태를 모두 경쟁점으로 정의할지를 결정해야 한다. 일반적으로 경쟁점이란 업태가 같은 점포를 의미한다. 업태는 서비스 수준과 가격대가 비슷한 유형의 점포를 의미한다. 다만 현장에서 경쟁점 조사를 위해 업태를 사용할 경우 매우 많은 점포를 조사해야 하는 문제가 발생한다. 따라서 실전에서는 비슷한 제품과 상품 또는 메뉴를 판매하는 점포만을 경쟁점으로 정의하고 조사한다.

손자병법 모공편의 '지피지기백전불태(知彼知己百戰不殆, 나를 알고 적을 알면 백번 싸워도 지지 않는다)'는 경쟁점을 분석하는 목적을 가장 잘 설명한 말이다. 경쟁점은 한정된 고객을 나누어 결과적으로 매출을 분할하는 상대이다. 상권력이 큰 쪽이 작은 상권력의 수 배의 힘을 발휘하는 것처럼 강한 경쟁력의 경쟁점은 주변 가망고객의 흡수력이 기하급수적으로 커진다. 또한 잠재적인 경쟁관계에도 주의해야 한다. 예를 들면, 치킨 전문점과 햄버거 전문점은 동일한 시간대의 동일한 니즈(needs)의 고객을 공유하게 되는 경우 경쟁관계가 될 수 있다. 경쟁점 조사는 추정매출액 산출의 기초자료가 되므로 다음과 같은 현장조사와 심층조사가 요구된다.

- 입지분석의 최종 목적인 매출액 추정을 통한 사업타당성 분석은 경쟁점포 조사를 통해 이루어진다.
- 경쟁점포의 위치와 수를 파악하기 위해서는 인터넷을 활용한 간접적인 방법과 직접적인 현장조사를 병행한다.

- 경쟁점포의 내부현황을 조사하기 위해서 영업시간, 정기휴일, 면적, 메뉴, 종업원 수, 촉진수단, 좌석수, 영업활성화 정도, 고객의 특성, 인지도 등을 파악한다.
- 미스터리 쇼핑을 통한 조사로 서비스 수준, 메뉴의 가격 및 맛, 메뉴의 구성 및 가치를 파악한다.
- 예상매출액 추정을 위해서 현장조사를 통한 추정, 식재료 납품업자나 주류납품업자를 통한 추정, 주변 점포나 부동산을 통한 추정 등의 방법을 사용한다.

〈그림 7-11〉은 소상공인시장진흥공단 상권정보시스템을 이용하여 안양시 범계역 상권의 '갈비/삼겹살' 업종의 경쟁점포를 조사한 사례이다.

〈그림 7-11〉 경쟁점포 목록 화면의 오른쪽 상단에는 '전체지도보기' 버튼이 있다. 이 버튼을 클릭하면 리스트에 표기된 점포의 위치가 지도 위에 표시된다(〈그림 7-12〉 참조). 해당 점포 위에 마우스를 올리면 점포의 상호를 확인할 수 있다.

선택업종 업소목록	유사업종 업소목록	주요/집객 시설목록	기업 목록	아파트 목록

상권 선택 ☑ 제1선택영역   검색
업종 선택 ☑ 전체   ☑ 갈비/삼겹살

· 선택업종 업소목록 [1/4 페이지]   전체지도보기 > 선택지도보기 >

번호	업종	업소명	주소	수정요청	선택
33	갈비/삼겹살	노마세야매운갈비찜	경기도 안양시 동안구 호계동 1044	수정요청	☐
32	갈비/삼겹살	늠뇌골생고기	경기도 안양시 동안구 호계동 1044-8	수정요청	☐
31	갈비/삼겹살	다맛골	경기도 안양시 동안구 호계동 1047-6	수정요청	☐
30	갈비/삼겹살	달인갈매기	경기도 안양시 동안구 호계동 1044-5	수정요청	☐
29	갈비/삼겹살	돈고래	경기도 안양시 동안구 호계동 1044-1	수정요청	☐
28	갈비/삼겹살	돈데이후레쉬	경기도 안양시 동안구 호계동 1046-6	수정요청	☐
27	갈비/삼겹살	돈또연탄초벌구이	경기도 안양시 동안구 호계동 1047-6	수정요청	☐
26	갈비/삼겹살	돌배기집	경기도 안양시 동안구 호계동 1044-7	수정요청	☐
25	갈비/삼겹살	마포갈매기	경기도 안양시 동안구 호계동 1047-4	수정요청	☐
24	갈비/삼겹살	맞짱소갈비살전문점	경기도 안양시 동안구 호계동 1047	수정요청	☐

그림 7-11 소상공인 상권정보시스템을 이용하여 조사한 경쟁점포 목록
자료 : 소상공인시장진흥공단 상권정보시스템.

네이버와 다음 등 포털사이트에서 제공하는 지도서비스를 이용해서 경쟁점의 수와 위치를 파악하는 것도 가능하다. 〈그림 7–13〉과 같이 강남역 상권에서 커피숍을 검색

그림 7-12 소상공인 상권정보시스템을 이용하여 조사한 경쟁점포 위치
자료 : 소상공인시장진흥공단 상권정보시스템.

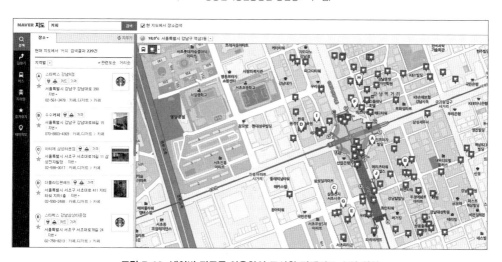

그림 7-13 네이버 지도를 이용하여 조사한 경쟁점포 수와 위치
자료 : 네이버 지도.

그림 7-14 베타서비스 중인 네이버 지도를 이용하여 조사한 경쟁점포 수와 위치

자료 : 네이버 지도.

하면 229건의 리스트가 검색되고 각 점포의 위치는 지도에 표시된다.

　베타서비스를 하고 있는 네이버 지도 서비스(〈그림 7-14〉 참조)에서는 카페 검색 결과에서 '스타벅스, 카페베네, 투썸플레이스, 이디야, 엔제리너스' 등의 특정 브랜드만을 별도로 파악할 수 있다.

2) 점포 사이의 경쟁 관계

점포창업과 경영에 있어서 경쟁관계가 반드시 나쁜 것만은 아니다. 상호 보완관계를 이루어 상권에서 유사업종의 활성화가 이루어지기도 한다. 물론 이런 상황은 상권의 크기가 충분하다는 전제조건이 충족되어야 한다. 업종에 따른 보완관계와 경쟁관계를 간략하게 정리하면 〈표 7-11〉과 같다.

표 7-11 점포 사이의 경쟁 관계

구분	내용
업종에 따른 보완과 경쟁	보완업종은 업종 간 상호 도움을 주는 관계이다. 보완업종이 적절히 조화를 이루면 상권의 전체 매출액과 점포의 평균 매출이 상승한다. 예를 들어, 음식점과 카페는 보완관계이다. 반면, 경쟁업종은 업종 간 상호 경쟁관계이므로 총 매출액을 분할하는 효과가 발생한다. 대부분의 동일업종은 경쟁관계이다. 　다만, 경쟁업종이 군집화될수록 시너지 효과가 발생할 수 있다. 신당동 상권과 같이 떡볶이 전문점이 모여 있는 경우가 이런 사례이다. 또한 경쟁과 보완업종은 상권의 규모에 영향을 받는다. 상권이 작은 경우 보완업종 간에도 경쟁관계가 성립하고 상권이 큰 경우는 경쟁업종 사이의 경쟁관계가 일정부분 해소될 수 있다.
상권 규모와 업종별 적정 점포 수	상권은 상권의 수요와 공급이 일치하는 수준의 점포만 존재하는 것이 가장 이상적이다. 예를 들어, 삼겹살 전문점의 월손익분기점이 3천만 원이고 목표이익을 달성할 수 있는 월매출액이 4천만 원이라고 가정한다. 만약 상권(상점가, 상가권)의 삼겹살 전문점을 이용하는 소비자 수요가 월 2억 원이라면 적정한 점포 수는 5개이다. 다만 각 점포별 경쟁력의 차이로 인해서 적정 점포 수를 평균값으로 계산하더라도 경쟁력이 떨어지는 점포는 매출이 낮아서 결국 폐업에 이르게 된다.

3) 경쟁점 조사 항목

경쟁점 분석을 위해 필요한 구체적인 항목을 제시하면 〈표 7-12〉와 같다. 이를 토대로 다양한 체크리스트와 평가표를 만들 수 있다. 또한 경쟁점포 분석표 예시도 참고하여 가장 현실적인 분석을 할 수 있어야 한다.

이상의 경쟁점 조사 항목을 바탕으로 조사자는 필요한 항목만을 추출한다. 〈표 7-13〉은 경쟁점포를 조사하며 작성한 경쟁점포 조사표 사례이다. 점포현황, 운영현황을

표 7-12 경쟁점 분석을 위한 구체적 항목

구분	내용
경쟁점포 분포와 개요	경쟁관계에 있는 점포 수, 위치, 상호
경쟁점포의 시장지위	경쟁점포의 시장점유율, 매출액 및 순위, 상대적 힘의 관계
경쟁점포의 운영현황	객단가, 종업원 수, 일 고객 수
경쟁점포의 제품력(상품력)	맛, 품질, 외형, 구성 등
경쟁점포의 가격	가격 존, 가격 포인트, 가격 라인 등

(계속)

구분	내용
경쟁점포의 입지특성	입지의 지리적 특성과 기능적 특성
경쟁점포의 프로모션	촉진전략, 가격전략 등 마케팅 전략의 특징
경쟁점포의 시설현황	인테리어, 익스테리어, 간판, 출입구, 주차장, 노후화 정도, 점포 면적, 전면 넓이, 테이블 수, 좌석수, 화장실
경쟁점포의 서비스	종업원 접객능력, 친절도, 대기시간
경쟁점포의 경영능력	대표의 참여도, 대표의 친절도, 종업원 관리, 기타 관리 능력

표 7-13 경쟁점포 조사 사례

구분		입지 A	입지 B	입지 C	입지 D
점포현황	상호				
	점포면적	99m²/30평	56m²/17평	132m²/40평	165m²/50평
	전면넓이	15m	15m	5m	5m
	테이블 수	20개	10개	20개	25개
	좌석수	60석	34석	70석	90석
	화장실	유	유	유	유
운영현황	객단가	11,000원	11,000원	7,000원	10,000원
	종업원 수	6명	3명	6명	8명
	일 고객 수	90명	35명	60명	100명
제품	맛				
	품질				
	외형				
	구성				
가격	가격경쟁력				
프로모션	광고				
	인터넷 홍보				
	판매촉진				
	인적판매				
	POP				
입지	상권범위				
	가시성				
	접근성				
	홍보성				

(계속)

구분		입지 A	입지 B	입지 C	입지 D
분위기	인테리어				
	익스테리어				
	간판				
	출입구				
서비스	종업원 접객능력				
	친절도				
	대기시간				
	MOT 관리				
경영자원	고객				
	종업원				
	경영자				
투자수익률	투자금액				
	추정매출액				
	비용				
	순이익				
	투자수익률				

주) 평가 척도 : 1(매우 나쁨), 2(나쁨), 3(보통), 4(우수), 5(매우 우수)

비롯하여 점포의 경쟁력을 판단하는 데 필요한 모든 요소를 조사자가 추가하여 활용하였다.

8 입지등급

입지등급은 소상공인시장진흥공단의 상권정보시스템을 통해서 확인할 수 있다. 상권분석의 하위메뉴에 위치한 '입지분석'을 선택하면 〈그림 7-15〉과 같은 화면이 나타난다. 1단계에서 지역을 선택한 후 2단계에서 분석하려는 위치를 지도에서 선택하면 된다.

그림 7-15 소상공인 상권정보시스템 : 입지분석을 통한 입지등급
자료 : 소상공인시장진흥공단 상권정보시스템.

1) 종합등급

입지분석을 하면 가장 먼저 〈그림 7-16〉과 같은 종합등급이 나타난다. 종합입지등급은 '선택입지에 대한 45개 표본업종 입지등급의 평균값이다. 음식, 소매, 서비스업 등 표본업종별 입지의 가치(예상매출액)를 평가한 등급으로 1등급에 가까울수록 좋은 입지임을 의미한다.

예를 들면, 전체 45개 입지등급 중 선택지역이 1등급인 표본업종의 수가 30개, 2등급인 업종이 10개, 4등급인 업종이 5개인 경우, {(1×30)+(2×10)+(4×5)}/45=1.6 → 산술평균을 반올림한 값을 이용, 종합 2등급으로 표시한다. 45개 표본업종의 매출에 영향을 미치는 변수는 다음과 같이 각각 다르게 추출한다.

[예시]

– 세탁소의 매출액에 영향을 미치는 변수 : 30~40대 주거인구

그림 7-16 소상공인 상권정보시스템 : 입지분석을 통한 종합입지등급 사례

자료 : 소상공인시장진흥공단 상권정보시스템.

– 갈비/삼겹살 전문점의 매출액에 영향을 미치는 변수 : 저녁시간대 유동인구, 상권
매출규모

2) 업종별 등급

종합입지등급에 이어서 대분류와 중분류에 따른 입지등급을 확인할 수 있다. 〈그림
7-17〉 사례에서는 음식업은 1등급, 소매업과 서비스업은 2등급이다. 중분류 업종의 등
급도 확인할 수 있다.

입지등급에서는 〈그림 7-18〉과 같이 소분류 업종의 입지등급을 확인할 수 있다. 사
례 입지에서는 음식업 중 패스트푸드가 2등급이고 나머지 음식업은 모두 1등급이며, 서

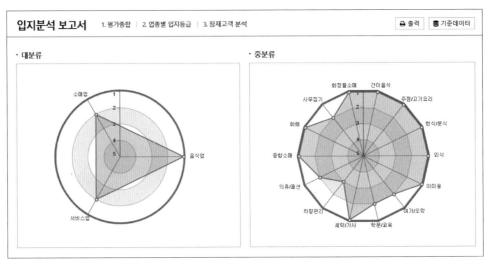

그림 7-17 소상공인 상권정보시스템 : 입지분석을 통한 대분류, 중분류 입지등급 사례

자료 : 소상공인시장진흥공단 상권정보시스템.

비스업에서는 비만피부관리업은 1등급, 실내골프연습장은 3등급으로 나타난다.

3) 목표고객

입지분석 보고서에서 나타나는 마지막 항목은 목표고객으로 설정하면 좋은 잠재고객을 보여준다. 예를 들면, 〈그림 7-19〉에서는 '직장인구'가 1순위 잠재고객으로 나타난다.

9 매출액 추정 및 사업타당성 분석

투자금액 추정, 매출액 추정, 비용 추정, 투자수익률 추정 등에 대한 구체적인 매출액 추정 및 사업타당성 분석에 대한 내용은 9장에서 다룬다.

입지분석 보고서 1. 평가종합 | 2. 업종별 입지등급 | 3. 잠재고객 분석   🖶 출력 📊 기준데이터

· 소분류

범례: ■1등급 ■2등급 ■3등급 ■4등급 ■5등급

음식업		서비스업		소매업	
커피전문점/카페/다방	■1등급	비만/피부관리	■1등급	편의점	■1등급
제과점	■1등급	발/네일케어	■1등급	건강식품	■1등급
피자전문	■1등급	헬스클럽	■1등급	일반의류	■1등급
아이스크림판매	■1등급	노래방	■1등급	안경원	■1등급
한식/백반/한정식	■1등급	모텔/여관/여인숙	■1등급	꽃집/꽃배달	■1등급
라면김밥분식	■1등급	어린이영어	■1등급	화장품판매점	■1등급
도시락전문	■1등급	학원-입시	■1등급	사무/문구용품	■1등급
죽전문점	■1등급	세탁소/빨래방	■1등급	슈퍼마켓	■2등급
떡볶이전문	■1등급	여성미용실	■2등급	캐쥬얼/스포츠의류	■2등급
해장국/감자탕	■1등급	실내골프연습장	■3등급	신발소매	■2등급
국수/만두/칼국수	■1등급	학원-음악미술무용	■3등급	인테리어/욕실용품/커튼	■2등급
중국음식/중국집	■1등급	자동차정비/카센타	■3등급	일반가구소매	■4등급
양식	■1등급				
일식/수산물	■1등급				
갈비/삼겹살	■1등급				
후라이드/양념치킨	■1등급				
호프/맥주	■1등급				
간이주점	■1등급				
곱창/양구이전문	■1등급				
족발/보쌈전문	■1등급				
패스트푸드	■2등급				

그림 7-18 소상공인 상권정보시스템 : 입지분석을 통한 소분류 입지등급 사례
자료 : 소상공인시장진흥공단 상권정보시스템.

입지분석 보고서 1. 평가종합 | 2. 업종별 입지등급 | 3. 잠재고객 분석   🖶 출력 📊 기준데이터

유동인구(선택지역 내 반경 25m)	주거인구(선택지역)	직장인구(선택지역)
214명	0명	246명

분석
결과 · 잠재고객이 될 가능성이 가장 큰 유형은 '**직장인구**'입니다.

그림 7-19 소상공인 상권정보시스템 : 입지분석을 통한 목표고객 선정 사례
자료 : 소상공인시장진흥공단 상권정보시스템.

10 권리분석

권리분석이란 공부서류에 의한 법적인 용도 및 권리관계를 확인하는 과정이다. 공부서류는 '토지 및 건축물의 등기 소유자, 크기, 용도, 확인사항, 하자사항 등에 관련된 모든 내용이 기재되어 있는 서류'를 의미한다. 일반적으로 점포의 권리관계를 확인하기 위한 공부서류에는 '토지 등기부등본, 건물 등기부등본, 토지대장, 건축물대장, 도시계획확인원' 등 5가지가 있다. 건축물의 용도는 건축물대장에서 확인이 가능하며, 등기부등본에서는 임대인과 건물주의 동일인 여부를 확인할 수 있다. 도시계획확인원으로는 앞으로 발생할 상권의 변화를 확인할 수 있다.

그 외 다양한 공부서류를 이용하면 해당 건물의 용도를 파악하여 외식업(음식점업)을 할 수 있는 곳인지 아닌지에 대한 판단이 가능하다. 또한 「식품위생법」, 「다중이용업소의 안전관리에 관한 특별법」, 「하수처리에 관한 법률」에 의해 음식점업의 창업이 어려운 곳이라면 후보점포에서 제외해야 한다. 법적인 부분은 비용적인 부분도 발생하지만 원칙적으로 창업이 불가능한 경우가 발생되기 때문에 주의가 필요하므로 공부서류를 꼼꼼히 확인해야 한다.

1) 등기등본으로 권리 확인

〈그림 7-20〉과 같은 등기부등본은 크게 '표제부, 갑구, 을구'와 같이 3개의 부분으로 나뉜다. 표제부에서는 주소 등을 확인할 수 있다. 갑구에는 소유주가 표시되어 있으므로 임대차 계약 시 반드시 확인해야 한다. 을구는 권리관계가 주로 표시되어 있다. 건물 매입 시 금융기관에서 대출금을 받기 위해 근저당 등을 설정하는 경우가 많은데, 만약 근저당 설정 금액이 많으면 후에 건물이 경매 등의 법적 처분 시 임차보증금을 회수하지 못하는 경우가 발생한다. 이를 위해 근저당 설정을 꼭 확인해 보아야 한다. 좀 더 세부적인 확인은 다음 내용을 참고한다.

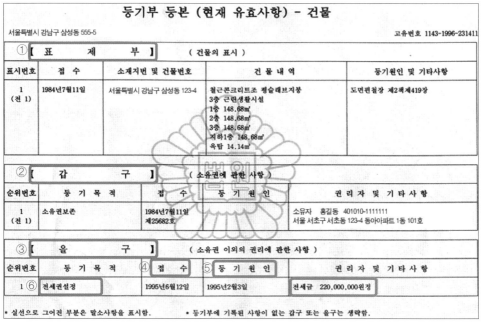

그림 7-20 등기부등본 사례

① **표제부** : 부동산의 소재지와 내용, 구조에 관한 사항을 확인할 수 있다.

② **갑구** : 소유권에 관한 사항을 확인할 수 있다. 소유권에 대한 압류, 가압류, 가처분, 압류(경매), 가등기, 예고등기 등과 이들 권리의 변경 등기, 말소 및 회복 등기가 있다면 갑구에 표시된다.

③ **을구** : 소유권 이외의 권리인 저당권, 전세권, 지역권, 지상권 등이 기재된다. 근저당 설정 시 채권최고액은 실제 대부금의 120% 수준이기 때문에 6,000천만 원으로 명시된 금액의 실제 대출금은 5,000만 원 수준일 수 있다.

④ **접수** : 해당 등기소에 접수된 날짜를 나타낸다.

⑤ **등기원인** : 매매, 증여, 시효 획득, 전세권 또는 저당권의 설정계약, 등기의 오기, 계약의 무효 상속, 토지의 멸실 등의 내용과 일자를 나타낸다.

⑥ **전세권 설정** : 건물에 임차해 있는 세입자가 전세금을 설정하여 등기한다.

대법원 인터넷 등기소를 이용하여 부동산 등기부등본 발급받기

① 회원가입 후 로그인하여 상단 메뉴 중에서 '등기열람/발급'을 클릭한다.

② 해당 점포의 주소지를 입력하고 검색 버튼을 클릭한다.

③ 검색된 목록 중에서 해당 점포를 선택한다.

(계속)

④ 홈페이지 안내에 따라 진행하고 수수료를 결제한 후 인쇄한다.

자료 : 인터넷등기소.

2) 건축물관리대장

창업을 위해 점포의 매매 또는 임대차계약 체결 시에는 사전에 건물용도를 확인한다. 예를 들면, 외식업의 경우 대부분 업종이 '2종 근린 생활시설'로 건물용도가 되어 있어야 한다. 또한 건축물대장 내에 표기된 점포의 규모에 공유면적이나 무허가면적이 포함되어 있는지 여부를 확인한다. 기타 주요 확인사항을 정리하면 아래와 같다.

① 주 용도 및 용도변경 내역 확인(예 음식점의 경우 근린생활시설)
② 건물의 위치, 크기 및 실소유주 등의 확인(예 등기부등본과의 일치 여부)
③ 불법건축물 여부 확인(예 주차장을 다른 용도로 이용하는지 여부)
④ 주차 및 정화조 능력의 확인
⑤ 토지 소유자와 건물 소유자의 일치 여부 확인

건축물현황(을)

고유번호				민원24접수번호			
41135○○○○○○○- 1- ○○○○○○○○				21111020- ○○○○○○○○			

대지위치			지번		명칭 및 번호		특이사항
경기도 성남시 분당고 서현동			254- ○○○		○○빌딩		

건 축 물 현 황					소 유 자 현 황			
구분	층별	구조	용도	면적(㎡)	성명(명칭) 주민(법인)등록번호	주소	소유권 지분	변동일자 변동원인
주1	6층	철근콘크리트구조	제2종근린생활시설(일반음식점)	683.89				
주1	6층	철근콘크리트구조	업무시설(정보통신업)	198.81				
주1	7층	철근콘크리트구조	업무시설(정보통신업-권장용도)	683.73				
주1	7층	철근콘크리트구조	업무시설(사무소)	62.45				
주1	8층	철근콘크리트구조	업무시설(정보통신업-권장용도)	628.91				
		-이하 여백-						

그림 7-21 건축물대장 사례

정부24 사이트를 이용한 건축물대장 발급 방법

(계속)

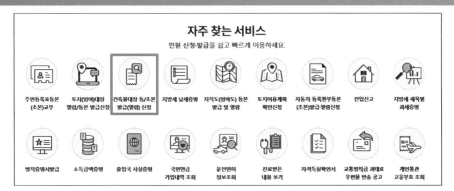

① 회원가입, 로그인 후, 홈페이지 메인 하단의 **[자주 찾는 서비스]**에서 건축물대장 등/초본발급(열람) 버튼을 클릭한다.

② 신청하고자 하는 민원사무를 선택한다.

③ **[건축물소재지]**의 **[검색]** 버튼을 클릭해서 주소검색창에 동이름을 입력하고, 다시 **[검색]** 버튼을 클릭해서 나온 결과 중 해당 주소를 선택하면 자동으로 신청서식에 주소가 입력된다.

  ※ 건축물관리대장은 일반건축물과 집합건물로 나뉜다. 집합건물의 일종인 아파트를 예로 하여 신청 방법을 설명한다.

④ **[대장구분]**을 선택한다. 대장구분에서는 집합(아파트, 연립주택 등), 대장종류는 전유부를 선택하고, 현소유자표시 여부를 선택한다. 선택에 따라 대장 종류, 현소유자 표시 여부가 다르게 화면에 표시된다.

  [대장구분/종류 안내] 버튼을 클릭하면 '상세 도움말' 창이 화면에 표시된다.

⑤ **[수령방법선택]**에서 **[검색]** 버튼을 클릭하여 온라인발급과 방문수령 중 원하는 방법을 선택한다.

⑥ **[민원신청하기]** 버튼을 선택한다.

  방문수령(후불)을 선택한 경우에는 수령/제출기관 검색을 통해 기관을 선택한다.

  ※ 해당 건물이 여러 동이나 호를 가진 경우에는 '동번호', '호번호' 입력란이 자동추가된 '민원신청 내역 수정' 화면이 표시되며, 주소검색창이 화면에 표시된다.

⑦ 신청내역은 기간별 검색이 가능하다.

⑧ 처리상태가 처리완료로 표시되는 신청민원 중 온라인발급(본인출력)은 **[문서출력]** 버튼이 화면에 표시된다.

⑨ 클릭하신 후 본인확인을 위한 공인인증서 비밀번호를 입력한다. 정상적인 본인인증이 이루어진 후 인터넷민원서류 발급창이 표시되면 **[인쇄하기]** 버튼을 클릭하여 신청민원서류를 인쇄한다. 민원접수번호, 민원사무명을 클릭하면, 해당 신청민원에 대한 상세 내역을 확인할 수 있다.

자료 : 정부24.

3) 토지이용계획 확인원

상권의 발전 가능성을 판단하는 것은 점포의 임차 시 매우 중요한 항목이다. 상권 조사·분석에서 언급했듯이 토지이용계획 확인원을 이용하여 대략적이나마 이를 확인할 수 있다. 도시계획확인원을 보면 토지규제사항이나 학교지역처럼 유흥업소 등에 대한 제한구역 등이 기록되어 있다. 또한 도시재개발계획으로 건물이 헐린다거나 하는 정보를 사전에 알 수 있다. 그 밖에도 토지이용계획 확인원에 대한 세부적인 내용을 정리하면 다음과 같다.

① 구청에서 도시계획 확인원 발급 가능
② 토지를 규제하는 도시계획 사항을 기재한 증명서
③ 용도지역과 지구, 도로저촉, 재개발, 개발제한구역 여부 등 확인
④ 재개발 여부를 통한 상권의 변화 예측 가능
⑤ 인터넷을 이용한 확인 및 확인원 발급 가능(정보24, https://www.gov.kr)

4) 임대인의 인적 특성 조사

건물주 확인

가장 기본적인 계약당사자가 서류상의 건물주와 동일한 인물인지 확인하여야 하며, 건물주의 성향에 대한 정보를 수집해서 추후에 발생할 수 있는 임대차 관계에서의 위험에 대비한다.

「상가건물임대차보호법」이 강화되면서 임대인의 인적 특성에 의한 위험이 상당히 줄어들었다. 그럼에도 불구하고 임차인은 건물주에 대한 확인을 철두철미하게 해야 한다. 일단 가장 기본적인 건물주 확인은 임대차계약 당사자가 서류상의 건물주와 동일한 인물인지 확인하는 것을 의미한다. 하지만 이것이 전부는 아니다. 점포의 임차인은 단기간의 사업을 위해 점포를 임차하고 많은 비용을 들여 인테리어와 시설투자를 하는 것이 아니

다. 창업자는 가능한 한 긴 기간 동안 한 점포에서 안정적인 사업을 하기 원한다. 그러나 현실적으로 이러한 소망과 달리 중도에 사업을 포기하는 사례가 종종 발생한다. 이것은 사업적인 문제보다는 임대인과의 불화나 과도한 임차료 인상 요구 등에 기인하는 경우가 많다. 따라서 임차인은 단순히 초기 비용에만 집착하지 말고 건물주인 임대인의 인성에 대한 조사도 함께 해야 한다. 건물주의 성향에 대한 정보는 부동산 중개업소, 이전 임차인이나 건물 내 다른 임차인 또는 건물 관리인 등을 통하여 수집할 수 있다.

이러한 조사를 통하여 재계약 시 임차료의 인상 정도와 임대인의 자금력, 이전 임차인과의 관계 등을 구체적으로 확인해야 한다. 건물주의 자금력은 향후 임차료 인상률에도 영향을 미치지만, 건물주의 파산과도 연결되어 임차보증금과 권리금을 돌려받지 못하는 경우가 발생할 수 있다. 일부 건물주 중에는 계약기간이 만료되는 시점에서 보증금 및 임차료의 과다한 인상을 요구하는 경우도 있다. 이와 같은 경우에는 권리금 및 시설 투자에 대한 회수가 이루어지지 않은 상황에서 점포를 포기해야 하므로 창업자에게는 큰 타격이 될 수 있다. 특히 「상가건물임대차보호법」으로 보호되는 범위를 넘어서는 임대차 계약의 경우에는 건물주의 성향을 잘 알고 계약을 진행하는 것이 안전하다.

11 입지분석보고서 작성

이상의 순서에 따라서 입지분석을 완료하였다고 가정해 보자. 조사자는 입지분석 프로세스에 따라 각 부문별로 조사한 내용을 비교 분석하여 〈표 7-14〉와 같이 보고서로 작성해야 한다. 보고서를 작성하는 과정을 형식적인 절차로 오해하는 사람들이 많지만, 보고서 작성은 전체 내용을 정리하고 분류하면서 이해도를 높이고 결론을 도출한 후, 시사점을 찾아내고 전략을 수립하는 데 필수적인 행위이다.

표 7-14 입지분석 보고서의 작성 절차와 내용

연번	구분		내용
1	전체 매물 조사		• 목표 임대차 조건표 작성 • 상권 내 전체 임차 또는 매입 가능 점포 조사 • 온라인 정보원, 오프라인 정보원 활용
2	투자금액 및 비용 비교		• 권리금(영업권), 보증금, 임차료, 관리비 등 비용항목 • 후보입지 3~5개로 정리
3	점포특성	점포 조건	• 점포 조건(면적, 형태, 간판) • 임차 조건(시설 조건, 업종 구성, 주차장 현황, 운영 현황, 점포 이용 인구특성, 업종 구성) • 점포이력 확인
		시설 조건	• 건물 내·외부의 하자 여부와 하자 발생 가능성 • 전기용량, 도시가스, 상하수도, 공조시설, 화장실 등
4	입지특성	지리적 특성	• 가시성, 인지성, 접근성, 호환성, 보완성, 홍보성, 주차편의성
		기능적 특성	• 토지용도, 집객성, 단절성
5	경쟁 분석		• 경쟁점 특성 분석
6	입지 등급		• 종합등급, 업종별 등급, 목표고객
7	매출액 추정 및 사업타당성 분석		• 매출액 추정 및 사업타당성 분석
8	권리분석		• 소유권 및 권리관계(등기부등본, 도시계획확인원, 건축물대장) • 건물주의 인적 특성
9	결론		• 후보입지를 비교 분석한 과정과 결과를 제시 • 결론 및 시사점 도출

12 입지 확정 및 계약

입지분석 보고서가 완료되면 입지를 확정하고 점포 임대차 계약 또는 매매계약을 체결할 수 있다.

1 입지는 '오프라인 및 온라인 점포의 위치적 조건'을 의미한다. 이러한 입지를 분석하는 과정을 '입지분석'이라 한다. 입지분석은 크게 두 가지의 입지분석 방법론을 이용한다, 첫 번째는 온라인 입지를 분석하는 방법론으로 온라인 상권분석과 같은 방법이다. 두 번째는 오프라인 입지분석 방법론으로 '입지가 위치하고 있는 조건을 분석하는 것'이다. 오프라인 입지는 내적요인과 외적요인 두 가지로 구분하여 분석한다.

2 입지를 평가하는 방법에는 크게 세 가지가 있다. 첫째는 정성적 평가법이다. 주로 평가자의 지식, 경험을 토대로 평가하는 주관적 평가방법이다. 둘째는 정량적 평가법이다. 빅데이터를 활용하여 도출되는 통계치를 이용하여 평가하는 방법으로 가장 합리적이고 과학적인 평가법이라 할 수 있다. 셋째는 소셜분석이다. 온라인상에서 취득한 비정형 데이터나 통계적 데이터를 이용하여 입지를 평가한다.

3 입지분석은 '전체 매물 조사, 투자금액 및 비용 비교, 점포특성(점포 조건, 시설 조건), 입지특성(지리적 특성, 기능적 특성), 경쟁 분석, 입지 등급, 매출액 추정 및 사업타당성 분석, 권리분석, 입지분석 보고서, 입지 확정 및 계약'과 같이 10단계로 이루어진다.

4 입지분석은 후보입지(후보점포)를 찾는 것부터 시작된다. 후보입지 탐색은 매물로 나와 있는 점포의 정보를 취득하는 과정이다. 과거에는 주로 부동산중개인이나 주변의 지인 또는 점포에 표시된 임대안내문 등을 통해서 취득하는 정보가 다수였다. 하지만 최근에는 온라인을 통한 정보 취득 경로가 많이 활용되고 있는 실정이다.

5 창업을 위해 점포를 임차하는 행위는 다양한 임차 관련 비용을 발생시킨다. 그리고 이러한 비용은 곧 사업의 주요 원가가 된다. 임차 관련 비용은 권리금, 임차보증금, 월임차료, 관리비 등 네 가지로 분류할 수 있다.

6 조사자는 앞에서 확정된 후보입지를 대상으로 각 입지에 대한 점포 조건과 시설 조건을 세부적으로 조사한다. 조사하는 항목은 조사자의 분석 목적에 따라 변경될 수 있다.

7 입지특성은 입지의 지리적 특성(가시성, 접근성, 홍보성, 인지성, 호환성, 보완성, 주차편의성)과 입지의 기능적 특성(집객성, 단절성, 유동인구 소비특성, 경쟁관계, 지역용도)으로 구분하여 조사한다.

8 경쟁점은 상권 및 입지분석에서 단절요인임과 동시에 창업하려는 점포의 비교대상이다. 경쟁점 조사는 세부적이고 내면적인 분석을 해야 하므로 세심한 접근이 필요하다. 경쟁력이 비슷한 수준의 경쟁점은 소비인구의 흐름을 단절시켜 매출을 나누는 결과를 초래한다. 하지만 점포의 크기가 크다거나 강력한 콘셉트의 경쟁점이 점

포 유입도로의 전면에 위치한다면 기존 점포는 상당한 타격을 받는다. 보통 경쟁점 조사를 할 때는 동일 상권에서 동종 업종을 대상으로 제품, 가격, 입지특성, 프로모션, 물리적 환경, 서비스, 인적 자원 경쟁력 등을 조사한다.

9 입지등급은 소상공인시장진흥공단의 상권정보시스템을 통해서 확인할 수 있다. 상권분석의 하위 메뉴에 위치한 '입지분석'을 선택하면 1단계에서 지역을 신택한 후 2단계에서 분석하려는 위치를 지도에서 선택할 수 있다.

10 권리분석이란 공부서류에 의한 법적인 용도 및 권리관계를 확인하는 과정이다. 공부서류는 '토지 및 건축물의 등기 소유자, 크기, 용도, 확인사항, 하자사항 등에 관련된 모든 내용이 기재되어 있는 서류'를 의미한다. 일반적으로 점포의 권리관계를 확인하기 위한 공부서류에는 '토지 등기부등본, 건물 등기부등본, 토지대장, 건축물대장, 도시계획확인원' 등 5가지가 있다. 건축물의 용도는 건축물대장에서 확인이 가능하며, 등기부등본에서는 임대인과 건물주의 동일인 여부를 확인할 수 있다. 도시계획확인원으로는 앞으로의 상권 변화를 확인할 수 있다.

11 조사자는 입지분석 프로세스에 따라 각 부문별로 조사한 내용을 비교 분석하여 보고서로 작성해야 한다. 보고서를 작성하는 과정을 형식적인 절차로 오해하는 사람들이 많다. 보고서 작성은 전체 내용을 정리하고 분류하면서 이해도를 높이고 결론을 도출한 후, 시사점을 찾아내고 전략을 수립하는 데 필수적인 행위이다.

1 자신의 목적에 적합한 입지분석을 정의하고 입지분석 프로세스를 정리해 보자.

2 앞에서 진행한 상권분석을 통해 최종 선택한 상권에서 후보입지를 조사하기 위한 '목표 임대차 조건표'를 작성해 보자.

3   온라인과 오프라인 조사를 통해 후보입지의 '점포 개요 및 임대차조건 조사표'와 '후보입지 비교표'를 작성해 보자.

4 후보입지 중에서 자신의 조건에 부합하는 3곳의 입지를 선정 후, 투자금액 및 비용 비교, 점포특성(점포 조건, 시설 조건), 입지특성(지리적 특성, 기능적 특성), 경쟁분석, 입지 등급, 매출액 추정 및 사업타당성 분석, 권리분석, 입지 확정' 단계에 따른 입지분석 보고서를 작성해 보자.

5 입지분석을 하며 나타난 문제점을 정리하고 개선해야 할 내용을 제시해 보자.

8장

온라인 상권분석

학습내용

1 온라인 상권분석의 개요
2 온라인 상권분석 도구
3 키워드 분석
4 추세분석(트렌드 분석)
5 내용분석
6 분류분석
7 순위분석과 통계분석
8 기타 분석

학습목표

• 온라인 상권분석의 개념, 과정, 분석 내용을 설명할 수 있다.
• 온라인 상권분석에 활용할 수 있는 다양한 도구를 설명할 수 있다.
• 온라인 상권분석을 위한 키워드 분석의 개념과 분석 방법을 설명할 수 있다.
• 온라인 상권분석을 위한 추세 분석(트렌드 분석)의 개념과 분석 방법을 설명할 수 있다.
• 온라인 상권분석을 위한 내용분석의 개념과 분석 방법을 설명할 수 있다.
• 온라인 상권분석을 위한 분류분석의 개념과 분석 방법을 설명할 수 있다.
• 온라인 상권분석을 위한 순위분석과 통계분석의 개념과 분석 방법을 설명할 수 있다.

1 온라인 상권분석의 개요

오프라인 상권은 웹사이트에서 확인할 수 있는 상권분석시스템과 통계청 자료, 현장조사 등을 통해서 분석한다. 그러나 오프라인 상권분석만으로 자신의 제품을 구매하는 소비자의 특성과 경쟁점의 특성, 경쟁점의 소비자 특성을 파악하는 데는 한계가 있다. 오프라인 상권에서 조사된 소비자와 경쟁자가 온라인 상권의 소비자, 경쟁자와 특성이 다르기 때문이다. 따라서 4차 산업혁명 시대의 외식기업 성장을 위한 전략을 수립하기 위해서는 온라인과 오프라인을 결합한 상권분석이 필요하다.

온라인 중심 기업인 아마존닷컴은 온라인 사업을 오프라인 사업으로(online to offline) 확장하여 소비자의 니즈를 충족시키고 있다. 또한 오프라인 중심 기업이었던 스타벅스는 오프라인에서 온라인 사업으로(offline to online) 확장하며 상권 범위를 넓히고 있다. 이러한 온라인과 오프라인 양쪽 채널을 활용하여 기업이 소비자들에게 접근하는 전략은 눈여겨볼 필요가 있다. 무엇보다 기업의 행동 변화와 함께 소비자들도 온라인과 오프라인을 연계하는 활동에 더 적극적이다. 이는 스마트폰이나 컴퓨터 성능이 고급화되고 애플리케이션이 세분화되면서 온라인 생활이 일반화되었기 때문이다. 소비자들의 온라인과 오프라인 연계를 통한 삶의 방식은 사회적 행위와 경제적 행위 양쪽에서 나타나고 있으며, 사회적 행위는 경제적 행위에 영향을 미치고 있다.

1) 온라인 상권분석 정의

온라인 상권분석은 오프라인 상권분석과 개념적으로는 동일하다. 다만 오프라인 상권분석의 대상이 부동산의 공간적 범위를 대상으로 하는 데 반하여 온라인 상권분석은 소셜네트워크 서비스를 대상으로 한다는 차이가 있다. 따라서 온라인 상권분석은 창업과 사업을 목적으로 선택한 상권을 중심으로 소셜분석을 하는 것으로 정의할 수 있다. 소셜분석의 대상은 3C 분석으로 온라인 상권의 자사(Company), 소비자(Consumer), 경쟁자(Competitor)가 된다.

> **온라인 상권분석이란?**
>
> 온라인 상권분석은 '상권 및 입지분석에 필요한 정보와 시사점을 취득할 목적으로 SNS에서 사람들이 일방적으로 작성한 글이나 서로 주고받는 대화를 수집 · 분류 · 분석하는 기술, 서비스, 활동'을 의미한다.

2) 온라인 상권분석 프로세스

온라인 상권분석을 목적으로 이루어지는 소셜분석의 궁극적인 목적은 목표 투자수익률 달성을 위한 전략과 전술의 수립이며 이를 좀 더 구체적으로 제시하면 다음과 같다.

- 첫째, 소셜분석이란 소셜네트워크 서비스(social networking service)를 대상으로 이루어지는 키워드분석, 추세분석, 내용분석, 분류분석 등을 의미한다. 소셜분석의 대상은 포털사이트와 애플리케이션 기반의 인스타그램, 페이스북, 카카오 스토리, 트위터, 기타 다양한 소셜네트워크 서비스 등이 될 수 있다.
- 둘째, 온라인 상권분석은 창업자뿐만 아니라 기존 사업자가 경쟁력을 확보하고 지속적으로 사업을 유지하기 위한 것으로 일회성이 아닌 정기적으로 반복 수행해야 하는 필수 활동이다.
- 셋째, 3C(자사, 경쟁사, 소비자) 분석은 온라인 상권을 구성하는 환경적 요인으로 상권분석의 대상 변수이다. 특히 온라인 상권분석에서 기존 사업자의 브랜드에 대한 분석은 소비자와 경쟁자에 대한 분석 이전에 객관적이고 합리적으로 이루어져야 한다.
- 넷째, 예비창업자의 경우 업종 중심 접근법과 상권 중심 접근법으로 구분하여 분석할 수 있다. 업종 중심 접근법의 온라인 상권분석은 선택한 업종과 분석할 상권을 중심으로 동종업종분석과 경쟁(유사)업종분석, 소비자분석을 진행한다. 점포가 정해진 상권 중심 접근법의 온라인 상권분석은 소상공인 상권정보시스템을 통해 선택한 상권이나 업종을 중심으로 경쟁(유사)업종분석과 소비자분석을 진행할 수 있으며, 업종

중심 접근법과 같은 방식으로 분석할 수 있다. 이와 같은 분석은 자사의 경쟁력 확보를 위한 전략을 도출하기 위한 목적으로 해야 한다.

- 다섯째, 목표투자 수익률을 달성할 수 있는 전략과 전술이란 소셜네트워크 서비스를 활용하여 경쟁자의 고객관심도 수준과 소비자의 니즈를 만족시키기 위한 것이다. 따라서 기존 사업자나 예비창업자가 구체적인 콘셉트의 방향과 마케팅 방법을 기획하고 실행하기 위한 계획을 수립하는 것을 의미한다.

2 온라인 상권분석 도구

온라인 상권분석은 온라인에서 형성된 상권과 입지분석에 필요한 정보와 시사점을 취합할 목적으로 사람들이 일방적으로 작성한 글이나 주고받는 대화를 수집, 분류, 분석하는 과정이다.

온라인 상권분석을 위해 사용되는 도구는 포털사이트(예 네이버, 네이버 지도, 데이터랩, 블로그, 다음, 다음 지도, 구글, 구글 지도, 소셜메트릭스 등), 페이스북, 인스타그램과 애플리케이션으로 서비스되고 있는 다이닝코드, 전국맛집, 핫플레이스, 마이메뉴, 카카오플레이스, 블로그 모니터 등이 있다. 분석 방법은 키워드 분석, 추세분석, 내용분석, 분류분석, 순위분석, 통계분석 방법이 있다.

분석 방법에 대한 정의는 목차별로 구체적으로 설명하도록 한다. 분석영역은 오프라인, 온라인, 시간적, 공간적으로 영역을 설정한다.

온라인 상권분석의 궁극적인 분석 대상은 기존 사업자의 자사분석과 예비창업자의 업종분석이다. 다음은 경쟁사 분석으로 온라인상에서 경쟁상대가 소비자들에게 인지되고 있는 특성을 찾아낸다. 마지막으로 소비자분석이다. 소비자분석은 오프라인 상권분석의 분석자료와 온라인 상권분석의 차이를 자세히 정리하여 사업아이템과 부합하는 목표 타깃 소비자를 선택하는 것을 목적으로 한다.

〈그림 8-1〉은 온라인 상권분석 방법론을 정리한 'KYG 모형'이다. 앞으로 온라인 상

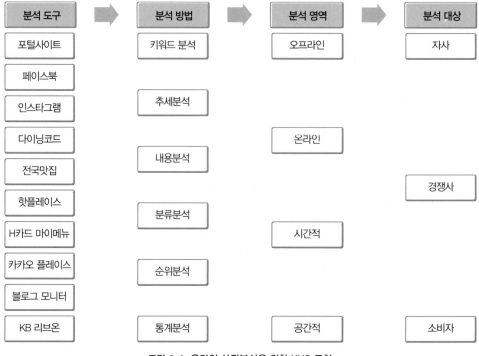

그림 8-1 온라인 상권분석을 위한 KYG 모형

권분석을 할 때 분석도구, 분석 방법, 분석영역, 분석대상별로 적절히 활용한다.

온라인 상권분석은 소비자 조사를 목적으로 실행하던 표본조사 중심의 기존 조사가 가지는 한계를 극복하기 위한 방법으로 개발된 기법이다. 과거에는 많은 시간과 비용을 들여야만 파악할 수 있었던 소비자 인식과 행동을 빅데이터 분석이 일반화되면서 적은 비용으로 실시간 또는 정기적으로 파악할 수 있다는 장점이 있다.

앞서 온라인 상권분석은 기존 사업자가 경쟁력을 확보하고 지속적으로 사업을 유지하기 위해서 정기적으로 반복 수행해야 하는 필수 활동이라고 했다. 따라서 본 장에서는 세종시 고복리에 위치해 있는 '구름나그네'를 중심으로 온라인 상권분석을 설명하고자 한다. 〈그림 8-2〉는 포털사이트 '다음(Daum)'에서 다음 지도(http://map.daum.net)를 활용하여 '구름나그네'의 위치를 확인한 것이다. 점포를 중심으로 반경 3km의 현황을 살펴보면, 작은 점은 버스정류장의 위치가 표시된 것이다. 오프라인상으로 구름나그네는 입지적인 불리함으로 인해 쉽게 접근하기 힘든 곳이라는 것을 확인할 수 있다. 구

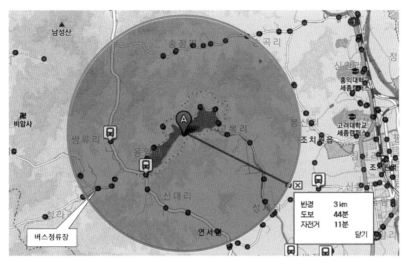

그림 8-2 구름나그네의 상권과 입지 현황
자료 : 다음 지도.

름나그네는 소비자에게 어떻게 인식되고 있는지 온라인 상권분석을 위해 개발된 'KYG 모형'의 분석 방법을 활용하여 살펴보도록 한다.

3 키워드 분석

온라인 상권분석에서 키워드 분석이란, 소셜미디어에서 사람들이 이용하는 키워드 현황, 키워드별 조회 수, 월별 추이, 연관 키워드 등을 이용하여 상권을 대표하는 키워드, 상권특성, 주요 업종 및 브랜드, 소비자 인식, 연계 소비 등에 대한 정보를 분석하는 활동을 의미한다. 키워드 분석을 위해 가장 먼저 포털사이트 네이버를 활용하여 연관검색어를 조사한다. 〈그림 8-3〉처럼 네이버 검색창에 '구름나그네'를 입력하고 연관검색어를 확인한다. 구름나그네의 연관검색어로는 '고복저수지 구름나그네, 세종시 구름나그네, 고복저수지 맛집' 등이 확인된다. 소비자들이 주로 이용하는 구름나그네의 대표 키워드는 '고복저수지와 고복저수지 맛집'으로 유추할 수 있다.

그림 8-3 네이버 연관검색어
자료 : 네이버.

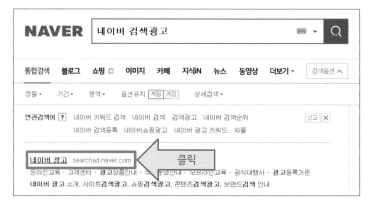

그림 8-4 네이버 광고 사이트 찾기
자료 : 네이버.

네이버 연관검색어의 키워드(구름나그네, 고복저수지, 고복저수지 맛집)는 검색 수와 월별 변화추이를 네이버가 별도로 운영하고 있는 웹사이트 '네이버 검색광고(https://searchad.naver.com)'에서 확인할 수 있다. 네이버 검색광고는 네이버의 아이디와 패스

그림 8-5 네이버 검색광고 홈

자료 : 네이버 검색광고.

워드로 로그인이 가능하나 별도의 가입 승인절차를 거쳐야 한다.

　네이버 아이디와 패스워드를 검색광고와 같이 사용할 경우 주의가 필요하다. 네이버 검색광고를 유료광고 목적으로 사용하면 개인 계정의 이메일 등에 관한 정보가 노출될 수 있다. 따라서 네이버 검색광고 사이트에서 별도로 회원가입을 하여 아이디와 패스워드를 부여받는 것이 좋다. 네이버 검색광고 회원가입은 〈그림 8-4〉처럼 네이버 검색창에 '네이버 검색광고'라고 입력한 후, 네이버 검색광고 사이트를 클릭하여 〈그림 8-5〉와 같이 진행한다.

　회원가입 후, 〈그림 8-6〉과 같이 '키워드 도구'를 클릭하여 검색하려는 키워드 '구름나

그림 8-6 네이버 검색광고 키워드 도구

자료 : 네이버 검색광고.

그림 8-7 네이버 검색광고 키워드 입력

자료 : 네이버 검색광고.

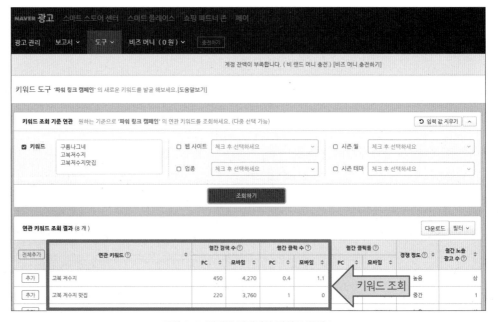

그림 8-8 네이버 검색광고 키워드 조회 1

자료 : 네이버 검색광고.

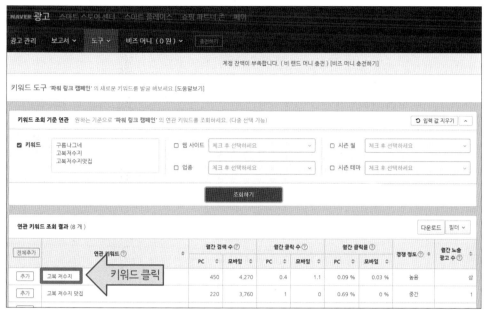

그림 8-9 네이버 검색광고 키워드 조회 2
자료 : 네이버 검색광고.

그네, 고복저수지, 고복저수지맛집'을 〈그림 8-7〉과 같이 검색창에 입력하여 '조회하기'를
클릭한다. 검색된 키워드는 〈그림 8-8〉과 같이 PC와 모바일 중 어떤 플랫폼으로 검색하
였는지 확인할 수 있다. 또한 〈그림 8-9〉와 같이 검색한 키워드를 클릭하면 남자, 여자,
연령대별로 어떤 매체를 이용해서 키워드를 검색했는지 확인할 수 있다. 성별과 연령대
별 비중은 나의 상품을 찾는 소비자의 특성과 추이를 확인하는 지표로 사용할 수 있다.

대부분의 검색 키워드는 소비자들이 모바일에서 검색한다는 것을 확인할 수 있다. 그
렇다면 어느 시기에 가장 많이 조회하고 누가 검색하는지 〈그림 8-10〉을 참고한다.

검색추이는 1년간의 데이터를 월별로 표시해준다. 〈그림 8-10〉을 보면 4월과 8월에
높은 검색추이를 보인다. 10월에 검색량이 다시 증가하여 12월부터는 하락하기 시작한
다. 검색하는 소비자 유형을 보면 30, 40대 남성의 검색 빈도가 높으며, 남성은 모바일보
다는 PC 비중이 높고 여성은 모바일 비중이 높다.

이러한 행태가 나타나는 이유를 유추해 보면, 자녀들이 부모님을 모시고 갈만한 음식
점을 찾기 위해 '구름나그네'를 확인하고 있다고 볼 수 있다. 여성은 40, 50대 비중이 높

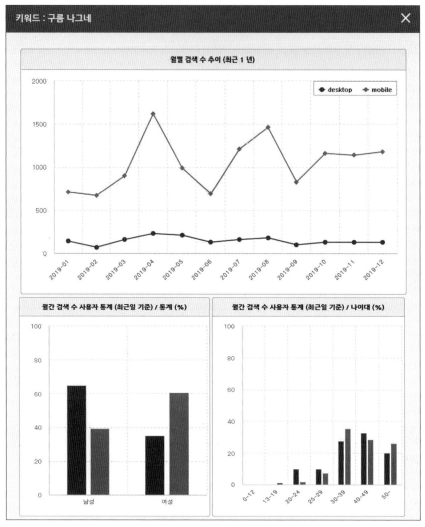

그림 8-10 네이버 검색광고 검색추이 현황
자료 : 네이버 검색광고.

고 모바일 검색을 이용한다. 이는 친구모임을 위한 검색일 가능성이 높다고 볼 수 있다.
뒤에서 설명하겠지만 네이버 플레이스에서 확인할 수 있는 '테마 키워드'의 '인기토픽'과
'찾는 목적'에서 검색 의도를 확인할 수 있다. 또한 검색추이에서 시기별로 무엇에 집중
해야 하는지 점포 운영 계획을 수립하는 근거로도 사용할 수 있다.

또한 〈그림 8-11〉과 같이 '고복저수지, 고복저수지맛집' 등의 연관검색어 추이 변화를

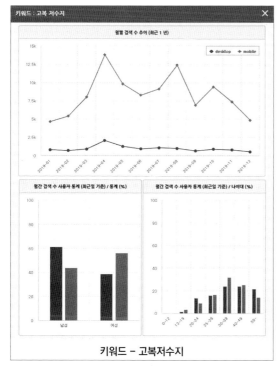

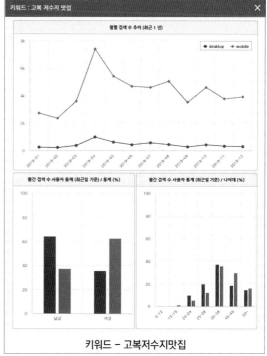

그림 8-11 네이버 검색광고 연관검색어 추이

자료 : 네이버 검색광고.

확인하여 시기별로 관련 키워드를 활용하는 소비자의 니즈와 그에 부합하는 마케팅 전략을 수립하는 데 키워드 분석 내용을 활용할 수 있다.

위와 같이 분석한 키워드를 하나의 그래프로 비교하면 매출액과 같이 움직이는 키워드와 서로 다르게 움직이며 활성화되는 키워드를 확인할 수 있다. 〈그림 8-12〉는 특정 점포의 실제 매출액과 키워드 분석을 하나의 그래프로 비교한 사례이다. 시기별로 집중해야 하는 키워드가 다름을 확인할 수 있다. 또한 활성화된 키워드는 오프라인 상권의 특성 또는 변화를 예측하는 데 이용할 수 있다.

키워드 분석을 통해서 상권의 크기를 비교하는 것도 가능하다(〈표 8-1〉 참조). 키워드 검색 수가 높을수록 소비자가 많이 찾는 상권으로 해석할 수 있다. 이와 같이 키워드 분석을 통해서 내가 위치한 상권의 키워드 조회 수만으로 소비자 수요와 경쟁점 사이의 경쟁 정도를 파악할 수 있다.

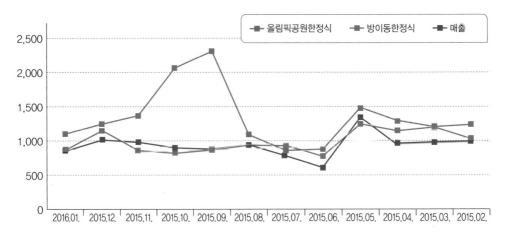

그림 8-12 키워드 분석 사례

표 8-1 전국 맛집의 키워드 조사 현황표

(단위 : 건)

연번	키워드	PC 검색 수		모바일 검색 수	
		월간	일	월간	일
1	홍대맛집	50,800	1,693	277,500	9,250
2	제주도맛집	115,000	3,833	202,500	6,750
3	강남역맛집	65,300	2,177	173,800	5,793
4	강릉맛집	45,900	1,530	155,800	5,193
5	건대맛집	32,200	1,073	154,400	5,147
6	속초맛집	67,000	2,233	140,700	4,690
7	연남동맛집	18,800	627	135,000	4,500
8	부산맛집	100,900	3,363	123,100	4,103
9	신촌맛집	28,800	960	120,900	4,030
10	잠실맛집	34,600	1,153	110,500	3,683
11	합정맛집	22,250	742	99,400	3,313
12	가로수길맛집	36,500	1,217	91,400	3,047
13	광화문맛집	35,200	1,173	91,200	3,040
14	울산맛집	76,300	2,543	87,200	2,907
15	춘천맛집	55,300	1,843	85,500	2,850
16	거제맛집	41,900	1,397	80,900	2,697
17	수원역맛집	18,100	603	75,700	2,523
18	서울역맛집	17,700	590	74,900	2,497
19	여의도맛집	22,600	753	71,700	2,390
20	종로맛집	32,100	1,070	70,800	2,360
21	동대문맛집	14,600	487	66,200	2,207

(계속)

연번	키워드	PC 검색 수		모바일 검색 수	
		월간	일	월간	일
22	진주맛집	16,200	540	64,500	2,150
23	인사동맛집	9,910	330	62,600	2,087
24	압구정맛집	33,600	1,120	56,900	1,897
25	양재역맛집	13,980	466	56,400	1,880
26	성신여대맛집	10,500	350	53,500	1,783
27	충주맛집	32,500	1,083	51,700	1,723
28	노원맛집	10,900	363	50,800	1,693
29	망원동맛집	12,600	420	50,300	1,677
30	교대역맛집	11,900	397	47,700	1,590
31	선릉역맛집	28,310	944	47,400	1,580
32	신논현맛집	19,150	638	47,000	1,567
33	안양맛집	13,500	450	46,300	1,543
34	담양맛집	5,510	184	45,300	1,510
35	청담맛집	8,010	267	43,800	1,460
36	양주맛집	3,570	119	40,900	1,363
37	목동맛집	5,990	200	40,300	1,343
38	종각맛집	8,370	279	40,200	1,340
39	아산맛집	19,400	647	38,100	1,270
40	상수맛집	13,800	460	34,300	1,143
41	상암동맛집	6,630	221	32,900	1,097
42	오산맛집	11,800	393	32,300	1,077
43	남해맛집	16,800	560	32,200	1,073
44	서산맛집	7,720	257	31,800	1,060
45	야탑맛집	5,980	199	31,700	1,057
46	마포맛집	14,500	483	28,500	950
47	이대맛집	4,460	149	25,200	840
48	연희동맛집	3,470	116	23,900	797
49	공덕맛집	4,410	147	21,200	707
50	역삼역맛집	9,690	323	19,400	647

4 추세분석(트렌드 분석)

추세분석(트렌드 분석)은 소셜미디어에서 소비자들이 이용하는 특정 키워드의 조회 수를 수년간 추적하여 변화를 측정함으로써 상권분석에 필요한 제품의 수명주기, 수요 등의 특정 이슈에 대한 정보를 얻는 활동이다. 키워드 분석에서 검색된 핵심키워드를 중심으로 추세분석을 진행한다.

트렌드 분석을 위한 활용 도구는 네이버(https://www.naver.com)와 구글(https://www.google.com)을 활용한다. 〈그림 8–13〉에서 확인된 바와 같이 2018년 국내 포털사이트 검색순위는 네이버가 1위, 세계적인 검색 포털사이트인 구글은 2017년 대비 12.14% 상승하면서 국내 포털사이트 검색순위 2위에 올랐다. 시간이 지날수록 구글의 인지도가 높아지고 자료 정보원의 신뢰도가 증가하고 있는 상황이다.

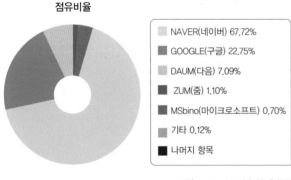

점유비율

■ NAVER(네이버) 67.72%
■ GOOGLE(구글) 22.75%
▨ DAUM(다음) 7.09%
■ ZUM(줌) 1.10%
■ MSbino(마이크로소프트) 0.70%
▨ 기타 0.12%
■ 나머지 항목

순위	구분	기간 내 평균	기간 시작 (2018.01.01/A)	기간 끝 (2018.12.31/B)	기간 내 변화율 (B–A)
1	NAVER (네이버)	67.72%	75.92%	64.77%	11.15%
2	GOOGLE (구글)	22.75%	15.01%	27.15%	12.14%
3	DAUM(다음)	7.09%	7.02%	6.18%	0.84%
4	ZUM(줌)	1.10%	1.24%	1.00%	0.24%
5	MSbing(마이크로소프트)	0.70%	0.65%	0.52%	0.13%

그림 8-13 2018년 국내 포털사이트 검색순위
자료 : internettrend 홈페이지.

〈그림 8–14〉는 국내 포털사이트의 3년간의 변화추이를 기록한 내용이다.

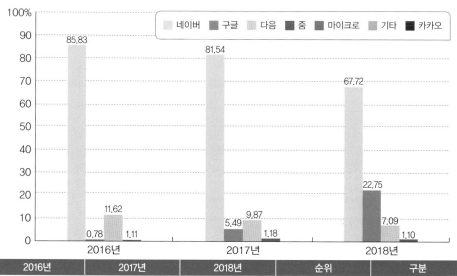

2016년	2017년	2018년	순위	구분
85.83	81.54	67.72	1	네이버
0.78	5.49	22.75	2	구글
11.62	9.87	7.09	3	다음
1.11	1.18	1.10	4	줌
0.60	0.64	0.70	5	마이크로소프트
0.02	0.03	0.12	6	기타
0.03	0.03	0.01	7	카카오

주) 분석기간 : 2016년 1월 1일~2018년 12월 31일

그림 8-14 국내 포털사이트의 검색 순위 분석표

1) 네이버 트렌드 분석

네이버 트렌트 분석(https://datalab.naver.com/keyword/trendSearch.naver)은 〈그림 8-15〉와 같이 진행한다.

네이버 트렌드 분석의 검색 키워드 수는 1~5개까지 동시에 입력하여 비교할 수 있다. 일반적으로 경쟁점의 키워드를 기록하여 경쟁 정도를 파악할 수 있으며 특정 키워드 하나의 추이를 분석할 수 있다. 분석기간 설정도 가능하다. 분석 시점을 중심으로 3년간의 추이를 볼 수 있다. 창업 예정자나 기존 사업자는 자료를 자주 검색하여 정리해 두면 상권의 변화를 빠르게 인지하여 대처할 수 있다. 또한 네이버 트렌드는 분석 범위와

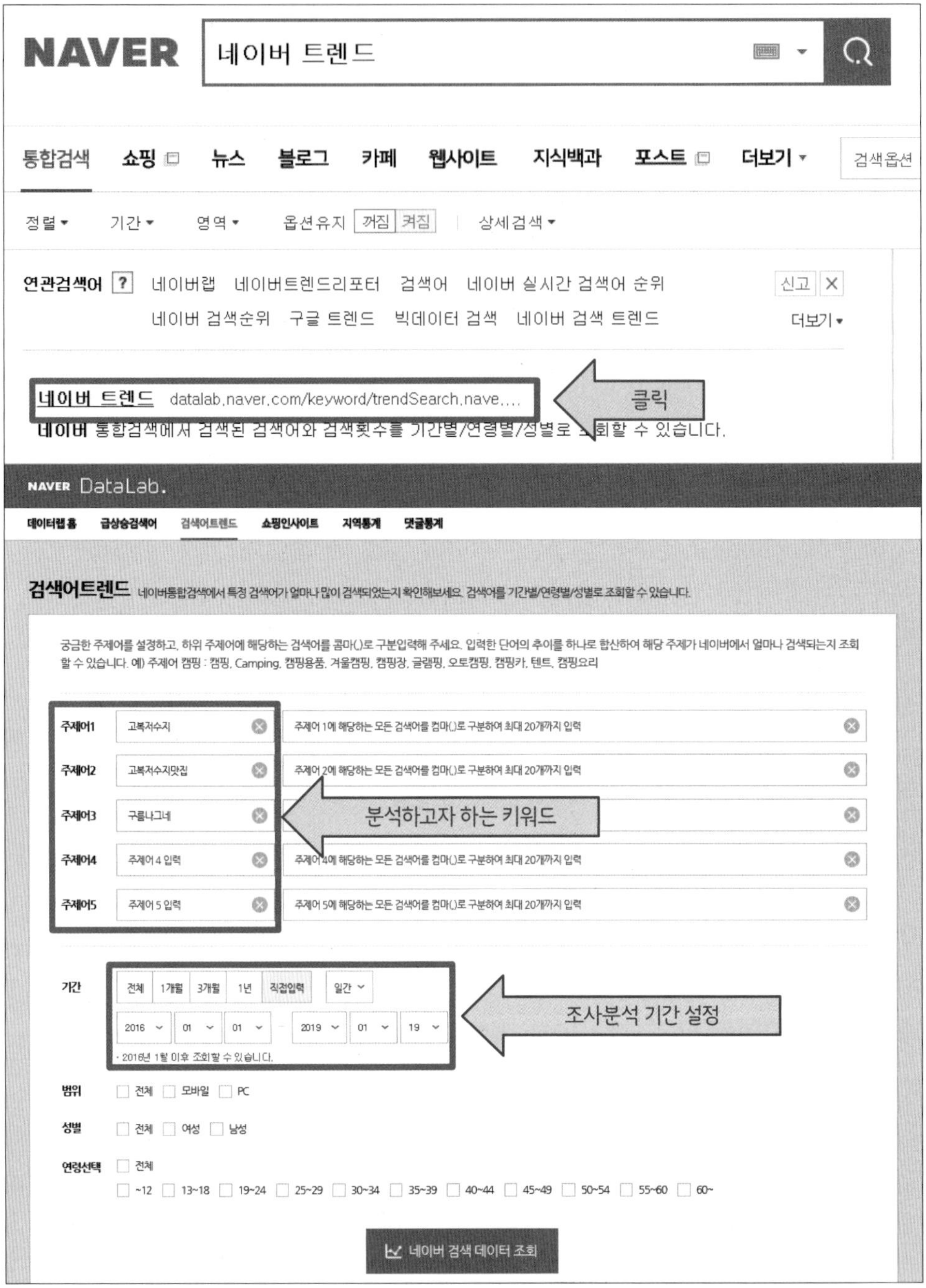

그림 8-15 네이버 트렌드 분석 방법

자료 : 네이버 데이터랩.

성별, 연령을 선택하여 분석할 수 있다. 만약 1년간의 추이를 확인하고 싶다면 네이버 검색광고의 최근 1년간 자료를 참고하여 활용한다.

키워드 분석에서 검색된 '고복저수지, 구름나그네, 고복저수지 맛집'을 네이버 트렌드로 3년간의 추이를 살펴보면 〈그림 8-16〉과 같다.

2016년 1월~2018년 12월까지의 추이는 매우 규칙적이다. 지형을 나타내는 고복저수지와 고복저수지 맛집의 경우 저수지가 없어지지 않는 이상 검색추이는 같은 패턴을 보일 것이다. 하지만 구름나그네 키워드는 예외의 상황이 발생할 수 있다. 장사가 너무 잘되어 그래프가 상승하거나 검색이 되지 않아 하락할 것이다. 현재 3년간 꾸준하게 유지되는 검색추이로 볼 때 사업이 안정적으로 유지되고 있다는 것을 알 수 있다. 조금 더 활성화시키려면 '고복저수지맛집'의 키워드가 상승하는 시기에 온라인 마케팅을 통해 키워드 조회 수를 늘리는 활동을 할 수 있다. 단, 경영자가 점포의 특성에 맞게 관리해야 한다. 점포의 특성이란, 점포의 규모나 메뉴 조리의 효율성을 고려해야 한다는 의미이다. 무조건 온라인 마케팅으로 활성화된다고 좋은 것은 아니다. 찾아오는 소비자를 고객으로 맞이하려는 준비가 충분히 되어 있어야 한다.

이처럼 온라인상의 키워드 검색추이만을 가지고 해당 점포의 특성과 전략을 도출할 수 있다. 따라서 온라인상에 노출되어 있는 자료들이 결국 상권분석의 핵심 키워드를

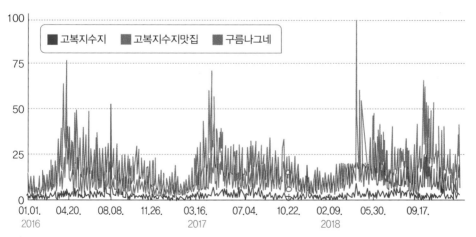

그림 8-16 네이버 트렌드 추이

자료 : 네이버 데이터랩.

찾는 중요한 단서이며 그것을 통해 나와 경쟁자, 그리고 소비자를 분석할 수 있게 되는 것이다. 무엇보다 경쟁자를 분석하는 데 활용할 수 있다. 또한 구름나그네를 온라인에서 확장하기 위해 어떤 키워드로 노출해야 하는지 인지할 수 있다.

외식사업자는 소셜미디어를 이용하는 타깃 소비자의 동기요인을 파악하여 타깃에 적합한 서비스를 제공해야 한다. 소비자의 심리적 동기가 가장 중요한 만큼 방문했던 외식업체를 통해서 본인을 자랑할 수 있는 기회를 마련해 주는 것이 필요하기 때문이다. 또한 소비자의 적극적인 참여를 이끌어 낼 수 있는 이벤트를 제공하기 위한 노력도 병행해야 한다.

이 외에도 네이버 트렌드 분석은 다양한 기능을 가지고 있다. 지금까지 분석한 영역은 네이버 데이터랩(https://datalab.naver.com) 기능 중 '검색어트렌드'의 검색어를 활용한 네이버 트렌드 분석이었다. 네이버 데이터랩에 어떤 기능이 있는지 살펴보자.

〈그림 8-17〉은 네이버 데이터랩의 홈 화면이다. 6개의 카테고리로 구분되어 있으며

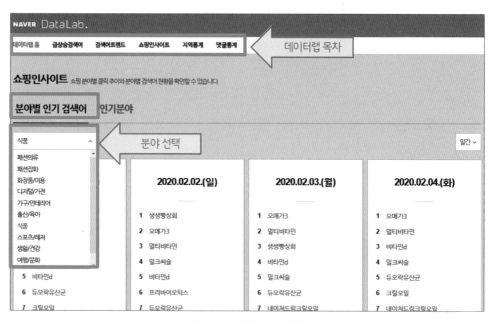

그림 8-17 네이버 데이터랩의 쇼핑인사이트
자료 : 네이버 데이터랩.

그림 8-18 네이버 데이터랩 홈의 분야별 인기 검색어

자료 : 네이버 데이터랩.

그림 8-19 네이버 데이터랩 홈의 급상승검색어

자료 : 네이버 데이터랩.

쇼핑인사이트를 가장 먼저 보여준다. 쇼핑인사이트는 쇼핑분야별 클릭 추이와 분야별 검색어 현황을 보여준다.

〈그림 8-18〉은 분야별 인기 검색어를 보여주는 서비스이다. 소비자들의 관심사를 파악할 수 있는 검색어를 일간, 주간, 월간 단위로 보여준다.

〈그림 8-19〉는 검색 횟수가 급상승한 검색어 순위와 추이를 연령별, 시간대별로 자세히 제공한다. 검색어를 클릭하면 다양한 그래프를 확인할 수 있다.

〈그림 8-20〉의 검색어트렌드는 네이버 통합검색에서 특정 검색어가 얼마나 많이 검색되었는지 확인하는 것으로 네이버 트렌드 분석으로 앞부분에서 충분히 설명했다. 온라인 상권분석에서 가장 많이 활용하게 된다.

〈그림 8-21〉은 2017년 8월 새롭게 오픈된 '쇼핑인사이트' 메뉴로 '분야 통계'와 '검색어 통계'는 네이버를 통해 검색되는 다양한 쇼핑과 관련된 클릭 추이를 보여주고 있다. 또한 연령별/성별 정보를 일별, 월별, 연별, 전체로 상세히 조회할 수 있다. 네이버 검색광고에서 확인할 수 있는 부분과 중복되긴 하지만 별도의 로그인 없이 네이버 계정에서 확인할 수 있다는 것과 가시적으로 보기 좋게 구성한 부분이 장점이라고 할 수 있다.

그림 8-20 네이버 데이터랩 홈의 검색어트렌드

자료 : 네이버 데이터랩.

〈그림 8-21〉의 쇼핑분야 트렌드 비교창은 비교를 원하는 분야를 선택 후 조회를 클릭하면 분야별 클릭 횟수 트렌드를 확인할 수 있도록 구성되었다. 사례로 식품 범주에서 냉면이란 키워드를 조회하였다. 그래프만으로 냉면이란 제품이 활성화되는 시기를

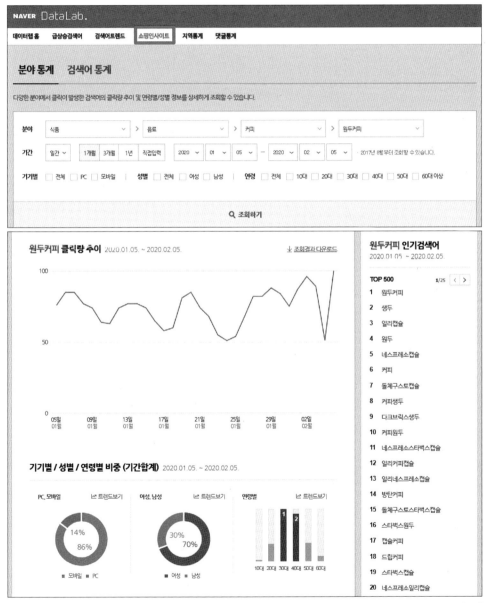

(계속)

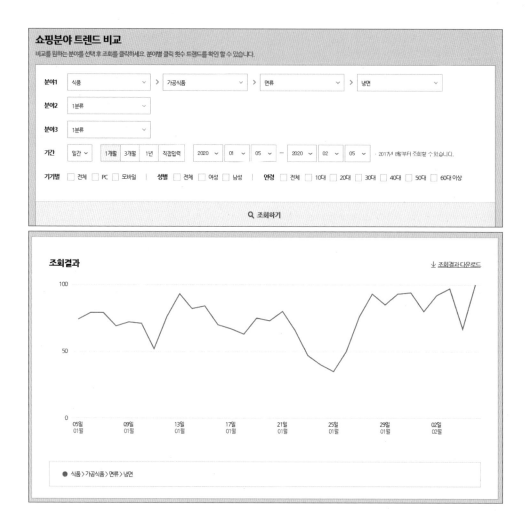

그림 8-21 네이버 데이터랩 홈의 쇼핑인사이트

자료 : 네이버 데이터랩.

확인할 수 있다. 이와 같은 결과는 활성화되지 못하는 시기의 전략을 미리 계획해야 한다는 것으로 해석할 수 있다. 무엇보다 활성화되는 시기에도 최대매출을 관리하기 위한 인력문제와 직원의 근무시간, 물류를 어떻게 관리할 것인지를 계획해야만 한다는 것을 사전에 파악할 수 있도록 근거 자료를 제공해 준다.

〈그림 8-22〉의 '지역통계'는 '지역별 관심도'에서 시·군·구 지역을 하나 선택하면, 해당 지역의 관심 업종 순위 및 업종별 인기 지역을 확인할 수 있다. 구름나그네가 위치

하고 있는 세종특별자치시를 중심으로 인기업종 1위는 생활이며, 음식점은 2위를 차지하고 있다. 가장 활성화된 지역은 조치원읍으로 확인된다. 예비창업자가 눈여겨 볼만한 분석도구이다. 지역통계에 지역별 관심도와 함께 카드사용통계를 제공한다. 카드사용통계는 비씨카드에서 제공하는 데이터를 기반으로 전국 지역별/업종별/연령별/성별 카드사용내역 정보를 제공한다. 카드 결제금액으로 상위 업종을 확인할 수 있다.

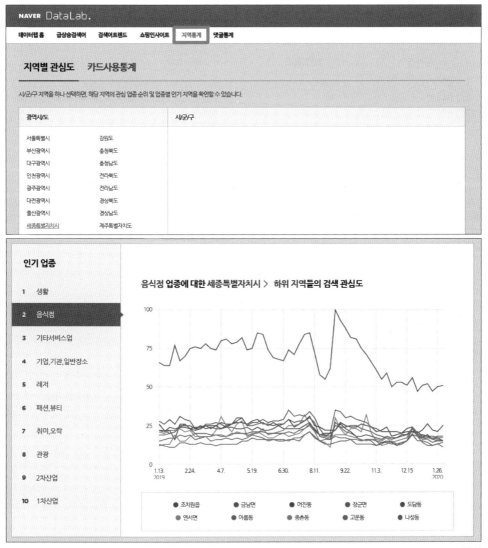

(계속)

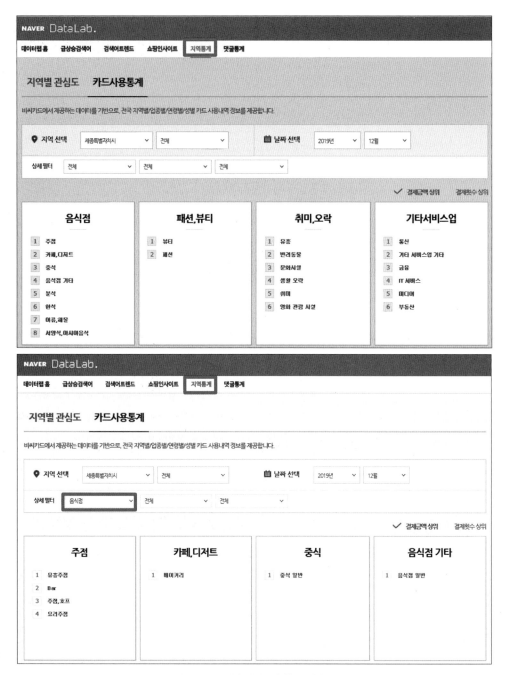

그림 8-22 네이버 데이터랩 홈의 지역통계
자료 : 네이버 데이터랩.

2) 구글 트렌드 분석

구글 트렌드 분석은 네이버 트렌드와 비슷하다고 할 수 있지만 구글을 활용하여 검색하는 수가 부족하여 정확도는 조금 낮을 수 있다. 하지만 앞으로 구글의 행보는 우리가 상상할 수 없는 정도의 파급력을 갖출 것으로 판단된다. 구글의 트렌드 분석 역시 검색되는 키워드의 추세를 실시간으로 보여주는 빅데이터 기반의 서비스이다. 키워드에 대한 관심도를 분석하고 검색횟수가 가장 많았던 때를 100으로 하여 시기별로 상대적 수치를 환산하여 보여준다. 구글 트렌드는 국제적으로 굵직굵직한 사건들을 예견하는 것으로도 주목을 끌고 있다.

분석을 위해 구글 검색창에서 〈그림 8-23〉과 같이 '구글 트렌드'라고 검색을 한다.

구글 트렌드를 클릭하면 〈그림 8-24〉와 같이 검색어 또는 주제어를 입력하는 창이 나타난다.

스타벅스라는 키워드를 입력하면

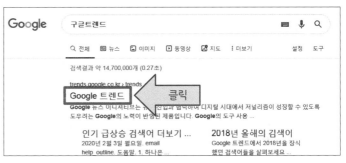

그림 8-23 네이버 연관검색어

자료 : 네이버.

그림 8-24 구글 트렌드 검색창

자료 : 구글.

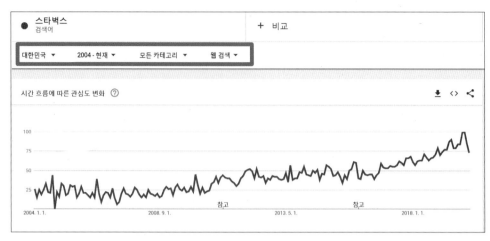

그림 8-25 구글 트렌드 검색어 입력

자료 : 구글.

〈그림 8-25〉와 같이 추세를 확인할 수 있다. 구글 트렌드의 키워드 추세표는 4가지 조건을 적용할 수 있으며 스타벅스를 사례로 분석한 내용은 다음과 같다. 스타벅스 키워드 추세를 대한민국으로 설정하고 분석기간은 15년, 카테고리는 전체, 검색 기준은 웹기준으로 분석해 보았다.

> **구글 트렌트 추세표의 4가지 조건**
>
> - 첫 번째, 분석하고자 키워드의 추세를 나라별로 분석할 수 있으며 전 세계를 대상으로 분석할 수 있다는 확장성이 있다.
> - 두 번째, 키워드 추세 그래프는 15년간의 추세를 한번에 볼 수 있고 분석기간을 조금 더 디테일하게 1시간, 4시간, 1일, 7일, 30일 등과 같이 특정한 기간을 설정하여 분석할 수 있다.
> - 셋 번째, 분석하고자 하는 키워드의 범주를 설정하는 것인데 25가지(건강, 게임, 과학, 금융, 뉴스, 미용& 건강, 식음료, 여행 등)로 디테일하게 분류하여 분석할 수 있다.
> - 네 번째, 검색 기준이다. 검색 기준은 웹검색, 이미지 검색, 뉴스 검색, 구글쇼핑, 유튜브로 설정할 수 있다.

〈그림 8-26〉은 스타벅스의 키워드 추세와 함께 비교하고 싶은 키워드를 입력하여 비교 분석한 사례이다. 비교 분석할 수 있는 키워드 수는 최대 5개다. 스타벅스와 커피, 원두로 비교 분석한 자료를 해석하면 우리나라 커피시장이 활성화되었던 시기(2011~2014년)를 구글 트렌드 분석을 통해 확인할 수 있다. 스타벅스는 활성화된 시기와 전혀 관계

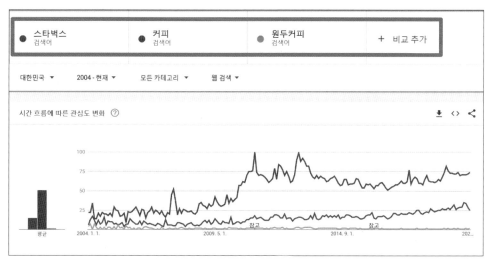

그림 8-26 구글 트렌드 검색어 비교 분석

자료 : 구글.

없이 꾸준히 성장하는 브랜드라는 것을 볼 수 있다. 또한 원두커피에 대한 시장의 수요 증가도 추정 가능하다.

구글 트렌드는 검색어 추이에 더해서 하단에 〈그림 8-27〉과 같이 지역별 관심도를 보여준다. 관심도는 비교 분석한 키워드를 모두 보여준다. 스타벅스의 경우 수도권을 중심으로 관심이 집중되는 것을 확인할 수 있다. 커피의 경우는 강원도, 전라도, 경상도, 충청도 순으로 관심도가 집중되는 것을 볼 수 있다. 원두커피는 서울, 부산, 경기도, 제주도, 강원도 순으로 관심이 높다는 것을 확인할 수 있다.

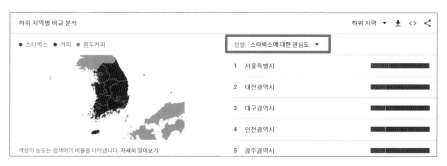

그림 8-27 구글 트렌드 검색어 비교 분석 관심도

자료 : 구글.

그림 8-28 구글 트렌드 비교 검색어의 연관 검색어

자료 : 구글.

또한 스타벅스와 관련하여 비교 분석했던 키워드별 연관 검색어를 같이 보여준다. 스타벅스는 텀블러, 커피는 커피머신, 원두커피는 원두커피머신과 같이 순위별로 분석해준다. 이와 같이 구글 검색이 더욱 활성화된다면 구글 트렌드 분석의 파급효과는 온라인 상권분석에서 핵심이 될 수 있다.

5 내용분석

키워드 분석과 추세분석에 이어 내용분석을 살펴본다. 내용분석은 SNS에 사람들이 다양하게 올린 비정형 텍스트에 담긴 메시지의 특성, 의도, 구조 등을 객관적인 유목과 단위를 이용하여 조사 분류하는 방법이다. 내용분석은 매우 과학적인 결과를 얻기 위해 분석유목과 분석단위를 타당한 수준에서 결정해야만 한다. 상권분석에 필요한 상권의 월별 특성을 조사하기 위한 것으로 방문목적, 동반자, 방문시간, 구매한 메뉴와 가격, 만족도, 구체적인 후기 등을 구체적으로 유목화해야 한다.

분석유목은 일반적인 연구의 변인에 해당하는 것으로서 어떤 기준에 따라 어떤 항목으로 나누어 분석할 것인가를 의미하는 것이다. 예를 들면, 맛집 리뷰의 내용은 방문월일, 방문시간(점심, 저녁), 방문목적, 방문일행, 구매음식, 지불수준, 만족도 등을 분석유목으로 사용할 수 있다. 분석단위는 기준과 항목에 따라 분류하고 빈도를 조사할 때 집계하는 내용의 최소단위를 의미한다. 예를 들면 방문시간을 아침, 점심, 저녁, 심야 등으로 구분하는 것이다.

내용분석의 결과는 〈표 8-2〉의 사례를 통해 확인할 수 있다. 구름나그네의 내용분

표 8-2 구름나그네 블로그 기준 내용분석 사례

구분	건수	방문목적	방문시간	선택 메뉴	동반자	서비스 만족	불만족
1월	2건	여행	점심	• 산채비빔밥 • 해물파전 • 능이백숙	친구	• 밑반찬 깔끔하고 맛이 좋음, 산채비빔밥 강추 • 능이백숙 담백하고 맛있음	파전 느끼함
2월	2건	단순식사 (보양)	점심	• 능이백숙	직장동료, 부모님	• 김치 맛이 좋아서 계속 리필 • 파전이 튀김 같아 취향저격	가격 비쌈
3월	2건	단순식사	점심	• 능이백숙 • 해물파전	모임(단체), 지인	• 경치 일품 • 깔끔하게 차려진 식단, 정성 가득 • 색다른 파전집, 나들이하기 좋은 곳	–
4월	1건	–	–	–	–	• 글 없이 사진만 있는 포스팅(긍정)	–
5월	2건	단순식사 (보양)	점심	• 능이계탕	연인	• 맛깔스러운 밑반찬	닭 질기고 비쌈

(계속)

구분	건 수	방문목적	방문시간	선택 메뉴	동반자	서비스 만족	불만족
6월	4건	단순식사 (보양)	점심	• 능이백숙 • 해물파전 • 산채비빔밥 • 능이계탕	친구, 지인	• 능이백숙 가격 합리적 • 여태 먹어 본 삼계탕 중 최고 • 몸보신 하고 싶은 사람에게 강추함 • 반찬 맛있음	삼계탕 퍽퍽함
7월	2건	단순식사 (보양)	점심	• 능이백숙 • 해물파전	지인회식 부모님	• 맛있음 • 부모님 모시고 가기 좋은 건강한 식사	화장실, 에어컨 상태 안 좋음
8월	4건	단순식사 (보양), 단순식사 (드라이브)	점심	• 능이계탕 • 능이백숙 • 해물파전	부부, 가족	• 삼계탕 맛있음 • 김치 맛있음, 삼계탕 맛있음, 파전 내용물 실함 • 가족들과 다시 오고 싶은 곳 • 여사장님은 친절하심	• 내부 인테리어 기대하면 안 됨 • 반찬 올드함 • 가성비, 만족도 떨어짐 • 해물파전 많이 실망스러움
9월	4건	단순식사 (보양)	점심	• 능이백숙 • 능이계탕 • 해물파전	가족	• 깔끔한 반찬, 마늘장아찌 맛있음 • 파전 바삭하고 푸짐해서 맛있음 • 삼계탕 부드럽고 맛있음 • 능이백숙 오늘도 역시나 감동 • 인심 좋은 여사장님, 김치 맛있음 • 건강한 한 끼	–
10월	4건	단순식사	점심	• 능이백숙	지인, 가족	• 백숙, 죽 훌륭함 • 운치있는 풍경에 좋은 지인과의 식사는 신선놀음 • 기본 반찬 맛깔스러움 • 미리 예약해야 하는 유명한 집 • 파전은 남기더라도 꼭 드셔보시길	–
11월	2건	단순식사 생신잔치	점심	• 능이계탕 • 능이백숙	직장동료, 가족	• 김치도 평범하지 않음	–
12월	4건	단순식사	점심	• 능이계탕	–	• 밑반찬 정갈함, 한번쯤 방문 추천 • 주차공간 넉넉하고 내부 분위기 좋음 • 능이 많이 들어 있음 • 고복저수지 운치를 느낄 수 있음	soso 맛집은 아님

석 도구는 국내 포털사이트 네이버의 블로그 글만을 활용했다. 2018년 1월 1일~12월 27일까지 400건의 블로그 글 중 실제 방문 후기에 해당하는 30건의 글을 '방문목적, 방문시간, 선택 메뉴, 동반자, 서비스의 만족과 불만족'으로 분류하여 조사한 내용은 표와 같다.

수많은 블로그 글 중 구름나그네와 직접적으로 연관된 유효한 블로그 수는 41건이었으나 2018년 한 해 동안 구름나그네를 방문한 고객들이 어떤 목적을 가지고 왔는지, 어떠한 것에 만족했고 어떤 것에 불만족했는지 내용분석을 통해 확인할 수 있다. 측정된 자료를 바탕으로 2019년 만족한 부분을 더욱 극대화시킬 수 있는 전략을 수립하고 새로운 프로모션을 진행하기 위한 대안을 찾을 수 있을 것이다. 불만족으로 나타난 부분에 대해서는 통제 가능한 부분은 수정·보완하고 통제 불가능한 맛을 평가한 부분이나 가격에 대해서는 경영자의 일관성을 유지하는 전략이 필요해 보인다.

또한 내용분석을 통해 고복저수지 주변 카페와 맛집을 소개하면서 구름나그네를 함께 언급하는 글이 많았다는 것을 확인할 수 있으며 메뉴보다는 풍경과 인테리어 부분을 언급하는 내용이 많다는 것을 알 수 있다. 또한 고복저수지 주변 카페를 중심으로 상권이 활성화되고 있다는 것도 확인할 수 있다. 이와 같이 내용분석의 결과는 온라인 상권분석을 위한 중요한 도구이다.

내용분석 방법은 〈그림 8-29〉와 같이 네이버 검색창에 구름나그네를 입력하고 블로그만 설정하여 검색 버튼을 누른다. 또한 기간 설정도 가능하다. 기간은 1일, 1주, 1개월,

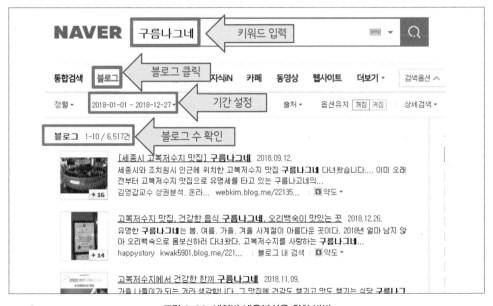

그림 8-29 네이버 내용분석을 위한 방법
자료 : 네이버.

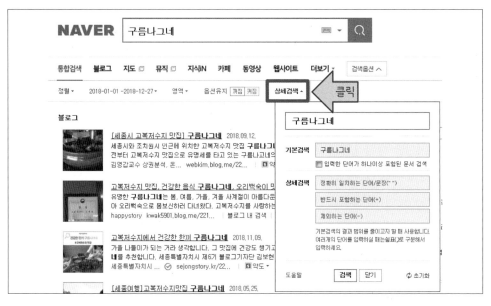

그림 8-30 네이버 내용분석을 위한 블로그 상세검색

자료 : 네이버.

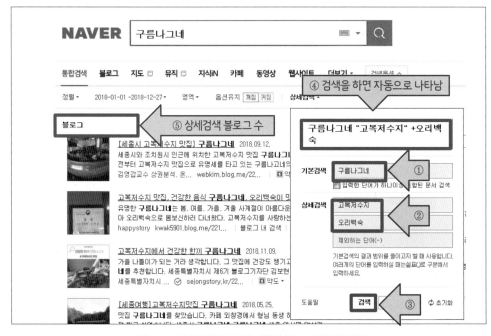

그림 8-31 네이버 내용분석을 위한 블로그 상세검색 결과

자료 : 네이버.

6개월, 1년으로 설정할 수 있고 직접 분석하고자 하는 기간을 입력할 수 있다. 구름나그네의 경우 직접입력란에 2018년 01월 01일~2018년 12월 27일로 설정하여 분석한다.

블로그 내용분석을 위해 기간을 설정하여 진행할 때 자료의 신뢰도를 높이기 위해 상세분석을 사용할 수 있다. 상세분석은 기본검색의 결과 범위를 줄일 때 사용한다. 또한 상세 검색은 분석하려는 여러 개의 키워드를 넣어서 〈그림 8-31〉과 같이 분석할 수 있다.

상세분석은 분석하고자 하는 점포의 특징을 넣어 정확하게 찾고 싶을 때 사용한다. 네이버 검색창에 '구름나그네'로 검색하면 전국에 있는 모든 점포가 노출되므로 다른 점포가 함께 검색될 수 있다. 따라서 판매하고 있는 상품이나 제품명을 넣거나 특징을 나타내는 키워드를 포함시키면 원하는 글을 정확하게 찾을 수 있다.

본격적인 내용분석을 위해 정렬을 사용하여 최신 순으로 설정 후 월별로 올라온 블로그를 읽고 분석하고자 하는 내용을 〈표 8-2〉의 내용분석 사례처럼 정리한다.

그림 8-32 네이버 내용분석을 위한 블로그 분석
자료 : 네이버.

6 분류분석

분류분석은 SNS상에 사람들이 입력한 텍스트에서 주요 키워드와 관계가 있는 단어를 특정한 기준과 빈도수로 정리하거나 감성언어 등을 긍정, 부정으로 분류하여 상권분석에 필요한 시사점을 찾아내는 활동이다.

〈그림 8-33〉은 '소셜메트릭스'를 이용하여 구름나그네의 대표 상품인 '백숙'에 관한 키워드를 중심으로 한 달간의 소비자의 감성을 분석한 사례이다. 감성분석 추이를 통해서 어떤 시기에 더욱 활성화되고 있는지 알 수 있다. 데이터 추출은 트위터, 블로그, 인스타그램, 뉴스를 포함하여 이루어진다.

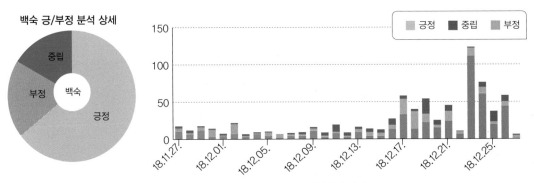

그림 8-33 다음 소셜메트릭스의 감성분석 사례
자료 : 다음 소셜메트릭스.

여기서 한 가지 주의할 점이 있다. 감성분석이긴 하지만 부정의 키워드에 대한 분류는 면밀히 확인해 볼 필요가 있다. 요즘 유행하는 키워드 자체가 긍정의 표현을 더욱 긍정으로 표현하기 위해 부정의 단어를 사용하는 경우가 있기 때문이다. 예를 들어 '독한'이란 키워드는 부정의 요소를 가지고 있지만 때론 긍정의 감성으로 사용된다.

소셜메트릭스(http://www.socialmetrics.co.kr/bigdata) 이외에 소상공인 상권정보시스템에서도 분류분석을 〈그림 8-34〉와 같이 제공한다. SNS 검색 데이터는 트위터, 블로그에서 추출한다. 소셜메트릭스에서는 무료로 검색할 수 있는 기간이 1개월 기준이며 상권정보시스템(http://sg.sbiz.or.kr)은 최대 3개월간의 정보를 분석할 수 있다.

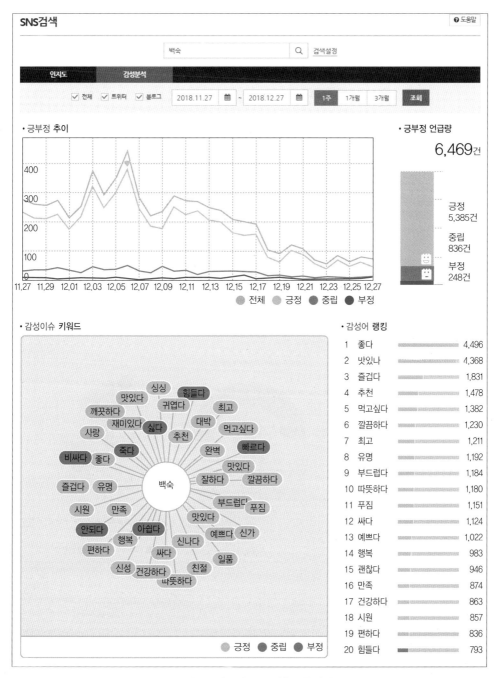

그림 8-34 소상공인 상권정보시스템을 통한 감성분석 사례

자료 : 소상공인시장진흥공단 상권정보시스템.

구름나그네와 연관되는 백숙이란 키워드의 감성분석 순위는 형용사와 명사로 나타난다. 백숙이란 키워드는 매우 긍정적인 감성이슈를 만들어 내고 있다는 것을 확인할 수 있다.

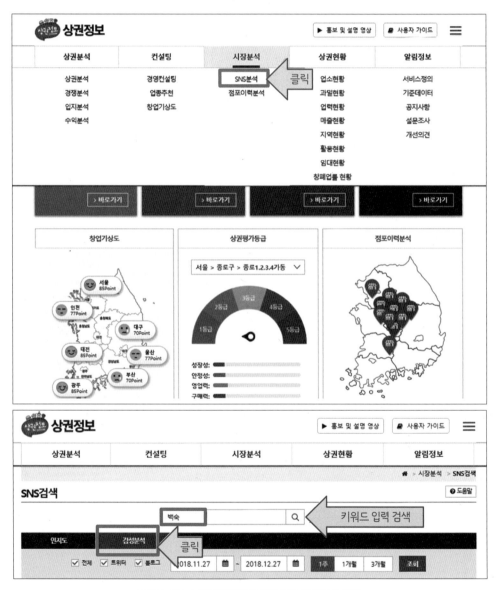

그림 8-35 소상공인정보시스템을 통한 감성분석 방법

자료 : 소상공인시장진흥공단 상권정보시스템.

그림 8-36 분류분석을 위한 다음 소셜메트릭스

자료 : 다음 소셜메트릭스.

분류분석을 위한 접속 방법은 〈그림 8-35〉 및 〈그림 8-36〉과 같다. 'SNS 검색'은 소상공인 상권정보시스템을 이용하며, 소셜메트릭스는 다음(Daum)에서 찾을 수 있다.

7 순위분석과 통계분석

순위분석과 통계분석은 매우 다양한 소셜미디어를 통해 특정 상권의 점포 순위와 이용고객의 특성을 분석하는 활동이다. 가장 쉽게 어떤 상권에 위치한 점포의 순위와 통계를 확인할 수 있는 도구로 네이버 플레이스를 들 수 있다. 네이버 플레이스 서비스를 이용해서 순위분석과 통계분석을 하는 방법을 설명하면 〈그림 8-37〉과 같다.

〈그림 8-38〉은 키워드 분석에서 도출되었던 핵심키워드의 '고복저수지 맛집'을 이용한 네이버 플레이스의 검색 결과이다. 네이버 친화적인 구조라고 이야기하지만 일반적

그림 8-37 네이버 플레이스 사례
자료 : 네이버 플레이스.

으로 지역에서 인기도가 높은 점포 순위라고 할 수 있다. 그곳에 '구름나그네'가 포함되어 있다. 1위는 커피전문점 에브리선데이 본점으로 분위기 좋은 고복저수지와 아주 잘 어울리는 점포라는 사실을 확인할 수 있다. 〈그림 8-38〉과 같이 각각의 점포들을 클릭하면 위에서 잠시 언급했던 테마 키워드의 분위기, 인기토픽, 찾는 목적 등이 구름나그네가 위치하고 있는 온라인 상권의 특징을 잘 보여준다. 통계적으로 분석된 요일별, 시간대별 검색 인기도와 연령별, 성별 인기도까지 분석 가능하다. 소비자는 '고복저수지 맛집' 검색을 통해서 내가 가야 할 곳인지를 결정할 수 있는 자료로 활용한다.

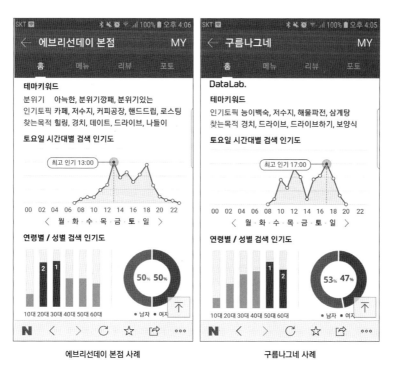

에브리선데이 본점 사례 구름나그네 사례

그림 8-38 네이버 플레이스를 이용한 검색 사례

자료 : 네이버 플레이스.

　온라인 상권분석에서 순위분석과 통계분석은 상권 특징을 중심으로 자사를 분석하고 경쟁자, 소비자를 분석할 수 있도록 도와준다. 누구나 사용할 수 있으며 어렵지 않게 접근할 수 있어 매우 중요한 상권분석 도구가 된다.

8 기타 분석

온라인 상권분석은 다양한 온라인 채널을 활용하여 소비자와 경쟁자를 분석할 수 있다는 장점이 있다. 특히 기타 분석에서는 애플리케이션을 이용하여 분석하는 부분을 안내한다. 〈그림 8-39, 40〉은 다이닝코드와 망고플레이트를 소개하고 있지만 스마트폰을 활

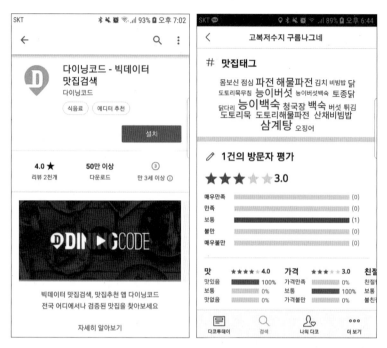

그림 8-39 다이닝코드 사례

그림 8-40 망고플레이트 사례

용하여 분석할 수 있는 다양한 애플리케이션들이 존재한다. 이러한 애플리케이션은 분석하고자 하는 점포의 핵심 키워드는 물론 고객의 리뷰까지 제공한다.

오프라인 상권분석으로 1차 분석을 완료한 후, 온라인 상권분석을 하면 물리적 범위를 측정할 수 없는 고객과 소비자를 분석할 수 있는 장점이 있기 때문에 상권분석에서 매우 중요한 부분이다. 즉 온라인 상권분석을 자주 활용하여 노하우를 축적할 수 있도록 노력해야 한다.

학습 요약

1 온라인 상권분석은 오프라인 상권분석과 개념적으로는 동일하다. 다만 오프라인 상권분석의 대상이 부동산의 공간적 범위인데 온라인 상권분석은 소셜네트워크 서비스를 대상으로 한다는 차이가 있다. 따라서 온라인 상권분석은 창업과 사업을 목적으로 선택한 상권을 중심으로 소셜분석을 하는 것으로 정의할 수 있다. 소셜분석의 대상은 3C 분석으로 온라인 상권의 자사(Company), 소비자(Consumer), 경쟁자(Competitor)가 된다.

2 온라인 상권분석을 위해 사용되는 도구는 포털사이트(예 네이버, 네이버 지도, 데이터랩, 블로그, 다음, 다음 지도, 구글, 구글 지도, 소셜메트릭스 등), 페이스북, 인스타그램과 애플리케이션으로 서비스되고 있는 다이닝코드, 전국맛집, 핫플레이스, 마이메뉴, 카카오플레이스, 블로그 모니터 등이 있다. 분석 방법으로는 키워드 분석, 추세분석, 내용분석, 분류분석, 순위분석, 통계분석 방법이 있다.

3 키워드 분석이란, 소셜미디어에서 사람들이 이용하는 키워드 현황, 키워드별 조회 수, 월별추이, 연관 키워드 등을 이용하여 상권을 대표하는 키워드, 상권특성, 주요 업종 및 브랜드 소비자 인식, 연계 소비 등에 대한 정보를 분석하는 활동이다.

4 추세분석(트렌드 분석)은 소셜미디어에서 소비자들이 이용하는 특정 키워드의 조회 수를 수년간 추적하여 변화를 측정함으로써 상권분석에 필요한 제품의 수명주기, 수요 등의 특정 이슈에 대한 정보를 얻는 활동이다.

5 내용분석은 SNS에 사람들이 다양하게 올린 비정형 텍스트에 담긴 메시지의 특성, 의도, 구조 등을 객관적인 유목과 단위를 이용하여 조사 분류하는 방법이다. 내용분석은 매우 과학적인 결과를 얻기 위해 분석유목과 분석단위를 타당한 수준에서 결정해야만 한다. 상권분석에 필요한 상권의 월별 특성을 조사하기 위한 것으로 방문목적, 동반자, 방문시간, 구매한 메뉴와 가격, 만족도, 구체적인 후기 등을 구체적으로 유목화 해야 한다.

6 분류분석은 SNS상에 사람들이 입력한 텍스트에서 주요 키워드와 관계가 있는 단어를 특정한 기준과 빈도수로 정리하거나 감성언어 등을 긍정, 부정으로 분류하여 상권분석에 필요한 시사점을 찾아내는 활동이다.

7 순위분석과 통계분석은 매우 다양한 소셜미디어를 통해 특정 상권의 점포 순위와 이용고객의 특성을 분석하는 활동이다. 가장 쉽게 어떤 상권에 위치한 점포의 순위와 통계를 확인할 수 있는 도구로 네이버 플레이스를 들 수 있다.

1 온라인 상권분석을 위해 활용하는 소셜분석 매체를 정리해 보고, 각 매체가 제공하는 정보를 정리해 보자.

2 자신의 점포 또는 관심을 가지고 있는 브랜드를 대상으로 '키워드 분석'을 하고 시사점을 정리해 보자.

3 자신의 점포 또는 관심을 가지고 있는 브랜드를 대상으로 '추세분석'을 하고 시사점을 정리해 보자.

4 자신의 점포 또는 관심을 가지고 있는 브랜드를 대상으로 '내용분석'을 하고 시사점을 정리해 보자.

5 자신의 점포 또는 관심을 가지고 있는 브랜드를 대상으로 '분류분석'을 하고 시사점을 정리해 보자.

6 자신의 점포 또는 관심을 가지고 있는 브랜드를 대상으로 '순위분석과 통계분석'을 하고 시사점을 정리해 보자.

7 자신의 점포 또는 관심을 가지고 있는 브랜드를 대상으로 '기타분석'을 하고 시사점을 정리해 보자.

8 위에서 분석한 내용을 통합적으로 정리한 후 SWOT 분석으로 현재의 상황을 개선하기 위한 전략을 수립해 보사.

9장

매출액 추정 및 사업타당성 분석

학습내용

1 매출액 추정의 개요
2 매출액 추정 방법
3 사업타당성 분석의 이해
4 사업타당성 분석 방법
5 정량적인 수익성 분석
6 사업타당성 분석 기법

학습목표

- 매출액을 추정하기 위한 다양한 방법과 업종에 따른 방법 등을 설명할 수 있다.
- 사업타당성 분석의 정의, 필요성과 중요성 그리고 분석 요소와 프로세스를 설명할 수 있다.
- 사업타당성 분석 방법으로 투자수익률법, 회수기간법, 손익분기점 분석을 설명할 수 있다.

1 매출액 추정의 개요

상권분석을 위한 경쟁점포와 자기점포의 매출액 추정 방법을 학습한다. 이어서 추정된 매출액을 기초로 사업의 타당성을 분석하는 내용과 과정을 익힌다. 가능하다면 본 장을 학습하기에 앞서 회계학과 재무관리에서 다루는 매출, 비용, 이익의 개념을 정확하게 이해하면 좋다.

　상권분석에서 사업타당성 분석이 반드시 필요한 이유는 창업자나 사업자라면 누구나 투자수익률(ROI, Return on Investment)을 기준으로 사업목표 달성의 가능 여부를 판정해야 하기 때문이다. 이때 투자수익률 산출의 근거가 되는 기초자료가 매출액이다. 따라서 최대한 정확한 사업타당성 분석을 위해 매출액을 정확하게 추정해야 한다. 우리가 상권분석을 하는 이유는 결국 매출액 추정을 하기 위함이다. 이러한 목적을 달성함으로써 창업자는 사업타당성 분석을 통해 창업을 위한 투자금액과 점포 운영을 위한 비용의 상한성을 설정할 수 있다. 예를 들어, 한 달 동안 5천만 원의 매출을 달성할 것이 예상되는 점포에서 1천만 원(매출액 대비 20%)의 이익을 달성하겠다고 목표를 설정했다면 총 비용은 4천만 원을 초과해서는 안 된다. 그리고 월 투자수익률이 4% 이상이 되어야 한다면 총 투자금액은 2억 5천만 원이 적정하다.

1) 매출액 추정의 필요성

상권분석에서 매출액 추정이 필요한 이유는 사업타당성 분석을 위한 기초자료이기 때문이다. 특히 창업자는 매월 또는 연간 달성 가능한 매출액 수준을 알아야 투자금액과 비용의 상한선을 설정할 수 있다. 매출액은 주로 상권분석법 중 통계적 분석법과 현장조사법을 이용하여 추정한다. 그리고 매출에 영향을 미치는 독립변수를 이용하여 조절한다. 예를 들면, 주점 매출액은 소주와 맥주판매량으로 예측 가능하다. 그 외에 자기점포의 매출액은 동일 규모, 동일 업종 및 업태의 경쟁점포 매출액으로 추정한다. 예를 들면, 상권분석시스템의 평균 매출과 매출액 분포를 이용해서 자기 점포 매출액을 추정할 수 있다. 다만 여기서 주의할 점은 같은 위치에서 동일한 메뉴를 동일한 가격으로 판매하더라도 점포 간의 경쟁력에 따라서 매출액이 큰 차이를 보인다는 것이다.

2) 매출액 추정의 중요성

상권분석에서 매출액 추정은 단순히 경쟁점이 얼마의 매출액을 달성하고 있으며, 자기 점포는 매출액을 얼마나 달성할 수 있는지를 파악하는 것 이상의 의미를 갖는다. 예를 들면 상권분석을 하면서 예비창업자나 기존 사업자에게 더 필요한 정보가 아래 두 가지 내용 중 어떤 것인지 생각해 보자.

> 1. A 상권에서 영업 중인 삼겹살 전문점 10곳의 평균 매출액은 5천만 원이다.
> 2. A 상권에서 영업 중인 삼겹살 전문점 10곳의 시간대별, 요일별, 월별 매출비중이 어떻게 나타나고 있으며, 객단가는 고객층에 따라서 어떤 차이가 나타나고 있다. 따라서 전체시장 규모 5억 원에서 각 매장은 콘셉트에 따라 각각의 적정 시장점유율을 차지하고 있다.

위에서 1번의 매출액 추정치는 단순히 시장규모가 5억 원이고 10개 매장의 평균 매출액이 5천만 원 수준이라는 것 외에는 어떤 정보도 포함하고 있지 않다. 하지만 2번의 매출액 추정은 각 점포의 경쟁력 수준에 따라 어떻게 매출액의 차이가 발생하고 있는지 알 수 있는 정보를 제공함으로써 자기 점포가 목표매출액을 달성하기 위해서 어떤 콘셉트로 점포를 개발하고 경영해야 하는지 알려준다.

상권분석에서 매출액을 추정하는 이유는 단순히 각 점포의 매출액이 얼마인지 아는 것이 아니다. 각 점포들이 달성하고 있는 매출액이 왜 그런 수준인지 알아내는 조사와 분석이 중요하다. 예를 들면 점포들의 객단가, 고객 수, 고객의 특성, 메뉴의 수와 유형, 서비스, 촉진 방법, 물리적 환경, 고객 이용시간, 회전율 등을 이용해서 매출액이 높은 점포와 매출액이 낮은 점포의 차이를 찾아내는 것이 매출액 추정의 목표이다.

3) 매출액 추정을 위한 구성모형 이해

매출액은 〈그림 9-1〉에서 보는 바와 같이 객단가에 고객 수를 곱해서 계산할 수 있다. 따라서 매출액을 추정하기 위해서는 먼저 추정 대상 점포의 객단가를 파악해야 한다. 평균 객단가를 파악한 후에는 일정 기간 동안의 고객 수를 산출해야 한다. 예를 들면 A 점포에서 1시간 동안 고객들의 구매 제품을 파악한 결과 평균적으로 1인당 1만 원을 구매하였다고 가정해 보자. 동일 시간대에 구매 고객의 수가 100명이었다면 이 점포의 시간당 매출액은 100만 원이 된다.

그런데 객단가는 테이블 단가와 테이블의 평균 인원 수에 따라 변하게 된다. 고객의 수는 시간대별, 요일별, 월별, 성별, 연령대별로 달라질 수 있다. 결국 정확한 매출액을 추정하기 위해서는 다양한 변수를 고려하여 분류하고 분석해야 한다.

또한 매출액은 단순히 매장에서 판매되는 제품매출로만 이루어지지 않는다. 상품 매출, 테이크아웃 매출, 딜리버리 매출, 케이터링 매출 등 다양한 매출 발생 요인이 있다는

그림 9-1 매출 구성모형

것도 알아야 한다. 그래야 매출액을 어떤 방식으로 어떻게 늘려나갈 수 있는지 정확히 이해하고 매출액을 추정할 수 있다.

4) 매출액에 영향을 미치는 요인에 대한 이해

상권분석을 위해 매출액을 추정할 때, 반드시 알아야 하는 지식이 있다. 각각의 업종과 업태에 따라서 매출액에 영향을 미치는 변수가 달라진다는 것이다. 〈그림 9-2〉는 매출액에 영향을 미치는 변수를 정리한 사례이다.

예를 들어, 카페의 매출액을 추정한다고 가정하고, 카페 매출액에 가장 큰 영향을 미치는 변수를 선정해 보자. 〈그림 9-2〉에 표기된 다양한 변수 중 매출액에 가장 큰 영향을 미치는 변수를 하나만 선정해 보자.

필자의 블로그를 이용해서 기존 사업자를 대상으로 설문조사를 실시한 결과는 〈그림 9-3〉과 같이 나타났다. 사업자들은 분위기(인테리어)가 매출액에 가장 큰 영향을 미칠 것이라고 생각하고 있다. 소비자를 대상으로 조사한 다양한 연구에서도 유사한 결과가 나타나고 있다.

업종을 분식점으로 바꾸어 설문조사를 하면 다른 결과가 나타나고, 업태를 패밀리

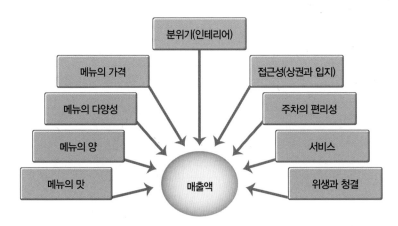

그림 9-2 매출액에 영향을 미치는 변수

자료 : 김영갑(2020). 상권분석 전문가 과정 25기 교안.

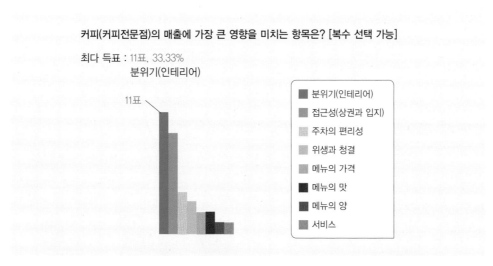

그림 9-3 카페 매출액에 영향을 미치는 변수에 대한 사업자 대상 설문조사 결과

자료 : 김영갑 교수 블로그(2020).

레스토랑이나 파인 다이닝으로 바꾸어 설문조사를 해도 확연히 다른 결과가 나타난다. 따라서 상권분석을 할 때, 매출액에 영향을 미치는 변수를 명확하게 이해하고 추정을 해야 정확한 결과를 도출할 수 있다.

5) 외식업 매출액 추정 시 고려사항

대부분의 업종에서 매출액 추정은 상권분석과 입지분석의 세부항목에 따라서 달라진다. 가장 이상적인 방법은 통계방법론을 활용하는 것이다.

외식업은 타 사업에 비하여 상권 및 입지조사 등을 통해 얻은 정보를 활용하여 매출액을 추정하는 것이 어렵다. 특히 합리적이고 과학적인 통계방법을 통한 추정은 더욱 그러하다. 소매업에서 주로 사용하는 인구수나 유동인구수를 가지고 추정을 한다 해도 신뢰성과 타당성 있는 결과를 얻기 힘들다. 즉 외식업에서의 매출액 추정은 정성적 분석과 정량적 분석 중 어떤 것으로도 정확한 예측이 불가능하다. 현실적으로 외식업의 매출을 결정하는 특정 요인을 바탕으로 계량화하는 것이 쉽지 않기 때문이다. 따라서 많은 연구자와 실무전문가들이 외식업의 매출액을 추정하는 다양한 방법론을 개발하고 있다. 최근에는 매출액 추정에 소비자들의 신용카드 매출정보를 많이 활용하고 있다. 이와 관련한 데이터들은 나이스비즈맵 상권분석시스템과 같은 통계프로그램을 활용하면 쉽게 취득할 수 있다(〈그림 9-4〉 참조).

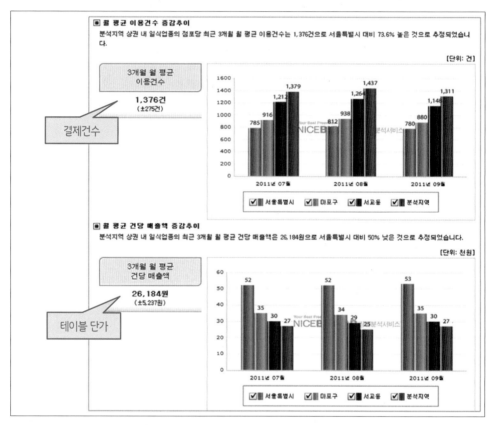

그림 9-4 나이스비즈맵을 이용한 외식업 매출액 추정 사례

자료 : 나이스비즈맵 홈페이지.

2 매출액 추정 방법

외식업의 매출액 추정이 부정확한 건 비단 기술적인 부분의 한계 때문만은 아니다. 잘 못된 방식으로 인해 오류를 범하기도 하는데 특히 현장실무자들의 자의적인 판단에 의 존하는 경우와 업종과 업태별로 표준화된 평균 가격, 회전율 등을 가지고 획일적으로 계산하는 경우 등이 대표적이다. 이럴 경우 당연히 잘못된 결과를 가지고 사업타당성을 판단하게 된다. 따라서 분석자들은 다양한 방법을 상황에 따라 적절히 혼용하여 추정 함으로써 신뢰성과 타당성을 높이려는 노력을 해야 한다.

일반적으로 매출액을 추정하기 위해 주로 활용하는 방법은 다음과 같다.

매출액 추정 방법

- **시장점유율법** : 월 매출액 = 전체 시장의 매출액×점포의 시장점유율
- **점포면적 활용법** : 월 매출액 = 점포 면적×평당 매출액(예 외식업 10만 원/일)
- **세대수 활용법** : 월 매출액 = 세대수×세대당 매출액(예 외식업 1만 원/세대)
- **경쟁점포 방문객 수 활용법** : 월 매출액 = 1일 방문고객 수×객단가(시간대별, 요일별 편차 고려)
- **통행인구 내점률법** : 월 매출액 = 통행인구 수×내점률×객단가×월 영업일수
- **음식점 매출액 추정법** : 월 매출액 = 좌석수×좌석점유율×회전율×객단가×월 영업일수
- **기타 방법**
    - 투자금액에 의한 방법, 종업원 수에 의한 방법, 손익분기매출액법
    - 통계적 방법(라일리 법칙, 중력모델, 회귀분석 등)

1) 시장점유율법

시장점유율법은 두 가지 변수값을 구할 수 있어야 사용 가능한 매출액 추정 방법이다. 하나는 해당 상권에서의 해당 업종이나 업태의 매출액 또는 소비지출액 총액이고, 다른 하나는 창업자가 달성 가능한 시장점유율이다. 예를 들어, 어떤 상권을 이용하는 소비자들이 지출하는 총 외식비가 월 10억 원이고 이 상권에서 창업자가 10%의 시장점유율을 달성할 수 있다고 가정하면 해당 상권에서 창업자가 달성 가능한 추정매출액은 월 1억 원이 된다.

실제 상권분석시스템의 자료를 이용해서 시장점유율법을 활용하는 방법을 배워보기

종합입지등급: 2등급

기준영역의 상권등급은 총 5등급 중 '2등급'입니다. 1등급에 가까울수록 상권이 활성화되었다는 것을 의미하며, 이는 상권의 전반적인 업종경기와 주변 집객시설, 교통, 여건을 고려하여 평가한 결과입니다.

상권분석 보고서   상권평가 1. 평가종합 | 2. 지역별 평가지수 추이 | 3. 상세평가지수

분석지역	기준영역	비교영역	분석업종	분석시점
서울특별시 마포구	마포 상권	–	음식 > 한식 > 갈비/삼겹살	2019년 11월 19일

[상권 주요 정보]   (단위 : 개, 명)

구분	지역	면적	업소 수				선택업종 총 매출/건수			인구			지역		
			전체	음식	서비스	도/소매	선택업종	총액(만 원)	건수	주거	직장	유동	주요시설	학교	교통
선택영역	마포 상권	97,938m²	164	100	23	28	13	4,849	551	3,138	4,678	21,203	18	0	5

그림 9-5 마포 상권의 고기집 상권분석 결과
자료 : 소상공인시장진흥공단 상권정보시스템.

로 한다. 〈그림 9-5〉는 마포 상권에서 고깃집을 대상으로 상권분석을 한 결과이다. 선택 영역에 13개의 고깃집이 있으며, 평균 매출액은 매장당 월 4,849만 원이다. 시장규모를 계산하면, 월 63,037만 원(=13×4,849)이다. 만약 예비창업자가 해당 상권에서 고깃집을 창업한다면 얼마의 매출을 달성할 수 있을까?

13개의 경쟁점의 경쟁력을 분석하여 예비창업자가 기획한 콘셉트의 고깃집을 창업할 경우 시장점유율을 얼마나 달성할 수 있을지 계산할 수 있어야 한다. 약 10%의 시장점유율을 달성할 수 있다면 추정매출액은 월 6천 3백만 원이 된다.

2) 점포면적 활용법

점포면적에 의한 매출액 추정은 창업자가 설립하려는 점포와 유사한 업종의 면적당 평균 매출액이 산정되어 있는 경우 이용 가능한 방법이다. 예를 들어, 김밥 전문점의 3.3평방미터(1평)당 평균 매출액이 월 10만 원이라는 통계치가 있을 경우 33평방미터(10평)의 점포에서 김밥전문점을 창업한다면 월 매출액은 100만 원이 될 것으로 추정할 수 있다.

3) 세대수 활용법

세대수 활용법은 목표 상권의 세대수를 파악하여 예상 매출액을 구하는 방법이다. 주로 유동인구나 직장인구보다 거주인구가 목표고객인 점포의 매출액 추정에 적합하다. 세대수 활용법을 이용해서 매출액을 추정하기 위해서는 정확한 세대수를 파악한 후, 세대당 평균 지출액을 산출해야 한다. 현실적으로 특정 업종과 업태를 대상으로 한 평균 지출액을 산출하기가 쉽지 않고, 거주자만을 대상으로 사업을 하는 경우가 많지 않아서 현실적으로는 거주인구, 직장인구, 유입인구를 구분하여 매출액을 추정하는 경우가 많다.

4) 경쟁점포 방문객 수 활용법

경쟁점포 방문객 수 활용법은 명칭이 의미하듯 자신이 창업하려는 점포와 가장 유사한 경쟁점포를 찾아내고 이 점포의 매출액을 추정함으로써 자신의 매출액을 예상해 보는 방법이다. 이 기법은 '1일 내점객 수 × 1인 구매단가(객단가)' 공식을 이용한다. 경쟁점포의 1일 평균 내점객 수는 물론이고 평균 객단가를 면밀히 파악하는 것이 중요하다. 다만 시간대별 편차와 요일별 편차가 있으므로 최소한 점심과 저녁을 구분하고, 1주일 정도는 조사해서 요일별 차이를 추정한 후 활용한다.

　상권과 입지가 유사한 경쟁점포의 자료를 비교적 상세하게 파악하고 있는 경우에 사용이 가능한 방법으로 1일 방문객 수와 객단가가 정확하게 파악이 가능한 경우에만 사용을 고려해야 한다. 물론 이 방법을 이용하더라도 획일적인 계산을 하기보다는 상품력, 서비스 수준, 브랜드력 등을 고려하여 추정한다. 외식업의 경우 창업을 고려하는 업종, 업태와 가장 유사한 경쟁업체를 대상으로 조사하는 경우 매우 효과적인 방법이므로 전문가가 아니더라도 쉽게 사용할 수 있다는 장점이 있다. 다만 이 방법을 통해 경쟁점포를 조사할 때는 평일, 주말, 공휴일, 점심, 저녁, 심야 등 다양한 시기에 조사를 해야 한다. 계절적인 변화와 조사대상 업체의 수명주기도 고려한다. 수명주기를 고려한다는 것은 해당 점포가 도입기의 점포인지 아니면 성장기, 성숙기, 쇠퇴기인지를 확인해야만 신뢰성을 높일 수 있다는 의미이다. 예를 들어, 조사대상 경쟁점포가 도입기나 쇠퇴기의 상태라면 추정한 매출액을 성장기와 성숙기를 고려하여 수정하는 등의 작업이 추가로 이루어져야 한다.

5) 통행인구 내점률에 의한 추정법

통행인구 내점률에 의한 추정법은 편의점과 같은 소매업에서 사용하기에 적절한 매출액 추정법이다. 이 방법으로 월 매출액을 추정하기 위해서는 '통행인구수 × 내점률 × 객단가 × 월 영업일수'와 같은 공식을 이용한다. 구체적으로는 1일 통행인구수를 조사하여 그중 내점하는 수를 예측하고 아이템에 따른 실구매율 조사를 해야 한다. 주로 유동인구 중심형 상권에 적합한 추정법이지만 흘러가는 유동인구의 경우 오류의 가능성이 있으므로 주의가 필요하다. 만약 객단가 1만 원, 월 영업일수 30일인 점포를 창업하고자 할 때 점포 앞을 지나는 일평균 통행인구수가 1천 명이고, 그중 1백 명이 내점할 것으로 예측된다면 이 방법을 이용하여 매출액을 추정하는 방법은 다음과 같다.

- 점포 앞을 지나는 통행인구수 : 하루 평균 1,000명
- 통행인구 중 100명이 점포를 방문 : 내점률 = 100/1,000 × 100 = 10%
- 점포 방문자들의 평균 구매액 10,000원 : 객단가 10,000원
- 월 영업일수 : 30일
- 월 매출액 추정 : 1,000명 × 10% × 10,000원 × 30일 = 30,000,000원

6) 예상고객 수에 의한 추정법

예상고객 수에 의한 추정법은 월 매출액을 추정하기 위해 '예상고객 수 × 1인 구매단가(객단가) × 월 영업일수'와 같은 공식을 이용한다. 이 방법은 프랜차이즈 기업이나 체인형 기업들처럼 자체 가맹점 또는 직영점 등의 자료가 있을 때 유용하다. 기존의 자료가 존재하는 경우 사용 가능한 매출액 추정법이지만 경우에 따라서는 상권 및 입지조사 분석을 통해 예상고객 수를 예측하여 사용하기도 한다. 상황에 따라 예상고객 수는 경쟁 점포의 방문객 수를 이용하여 추정할 수도 있으나 객단가는 창업 예정인 점포의 메뉴 구성을 고려하여 별도로 계산한다.

7) 손익분기점 분석에 의한 추정법

손익분기점 분석에 의한 매출액 추정법은 '월 매출원가 + 월 판매비와 일반관리비 + 기

타 비용 + 월 목표이익액'의 형식으로 월 매출액을 추정하게 되는데 실제로 '예상되는 매출액 추정법'이라기보다 '목표 매출액추정법'이라고 할 수 있다. 따라서 달성 가능한 매출액을 산정하기 위해 사용하기보다는 자신이 창업을 하였을 때 달성해야 하는 최소목표매출액을 추정해 보는 방법이라고 이해하는 것이 더 정확하다. 좀 더 구체적인 내용은 사업타당성 분석 기법의 손익분기점 분석 사례를 참조한다.

8) 업종에 따른 매출액 추정법

업종특성에 따른 매출액 추정 방법의 차이를 살펴본다. 업종의 특성에 따른 매출액 추정법은 크게 입지 창출형과 유동인구 중심형으로 나눌 수 있다. 구체적으로 입지 창출형이란 '전문음식점과 서비스 업종처럼 고정고객이 찾아오는 비율이 높은 업종'을 의미하고, 유동인구 중심형이란 '패스트푸드 음식점이나 편의품점 같은 소매업종으로 가시성과 접근성이 좋을 경우 유동고객이 찾아오는 비율이 높은 업종'을 의미한다. 각각의 업종특성에 따른 매출액 추정법을 살펴보면 다음과 같다.

(1) 입지 창출형 업종의 매출액 추정법

입지 창출형 업종은 전문음식점과 서비스업종을 들 수 있는데, 구체적인 매출액 추정법은 다음과 같다.

① 전문음식점의 경우

전문음식점의 월 매출액 추정은 '좌석수 × 좌석점유율 × 회전율 × 객단가 × 월 영업일수'로 할 수 있다. 또는 '테이블 수 × 회전율 × 테이블 단가 × 월 영업일수'의 공식으로 산출이 가능하다. 아직 창업을 하지 않은 자신의 점포 매출액을 추정하기 위해서는 구상 중인 자신의 점포와 가장 유사한 경쟁점포를 찾는 것이 무엇보다 중요하다. 동일 상권에 유사한 입지의 경쟁점포가 없다면 다른 지역의 유사한 상권과 입지에서 조사대상 경쟁점포를 물색하는 것이 대안이 될 수 있다. 경쟁점포는 가장 유사한 곳으로 최소 3곳 정도가 필요하며 좌석점유율, 점심시간과 저녁시간의 회전율, 점심시간과 저녁시간의 객단가 등을 조사한다. 그리고 좌석수, 월 영업일수 등의 나머지 변수는 자신이 창업예정인 점포를 기준으로 산출한다. 좀 더 구체적인 산출방법은 다음 사례를 참조한다.

전문음식점의 매출액 추정 사례

- **전문음식점의 조건**
  - 4인 테이블이 10개인 음식점의 총 좌석수는 40석(= 4 × 10)이다.
  - 4인 테이블에 동석하는 고객의 평균 수가 점심 3인, 저녁 2인이라면, 점심 좌석점유율은
    3/4 = 0.75(75%), 저녁 좌석점유율은 2/4 = 0.5(50%)이다.
  - 점심시간에 10개 테이블이 2회전, 저녁시간에 10개 테이블이 1.5회전한다.
  - 객단가는 점심시간에는 10,000원, 저녁시간에는 25,000원이다.
  - 월 영업일수는 주 1회 휴무한다고 가정하면 월 평균 25일 영업한다.

- **위 조건을 기초로 한 월 추정매출액**
  - 월 점심 매출액 = 40 × 0.75 × 2 × 10,000 × 25 = 15,000,000원
  - 월 저녁 매출액 = 40 × 0.5 × 1.5 × 25,000 × 25 = 18,750,000원
  - 월 매출액 합계 = 15,000,000 + 18,750,000 = 33,750,000원

---

② 서비스업의 경우

서비스업의 매출액 추정법은 전문음식점의 경우와 큰 차이가 없다. 다음과 같은 공식을 이용해 산출한다. 모두 다른 추정법처럼 보이지만 세심하게 살펴보면 대부분 유사한 방법으로 매출액을 추정하고 있다. 다만 업종과 업태의 특징을 잘 살펴서 변수 값을 찾아내는 과정은 차이가 있다.

- 월 매출액 = 좌석수 × 좌석점유율 × 회전율 × 객단가 × 월 영업일수
- 경쟁점 매출액 = 내점객 수 × 객단가 × 월 영업일수

(2) 유동인구 중심 업종의 매출액 추정법

유동인구 중심 업종의 매출액 추정은 '통행인구수, 내점률, 실구매율, 1인 구매단가(객단가)'와 같은 다양한 변수값을 산출한 다음, '통행인구수 × 내점률 × 실구매율 × 1인 구매

단가(객단가)×월 영업일수'의 공식으로 추정한다.

유동인구 중심 점포의 매출액 추정 사례

- **베이커리 전문점의 조건**
  - 인근에 경쟁점포가 한 곳 있다.
  - 해당 지역의 통행인구수를 평일과 주말 등 요일별, 시간대별로 조사한 결과 일평균 통행인구수는 5,000명이다.
  - 통행인구 중 기존의 경쟁점포에 내점하는 고객 수는 1,000명이므로 통행인구수 대비 내점률은 20% 이다.
  - 내점 고객 중 실제로 커피를 구매하는 고객은 900명이다. 실 구매율은 90%이다.
  - 구매고객의 평균 구매액은 10,000원이다.
  - 영업일수는 월 평균 30일이다.
- **월 매출액 추정**
  - 기존 경쟁점포 고객의 50%가 신규점포를 방문할 것으로 가정하면 내점률은 10%이다.
  - 월 매출액 = 5,000명 × 10% × 90% × 10,000원 × 30일 = 135,000,000원

---

3 사업타당성 분석의 이해

1) 사업타당성 분석의 정의

사업타당성 분석이란 창업에 앞서 '사업의 성공 여부를 판단하거나 분석하는 행위'를 의미한다. 좀 더 구체적으로는 '성공적인 사업을 위해 필요한 사업추진능력, 기술성, 시장성, 상품성, 수익성, 안정성, 위험 정도 등을 분석하고 평가하는 총체적 활동'으로 정의할 수 있다. 이러한 모든 요소를 다루는 사업타당성 분석은 〈그림 9-6〉과 같이 정성적 분석과 정량적 분석으로 나누어 구체화시킬 수 있다.

다만 이것은 사업타당성 분석에 대한 이론적인 설명이므로 보다 실무적인 관점에서 정의한다면 '창업자가 투자한 자본에 대하여 목표하는 수익률을 달성할 수 있을지 여부를 분석하는 활동'이라고 할 수 있다. 따라서 본 장에서의 사업타당성 분석은 이론적으

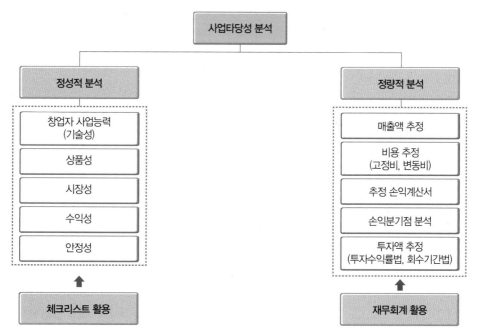

그림 9-6 사업타당성 분석 방법

로는 넓은 의미의 내용을 다루지만 실무적으로는 상권분석을 위해 필요한 단순화된 절차를 통해 소규모 점포 창업자들도 사업타당성 분석을 할 수 있도록 간소화된 방법을 제시하고자 한다.

　사업타당성 분석은 크게 두 가지로 분류할 수 있다. 하나는 체크리스트를 이용해 창업자의 사업능력 등을 판단하는 정성적 분석이다. 다른 하나는 투자금액, 매출액, 비용의 추정을 통해 투자수익률, 회수기간 등을 알아보는 정량적 분석이다. 다만 이와 같은 사업타당성 분석은 소규모 점포 창업을 고려하는 사업자에겐 어려울 수 있다. 그럼에도 불구하고 반드시 창업을 해야 하는 상황이라면 전문가의 도움을 비롯하여 가능한 한 다양한 수단을 동원해 사업타당성 분석을 한다. 그리고 창업 여부를 결정해야 한다. 목표수익률을 정하고 자신이 투자한 자금 대비 투자수익률을 추정한 후, 목표와 비교하여 성공 가능성을 면밀하게 검토하는 것이 사업타당성 분석이다.

> **사업타당성 분석과 사업계획서**
>
> 사업타당성 분석은 목표투자수익률의 달성 가능성을 검토하는 활동이고, 사업계획서는 고려하고 있는 사업을 하기 위해 앞으로 실행할 일련의 활동계획을 기록하는 활동이다. 현장에서는 종종 사업계획서와 사업타당성 분석이 같은 의미로 사용되기도 한다. 다만 논리적 순서로 보면 사업타당성 분석을 먼저 하고, 그 결과가 긍정적이면 실행계획인 사업계획을 수립해야 한다.

2) 사업타당성 분석의 필요성 및 중요성

사업타당성 분석은 창업 과정과 점포 경영에서 반드시 필요한 요소이다. 대규모 투자를 수반하는 사업이 아니고 소자본으로 사업을 시작하는 경우라도 이를 무시해서는 안 된다. 사업타당성 분석의 필요성을 살펴보면 그 이유를 더욱 명확하게 이해할 수 있다. 사업타당성 분석은 객관적·체계적 분석을 통해 창업 성공률을 높이는 데 반드시 필요하다. 또 창업에 필요한 모든 요소를 정확하게 파악하여 창업기간을 단축시킬 수 있다. 철저한 준비를 할 수 있도록 만들어 주기 때문에 창업을 효율적으로 진행할 가능성이 높아진다. 분석 과정에서 더 많은 경영지식을 습득하게 되고 경영능력이 향상되는 기회를 얻게 된다.

이와 같은 필요성에 의하여 실시되는 사업타당성 분석의 중요성을 정리하면 다음과 같다.

첫째, 치열한 경쟁과 급격한 트렌드 변화에 대응할 수 있는 철저한 준비가 가능하다.

둘째, 성공가능성이 낮은 사업은 회피하고 성공가능성이 높은 사업을 선택할 수 있는 기회를 제공한다.

셋째, 미래의 위험에 대처할 수 있는 사전정보 수집이 가능하다.

넷째, 사업을 지속할 것인지 아니면 포기할 것인지를 결정하는 데 필요한 데이터를 제공한다.

3) 사업타당성 분석 요소

사업타당성 분석의 필요성과 중요성을 통해 예비창업자들은 주먹구구식 창업이 얼마나 위험한지 분명하게 이해할 수 있다. 그러나 창업을 준비하는 예비창업자들이 이를 포기하게 되는 이유는 사업타당성 분석을 위해 고려해야 할 요소가 너무 많고 특히 회계 및 재무분야의 전문적인 지식이 필요하기 때문이다.

따라서 사업타당성 분석을 위해 어떤 요소들이 필요한지 검토해야 한다. 사업타당성 분석을 위하여 확인해야 할 요소에는 '상품성, 시장성, 기술성, 경제성, 공익성' 등이 있다. 여기서 상품성은 고객과 상품의 적합성과 상품의 독점성은 충분한가?, 시장성은 음식점 매출이 언제, 얼마나 높아질 것인가?, 기술성은 메뉴는 목표한 원가로 조리 가능하고 차별적인 기술우위 요소가 있는가?, 경제성은 필요한 자금은 얼마이고 어떻게 조달할 것이며 수익성은 확보하고 있는가?, 공익성은 계획사업이 사회공익에 어느 정도 기여하는가? 등을 확인하는 것이다. 이를 다시 세부적 항목으로 나누면 다음과 같다.

세분화된 사업타당성 분석 요소

- **창업아이템과 창업자의 적합도** : 업종, 적성, 경력, 경영능력 등의 적합성 검토
- **예비창업자의 마인드** : 경영 및 서비스 마인드, 반드시 성공하겠다는 굳은 의지
- **시장환경과 시의성** : 업종의 라이프사이클상 도입기 또는 성장기
- **사전지식과 기술성** : 노하우의 적정성, 기술 확보
- **경영능력과 전략** : 인적관리능력, 마케팅 능력, 전략 수립 및 실행능력
- **상권과 입지의 타당성** : 업종과의 적합성, 상권의 성장 가능성
- **수익성** : 경쟁업체의 수익성을 바탕으로 검토
- **장기비전** : 유행업종 여부, 장기 성장 가능성 분석
- **자금계획** : 창업 및 운영자금의 적정성
- **연구개발능력** : 메뉴의 연구개발능력의 확보
- **공익성** : 공익에 반하지 않으며 지역사회 등에 기여하는지의 여부

그런데 각각의 요소를 보면 수치화하여 정량적으로 평가하기 곤란한 내용들이 주를 이루고 있다. 그래서 이런 요소들을 분석할 때는 체크리스트를 활용한다. 이와 관련한 작성법은 다음 사례를 참고하기 바란다.

표 9-1 외식업을 위한 사업타당성 분석 체크리스트(정성적 분석 중심)

주요 항목	평가요소	세부 검토사항	평가			종합
			상	중	하	
창업자의 사업능력	창업적합도	사업경험(외식업 외)				
		사업수행능력(친절도, 영업력 등) 여부				
		적성, 경력 적합성				
	경영마인드	경영 및 서비스 마인드				
		반드시 성공하겠다는 굳은 의지				
		고객 유치 및 판매전략 여부				
	외식경영학습	자격증(조리, 인증서 등)				
		외식경영 관련 공부(학사, 석사, 박사)				
		평생교육원 관련 전문교육				
상품성	상품의 적합성	조리 방법의 충분한 습득				
		대표메뉴(상품)의 대중성				
		대표메뉴(상품) 가격의 적절성				
		식재료 구입의 편의성				
		대표메뉴 수명주기의 적절성(도입기, 성장기)				
	상품의 독점성	대표메뉴 및 식재료의 독점성				
		독자적 기술과 노하우의 보유를 통한 차별성				
시장성	시장의 규모	예상되는 고객의 수				
		시장규모 평가				
	경쟁성	경쟁업체의 세력 및 분포도				
		경쟁제품과 품질, 가격의 비교우위				
		차별화 가능 여부				
	시장의 장래성	잠재고객수의 증가 가능성				
		대기업의 침투 가능성				
		소비자의 성향 및 필요성				
수익성	제품 생산 및 판매 효율성	식재료 비용의 가격 대비 비율				
		조리의 효율성				
		배달, 테이크아웃, 케이터링 판매 가능성				
	적정 이윤 보장성	식재료 조달 방법 및 금액				
		임차료 및 인건비의 적정성				
		원가, 인건비, 관리비를 고려한 적정 이윤				

(계속)

주요 항목	평가요소	세부 검토사항	평가			종합
			상	중	하	
안정성	위험수준	불황 적응력				
		경쟁업체 출현 시 대처능력				
	자금투입 적정성	초기투자액에 대한 자금조달 범위				
		손익분기점의 수준 및 기간				
		예비비의 보유 여력				
	재고관리 용이성	식재료 재고관리의 용이성				
		수요의 계절성				
합계						

구분	전국 (상권 평균)	서울특별시 (상권 평균)	마포구 (상권 평균)	분석지역 (상권 평균)
점포당 월평균 이용건수	613건	780건	880건	1,311건
평균 단가	58,491원	53,387원	35,031원	26,924원
평균 업력	4.4년	4.5년	2.8년	1.5년
창업률	0.2%	0.1%	0%	0%
휴·폐업률(1년 평균)	0.9%	0.8%	0%	0%
사업안정성지수	96.9	100.1	95.2	101.6
수익성지수	124.25	112.79	108.15	108.68
성장성지수	100.29	102.38	98.96	100.39
SOHO 금융건전성지수 (6개월 평균)	46.54	50.17	51.65	52.69

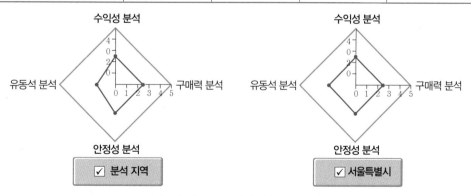

그림 9-7 나이스비즈맵의 사업타당성 분석 사례

자료 : 나이스비즈맵 홈페이지.

사업타당성 분석을 위하여 검토해야 할 요소로 '상품성, 시장성, 기술성, 경제성, 공익성'을 살펴보았다. 이를 더욱 세분화한 체크리스트 활용 사례에서는 창업자의 사업능력, 상품성, 시장성, 안정성을 다루었는데 현장에서 이루어지는 사업타당성 분석은 체계적인 절차를 통해야만 타당성과 신뢰성을 확보할 수 있다.

〈그림 9-7〉은 상권분석시스템으로 유명한 나이스비즈맵에서 제공하는 사업타당성 분석 결과이나. 앞에서 살펴보았던 정성적 분석과 달리 이용건수, 평균 단가, 평균 업력, 창업률, 휴폐업률, 사업안정성지수, 수익성지수, 성장성지수, 금융건전성지수 등과 같은 정량적 분석이 주를 이룬다. 여기서는 상권 내 업체의 통계정보를 이용하여 사업타당성 분석을 하도록 지원하고 있다.

4 사업타당성 분석 방법

1) 사업타당성 분석 절차

사업타당성 분석을 위한 구체적인 절차는 〈그림 9-8〉과 같다. 가장 먼저 창업을 위한 업종과 업태가 결정되면, 시장성을 분석한다. 이후 기술성 분석, 수익성 분석, 창업비용 산정과 같이 점차 구체적이고 정량적인 분석으로 진행한다.

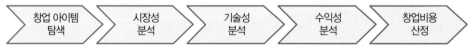

그림 9-8 사업타당성 분석 절차

(1) 상품성 탐색

성공적인 창업을 위해서는 다수의 업종과 업태 중 예비창업자의 적성에 맞는 사업을 찾는 것이 중요하다. 〈표 9-2〉를 활용해 앞서 다루었던 '창업자의 사업능력' 항목을 한 가지씩 세부적으로 체크하며 예비창업자에게 어떤 부분이 약점이고 강점인지 파악하여

표 9-2 업종, 업태, 상품성 탐색을 위해 고려해야 할 창업자의 사업능력

주요 항목	평가요소	세부 검토사항	평가			종합
			상	중	하	
창업자의 사업능력	창업적합도	사업경험(외식업 외)				
		사업수행능력(친절도, 영업력 등) 여부				
		적성, 경력 적합성				
	경영마인드	경영 및 서비스 마인드				
		반드시 성공하겠다는 굳은 의지				
		고객 유치 및 판매전략 여부				
	외식경영학습	자격증(조리, 인증서 등)				
		외식경영 개론(외식경영학, 외식서비스론)				
		외식경영 전문교육(상권분석, 외식마케팅 등)				

대책을 강구한다.

성공적인 창업을 위해서는 창업자의 적성 외에도 창업자가 가진 자원과 환경에 적합한 아이템을 선정하는 게 중요하다. 일반적으로 창업자들은 자신의 적성과 투자자금, 가정환경과 같이 사업 성패의 근원이 되는 핵심요인보다는 수익성 자체만 중시하는 경우가 많아 주의가 필요하다. 추가적으로 창업을 위한 아이템을 선정하는 데 있어서 고려해야 할 요소들을 살펴보면 〈표 9-3〉과 같다.

표 9-3 업종, 업태, 상품성 탐색을 위해 고려해야 할 상품성과 기술성

주요 항목	평가요소	세부 검토사항	평가			종합
			상	중	하	
상품성	상품의 적합성	조리 방법의 충분한 습득				
		대표메뉴(상품)의 대중성				
		대표메뉴(상품) 가격의 적절성				
		식재료 구입의 편의성				
	상품의 독점성	대표메뉴 수명주기의 적절성(도입기, 성장기)				
		대표메뉴 및 식재료의 독점성				
		독자적 기술과 노하우 보유를 통한 차별성				

표 9-4 업종, 업태, 상품성 분석을 위해 고려해야 할 시장성과 기술성

주요 항목	평가요소	세부 검토사항	평가			종합
			상	중	하	
시장성	시장의 규모	예상되는 고객의 수				
		시장규모 평가				
	경쟁성	경쟁업체의 세력 및 분포도				
		경쟁제품과 품질, 가격의 비교우위				
		차별화 가능 여부				
	시장의 장래성	잠재고객 수의 증가 가능성				
		대기업의 침투 가능성				
		소비자의 성향 및 필요성				
기술성	독자적 조리기술	자신만의 조리기술 보유				
	차별화된 노하우	소비자들이 인식할 수 있는 차별화된 노하우				
	생산능력의 적정성	목표매출액을 달성할 수 있는 생산능력과 생산성				
	식재료 수급	목표품질에 부합하는 식재료 수급의 안정성				

(2) 시장성, 기술성 분석

업종, 업태, 아이템의 탐색이 끝나면 창업자의 상황에 가장 적합한 사업을 중심으로 〈표 9-4〉를 이용해 시장성 분석과 기술성 분석을 한다. 이 단계에서는 앞서 다루었던 정성적인 사업타당성 분석 요소를 참고한다. 추가로 체크해야 하는 항목은 시장성 분석의 경우 '시장규모, 시장의 경쟁상태, 시장의 장기비전' 등이다. 기술성 분석 항목은 '독자적 조리기술이나 차별화된 노하우, 시설 및 생산능력의 적정성, 식재료 등의 수급 안정성' 등이다.

(3) 수익성 분석

수익성 분석이란 점포의 매출액(수익)과 지출(비용)을 추정하여 이익(= 수익 − 비용)을 계산하는 분석을 의미한다. 그리고 수익이 오랜 기간 유지될 수 있는지 안정성 분석을 함께 한다.

표 9-5 수익성 분석

주요 항목	평가요소	세부 검토사항	평가			종합
			상	중	하	
수익성	제품 생산 및 판매 효율성	식재료 비용의 가격 대비 비율				
		조리의 효율성				
		배달, 테이크아웃, 케이터링 판매 가능성				
	적정 이윤 보장성	식재료 조달 방법 및 금액				
		임차료 및 인건비의 적정성				
		원가, 인건비, 관리비를 고려한 적정 이윤				

수익성 분석을 위해서는 매출액을 추정하고 비용을 산정한 후 최종적으로 이익을 계산하는 활동은 회계학 지식이 필요하다. 그래서 사전에 충분한 학습과 조사를 통해 계정과목을 익히고 손익계산서 작성 방법을 연습해야 한다. 수익성 분석에 임할 때는 다음과 같은 내용을 고려한다.

- 보수적·현실적으로 추정한다.
- 추정손익 및 손익분기점(break-even point)을 파악한다.
- 투자 대비 경제성(투자수익률법, 회수기간법)을 파악한다.
- 사업의 장기비전을 분석한다.

5 정량적인 수익성 분석

상권분석에서 정량적인 수익성 분석은 가장 중요한 요소 중 하나이다. 수익성 분석을 정확하게 하기 위해서는 〈그림 9-9〉와 같은 모형을 이해해야 한다. 예비창업자는 수익성 분석을 위해 가장 먼저 매출액을 추정하고 이어서 비용을 추정해야 한다. 그리고 매출액에서 비용을 차감하여 이익을 산출한다.

예상되는 매출액을 달성하기 위해서 투자금액을 추정하는 것이 중요하다. 투자금액이

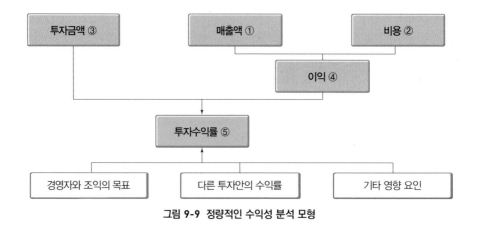

그림 9-9 정량적인 수익성 분석 모형

과도하면 투자수익률이 하락한다. 투자금액을 과소평가하면 투자수익률은 높아지지만 경쟁력이 하락한다. 따라서 자칫 매출액이 감소하여 투자수익률이 하락하는 악순환에 빠질 수 있다.

투자수익률은 경영자와 조직의 목표, 다른 투자안의 수익률, 기타 요인에 의해 영향을 받는다.

1) 매출액 추정

수익성 분석을 위해 가장 먼저 해야 할 일은 매출액 추정이다. 앞에서 매출액 추정을 다루었으므로 여기서는 실전사례를 이용해서 매출액을 추정한다.

〈표 9-6〉에서는 음식점의 월 매출액을 추정하기 위해 시간대별로 점심과 저녁을 분류하고, 시기별로 평일과 주말을 구분하였다. 점포에서 이루어지는 매출을 추정하고 배달매출을 추가하여 일평균 매출액을 산정하였다. 예를 들어, 평일 점심 테이블 단가는 22,000원이고 테이블 수 16개에 2.5회전을 하는 것을 현장조사를 통해 확인하였다. 추정 매출액은 880,000이다. 동일한 방법으로 추정한 저녁매출은 1,536,000원이다. 배달매출이 380,000원이라면 평일의 일 평균 매출액은 2,796,000원이다.

표 9-6 음식점의 매출액 추정 사례

(단위 : 원)

	평일매출 추정(월~금)				
	시간대	회전수	테이블 단가	추정매출	비고
점심매출	11시30~18시00분	2.5	22,000	880,000	16
저녁매출	18시 00분~11시30분	2.0	48,000	1,536,000	16
배달매출	건당 금액	10.0	38,000	380,000	–
평일 일평균 매출 추정				2,796,000	–
평일 월매출 추정		22	–	61,512,000	22일로 계산
	주말매출 추정(토, 일)				
	시간대	회전수	테이블 단가	추정매출	비고
점심매출	11시30~18시00분	1.0	21,000	336,000	16
저녁매출	18시 00분~11시30분	1.0	40,000	640,000	16
배달매출	건당 금액	20	38,000	760,000	–
주말 일평균 매출 추정				1,736,000	–
주말 월매출 추정		8	–	13,888,000	8일로 계산
월매출 추정 합계		–	–	75,400,000	–

평일 매출액 추정법과 동일하게 주말에 현장조사를 통해 매출액을 추정하여 월매출액을 산정하였다. 이 점포는 월 75,400,000원의 매출액을 달성하는 것으로 추정할 수 있다.

2) 비용 추정

매출액 추정을 완수하면 비용추정 단계에 들어간다. 비용을 추정하기 위해서는 점포 운영에 소요되는 비용항목을 기업회계기준에 근거한 손익계산서 항목으로 산출한다. 구체적인 내용은 다음과 같다.

● 비용항목은 매출원가(식재료비, 조리인력 인건비), 판매비와 일반관리비(서버 인건비, 지급임차료, 수도광열비, 신용카드수수료 등), 영업 외 비용(지급이자) 등으로 구분된다.

세부항목은 〈표 9-7〉의 손익계산서를 참조한다.

- 음식점의 경우 주요 비용항목을 식재료비, 인건비, 임차료, 기타 경비 등으로 구분한다. 그리고 각각의 비용을 고정비와 변동비로 구분할 수 있어야 한다. 그 이유는 손익

표 9-7 사업타당성 분석을 위한 추정손익계산서 형식(음식점을 중심으로)

항목	내용
매출액①	• 월 매출액은 영업 가능 일수를 감안하여 산출하되, '총 매출 = 음식 매출 + 주류 및 음료 매출' 또는 '총 매출 = 현금 매출 + 카드매출' 등으로 구분 • 경쟁업체 등을 대상으로 빅데이터 상권분석 후 현장조사를 통해 추정 가능
매출원가 (원재료비율)②	• 메뉴 제조에 소요되는 식재료(양념류 포함), 주류, 음료 원가 • 원칙적으로 조리인력에 대한 인건비는 매출원가나 편의상 판매비와 일반관리비의 인건비로 분류함 • 통상 음식점의 매출원가율(원재료비율)은 30~40% 내외에서 결정됨
매출이익③ (=①-②)	= 매출액 - 매출원가
판매비와 관리비④	• 영업이나 관리에 소요된 모든 비용은 판매비와 일반관리비 • 임차료, 급여(인건비), 감가상각비, 연구개발비, 광고선전비, 수도광열비(수도, 가스, 전기료), 통신비(전화, 유선), 소모품비, 수선비, 각종 수수료, 세금과 공과금 등 • 최근 신용카드 매출이 증가하면서 카드수수료(카드 매출의 약 1% 내외)를 반드시 비용으로 처리 • 부가가치세(비전문가의 타당성 분석을 위한 편의상 부가가치세 납부액을 판매비와 일반관리비로 가정하여 처리함 - 매출액의 약 5~7%로 가정)
영업이익⑤(=③-④)	= 매출이익 - 판매비와 관리비
영업 외 수익⑥	• 영업활동 이외의 수익으로 이자수익 등이 해당됨 • 음식점에서 발생할 항목은 거의 없음
영업 외 비용⑦	• 차입금액에 대한 이자비용
경상이익(세전이익)⑧(=⑤+⑥-⑦)	= 영업이익 + 영업 외 수익 - 영업 외 비용
법인세⑨	• 법인은 법인세, 개인은 종합소득세
월 당기순이익⑩(=⑧-⑨)	• 경상이익 - 법인세 등
사업타당성 판단	• 투자 대비 창업자의 목표수익률을 초과하면 양호(음식점의 경우 월 경상이익이 투자 대비 3~4% 수준이면 양호한 것으로 판단) • 음식점의 업종과 업태에 따른 이익률의 차이가 매우 크므로 통계청 자료나 기타 현장조사 등을 통해 이익률을 확인함 • 신용카드 수수료와 부가가치세 납부세액이 손익계산 시 반드시 고려되어야 함. 일반적으로 프랜차이즈 본부에서 제시하는 추정손익에서는 제외되는 경우가 많음 • 음식점의 업종, 업태에 따른 수익성을 충분히 조사하고 손익분기점을 낮출 수 있는 방안을 강구해야 함 • 손익분기점 분석을 위해 모든 비용을 고정비(임차료, 정규직원 인건비)와 변동비(식재료비, 파트타이머 인건비, 각종 수수료, 광고선전비, 수도광열비)로 구분

분기점 분석을 위해서이다.

● 모든 음식점은 부가가치세(VAT)를 가격에 포함하여 수납하므로 이를 매출액에서 차감하여 부가가치세 예수금으로 처리한다.

매출액과 비용 추정은 기업회계기준에서 지정한 계정과목을 중심으로 손익계산서 형식에 맞춰 작성하는 것이 비교 가능성을 높이고 점포 관리에 유리하다. 문제는 창업자나 기존 사업자들이 회계 지식이 부족하여 계정과목에 의한 구분을 명확하게 하지 못하는 경우이다. 이런 경우, 기존에 수집한 자료에 대한 신뢰성도 문제가 될 수 있다. 자신이 작성한 추정손익을 다른 자료와 비교하기에 적합하지 않을 수 있다. 따라서 창업자는 사전에 회계학에 대해 모두 이해하지 못하더라도 손익계산서의 비용항목에 대한 부분만큼은 명확하게 구분하고 분류할 수 있는 능력을 갖추어야 한다.

이상의 추정손익계산서 작성법을 이용해서 현업에서 작성하여 활용하고 있는 손익계산서 사례를 살펴보면 〈표 9-8〉과 같다.

표 9-8 월 추정 손익계산서 2○○년 ○월 사례

구분		금액	비율	비고
매출액	합계	64,903,500	100.0%	매출
	현금	5,994,000	9.2%	현금
	카드	58,909,500	90.8%	카드
매출원가	식재료비	20,464,074	31.5%	재료
매출총이익		44,439,426	68.5%	매출총이익
판매비와 일반관리비	합계	36,910,905	56.9%	판매관리 합계
	급여	19,339,994	29.8%	경영자 인건비 포함(300만 원)
	퇴직급여	1,326,087	2.0%	퇴직급여
	복리후생비	930,000	1.4%	복리후생(회식비, 의료고용 장기 요양보험)
	지급임차료	2,583,323	4.0%	부가세 제외(250만 원)
	감가상각비	2,411,087	3.7%	투자비 14,000만 원(60개월)
	무형자산상각비	–	0.0%	–
	수도광열비	1,550,000	2.4%	관리비 포함(수도, 전기, 가스)

(계속)

구분		금액	비율	비고
판매비와 일반관리비	소모품비	93,000	0.1%	소모품비
	수선비	155,000	0.2%	수선비
	통신비	124,000	0.2%	통신
	접대비	–	0.0%	접대
	교육훈련비	–	0.0%	교육훈련
	사무용품비	31,000	0.0%	사무용품
	도서인쇄비	31,000	0.0%	도서인쇄
	여비교통비	31,000	0.0%	여비교통
	판매촉진비	310,000	0.5%	판매촉진
	광고선전비	2,170,000	3.3%	블로그 광고+배달의민족
	신용카드 수수료	1,296,009	2.0%	신용카드수수료(2.2%)
	세금과공과	620,000	1.0%	국민연금회사부담금
	부가가치세 예수금	1,947,105	3.0%	매출액의 3%
	보험료	248,000	0.4%	4대 보험(국민연금 제외), 화재보험료
	지급수수료	496,000	0.8%	식기세척기 렌탈료, 세무사, 노무사
	잡비	257,300	0.4%	음식물쓰레기, 세콤, 세스코
	행사비	–	0.0%	행사비
	경상연구개발비	31,000	0.0%	경상연구개발비
	지급이자	310,000	0.5%	지급이자
	차량유지비	–	0.0%	차량유지비
	운반비	620,000	1.0%	퀵서비스비
		–	0.0%	–
영업이익		7,528,521	11.6%	–
영업 외 이익	수입이자	–	0.0%	–
영업 외 비용	지급이자	–	0.0%	–
경상이익		7,528,521	11.6%	–
소득세	종합소득세	465,000	0.7%	–
당기순이익		7,063,521	10.9%	–

주 1) 감가상각비는 임차보증금을 제외한 투자비를 60개월로 상각하는 금액
2) 신용카드수수료는 지급수수료에 포함해야 하지만 별도 표기함
3) 매출원가에는 음식의 제조에 투입된 인건비와 경비도 포함되어야 하지만 식재료비만 계상함
4) 임차보증금을 제외한 1억 4천만 원을 투자, 감가상각비 제외 시 월 투자수익률은 약 5%임

3) 안정성 분석

일반적으로 예비창업자들은 상권분석을 통해 추정 손익계산서를 작성한 후, 수익성을
판단하고 단기적인 의사결정을 한다. 다만 이러한 추정 손익을 중기와 장기적으로도 계
속 유지하기 위해서는 〈표 9-9〉와 같은 안정성에 대한 판단을 해야 한다.

표 9-9 안정성 분석 항목

| 주요 항목 | 평가요소 | 세부 검토사항 | 평가 | | | 종합 |
			상	중	하	
안정성	위험수준	불황 적응력				
		경쟁업체 출현 시 대처능력				
	자금투입 적정성	초기투자액에 대한 자금조달 범위				
		손익분기점의 수준 및 기간				
		예비비의 보유 여력				
	재고관리 용이성	식재료 재고관리의 용이성				
		수요의 계절성				

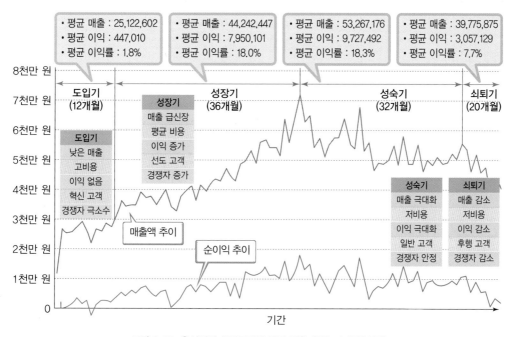

그림 9-10 음식점의 수명주기에 따른 매출, 비용, 수익성 사례

예비창업자가 선택한 업종과 업태 그리고 창업 아이템이 불황에도 잘 유지될 수 있는지, 경쟁업체가 출현하더라도 매출액 하락이나 비용 증가 등의 문제는 발생하지 않는지, 어떤 상황에서도 경쟁력을 계속 유지할 수 있는지 검토해야 한다. 식재료의 계절성이나 재고관리의 용이성도 사업타당성 측면에서 고민해야 할 문제 중 하나이다.

점포의 안정성을 판단하기 위해서는 수명주기에 따른 수익성을 예측할 수 있어야 한다. 〈그림 9-10〉은 실제 수ḿ모 음식점의 9년 동안 수명주기에 따른 수익성 변화를 측정한 사례이다. 도입기의 평균 매출액 대비 순이익률은 1.8%수준이다. 성장기에는 18.0%, 성숙기에는 18.3%, 쇠퇴기에는 7.7%로 변화한다.

〈그림 9-10〉에는 음식점의 수명주기에 따른 매출액 추이와 순이익의 변화에 따라 소비자와 경쟁자가 어떻게 변화하는지에 대한 내용도 간략하게 정리되어 있다. 예를 들면, 도입기에는 혁신고객이 주를 이루면서 경쟁자는 거의 없지만 성장기가 되면 선도고객이 늘면서 경쟁자가 하나, 둘 등장하기 시작한다. 사업타당성에 따른 안정성을 지속적으로 유지하기 위해서는 상권과 점포의 수명주기에 따른 적절한 전략이 필요함을 알아야 한다.

4) 투자금액(창업비용) 추정하기

안정성에 대한 분석에 이어서 자금투입의 적정성을 판단하기 위해 투자금액이 목표 투자수익률을 달성하는 데 적합한 수준인지 확인해야 한다. 높은 매출액을 실현하고 비용을 낮추어 많은 이익을 낸다 하더라도 투자금액이 과다하여 투자수익률이 낮으면 그런 사업은 수익성이 높다고 할 수 없다. 따라서 예비창업자는 치밀하고 철저한 자금계획을 통해 손익분기점을 낮추고 투자금 회수기간을 단축시키는 노력을 해야 한다.

결국 창업에 소요되는 비용항목들에 대해 사전에 충분히 숙지 후 이를 통해 매출액은 동일한 수준으로 유지해 가면서 투자비용을 최소화시킬 수 있어야 성공적인 창업이 될 수 있다. 창업비용에 대한 구체적 항목은 〈표 9-10〉을 참고하면 되지만 창업을 해본 경험이 없다면 창업비용 항목을 숙지해도 실제 창업비용을 산정하는 것은 생각처럼

표 9-10 투자금액(창업비용) 산정을 위한 항목

구분	항목
창업 전 교육비용	창업과 경영을 위한 기본 지식 습득 비용 (1년간의 교육기간 필요, 추정비용 1천만 원)
점포 임차 관련 비용	임차보증금, 권리금, 부동산 중개비용
점포 인테리어 비용	설계비, 간판설치비, 주방설비 공사비, 내외장 인테리어, 전기용량 증설비, 상하수도 공사비, 도시가스 공사비, 공조시설 공사비
집기, 비품 구입비	냉·난방기, 장식품, 식기류, 유니폼, 소모품, 사무용품, 금전출납기 또는 POS 시스템, 의자와 테이블, 조리용구, 기계류, 메뉴북 등 디자인비 및 인쇄비
원재료 구입비	초도 원재료 구입비
마케팅비	개업 촉진을 위한 비용(광고비, 판촉물비용, 개점 이벤트 비용, 기타 인쇄비)
기타 비용	프랜차이즈 가맹비, 전화 설치비, 시장조사비, 교통비, 상담비, 접대비, 보험료 등
예비비	6개월 정도의 점포 운영비(인건비, 재료비, 경비 등)

쉽진 않다.

6 사업타당성 분석 기법

1) 손익분기점 분석

매출액과 비용을 추정함으로써 이익을 산정하는 수익성 분석이 이루어지면 창업자는 이미 산출된 비용항목을 고정비와 변동비로 구분하여 손익분기점 분석을 할 수 있다. 손익분기점이란 '이익이 제로가 되는 매출액이나 매출수량'을 의미한다. 손익분기점 분석은 창업 시 적자를 면할 수 있는 최소의 매출액을 확인하는 방법이다. 즉 사업을 지속적으로 유지하기 위해서는 이익은 없더라도 적자가 발생하지 않아야 한다. 손익분기점은 적자를 면할 수 있는 매출액 수준을 파악하여 사업타당성을 판단하는 기준이 된다. 손익분기점 분석을 구체적으로 살펴보면 다음과 같다.

- 사업의 매출액과 총 비용이 같아지는 지점을 의미한다(매출액 = 총 비용).
- 이익이 제로(0)가 되는 매출액이나 매출수량이다.
- 손익분기 매출액은 '= 고정비/단위당 공헌이익' 공식으로 산출한다.
- 손익분기점을 낮추는 것이 음식점 성공의 핵심이 될 수 있다.

음식점의 손익분기점 분석 사례

손익분기점이란 매출액이 그 이하가 되면 손실이 나고, 그 이상이 되면 이익이 나는 기점을 의미한다. 따라서 손익분기점이란 이익이 제로(0)가 되는 매출액이나 매출수량을 의미한다. 이를 다시 표현하면 매출액과 점포의 총 비용이 같아지는 지점을 말한다.

일반적으로 손익분기점 매출액이나 매출수량을 구하기 위한 공식이 제공되지만 여기서는 기본적인 손익 계산 공식을 이용하여 손익분기점 매출수량을 구한다.

순이익 = 매출액 − 총 비용

손익분기점이란 '순이익 = 0' 이 되는 기점이므로

매출액 = 총 비용

매출액은 매출수량과 단위당 가격을 곱하여 계산되고, 총 비용은 변동비와 고정비를 합하여 구할 수 있다. 따라서 위 공식을 다음과 같이 구할 수 있다.

매출수량 × 단위당 가격 = 변동비 + 고정비

다시 변동비는 단위당 변동비에 매출수량을 곱하여 구할 수 있으므로

매출수량 × 단위당 가격 = (단위당 변동비 × 매출수량) + 고정비

위 식을 매출수량을 기준으로 다시 정리하면 다음과 같다.

- **매출수량 × (단위당 가격 − 단위당 변동비) = 고정비**
- **매출수량 = 고정비 / (단위당 가격 − 단위당 변동비)**

여기서 (단위당 가격 − 단위당 변동비)를 단위당 공헌이익이라고 한다. 따라서 손익분기 매출수량 = 고정비 / 단위당 공헌이익으로 표현이 가능하다.

(계속)

아래와 같은 정보를 주어진다면, 이를 기초로 손익분기 매출수량을 구해 보자.

메뉴 판매가격(단위당) = 10,000원

메뉴당 변동원가(단위당) = 3,000원(식재료비, 판매비와 일반관리비 등)

음식점의 고정원가(1개월) = 7,000,000원(임차료, 인건비, 지급이자, 보험료, 감가상각비 등)

공헌이익은 10,000 − 3,000 = 7,000(원)이 된다. 따라서 손익분기 매출수량은,

$$7,000,000 / 7,000 = 1,000$$

음식점은 한 달에 1,000개의 메뉴를 판매하면 손익분기점에 도달하게 된다. 또한 여기에 단위당 가격을 곱하면 손익분기 매출액을 구할 수 있다.

$$1,000개 \times 10,000원 = 10,000,000원$$

즉 한 달에 10,000,000원의 매출을 올려야만 최소한 손실은 면할 수 있다는 의미이다.

여기서 일정한 목표이익을 달성할 수 있는 매출수량과 매출액을 구할 수 있다. 예를 들어, 위 음식점이 한 달에 순이익 7,000,000원을 달성하려는 목표를 세울 경우 이런 목표를 달성하기 위한 매출수량과 매출액은 다음과 같이 산출 가능하다.

- **매출액 − 총 비용 = 7,000,000원**
- **매출액 = 7,000,000원 + 총 비용**
- **(매출 수량 × 단위당 가격) = 7,000,000원 + (매출수량 × 단위당 변동비) + 고정비**
- **매출 수량(단위당 가격 − 단위당 변동비) = 7,000,000원 + 고정비**
- **매출 수량 = (7,000,000 + 고정비) / 공헌이익**

위의 사례를 그대로 적용하여 목표이익 달성을 위한 매출수량을 계산하여 보면 다음과 같다.

$$목표 \ 이익 \ 달성을 \ 위한 \ 매출 \ 수량 = 14,000,000 / 7,000 = 2,000$$

한 달에 2,000개의 메뉴를 판매하면 목표이익 7,000,000원을 달성할 수 있다.

2) 투자수익률법과 회수기간법

매출액, 비용 추정, 이익 산출, 투자금액 산출 결과를 통해 예비창업자는 투자안 선택을 위한 사업타당성 분석을 할 수 있다. 대부분의 분석기법은 투자수익률을 계산한 후, 자

신이 목표로 하는 수익률과의 비교를 통해 사업의 실행 여부를 결정한다. 예를 들어, 4억 원을 투자하여 연 10%에 해당되는 4천만 원의 순이익을 얻으려는 창업자는 매출액, 비용 등의 추정을 통해 순이익을 계산한 후, 이를 투자금액으로 나누어 봄으로써 목표수익률을 달성할 수 있을지 검토할 수 있다. 이렇게만 보면 투자수익률 계산이 간단하지만 실제 계산과정에는 복잡한 재무 관련 지식이 필요하므로 전문지식이 없는 사람이 실제로 내부수익률과 투자수익률을 세산해 내기는 쉽지 않다. 그래서 본 장에서는 다양한 사업타당성 분석 기법들을 이해하는 과정에서 핵심만 간추려 소규모 사업자들이 활용할 수 있는 방법을 찾아보기로 한다.

- 투자안을 선택하기 위한 타당성 분석 기법은 회수기간법(payback period method), 평균 회계이익률법(average return on book value method), 순현가법(NPV method), 수익성 지수법(profitability index method), 내부수익률법(IRR method) 등으로 다양하다.
- 소규모 사업의 경우 감가상각비를 고려하지 않고 간소화한 월 투자수익률법이나 회수기간법을 활용하는 것이 효율적이다.
- 전문성이 요구되는 화폐의 시간적 가치 계산도 고려하지 않는다.
- '월 투자수익률(%)=(월 매출액 − 월 지출액)/총 투자금액 × 100'을 산출하여 회수기간 등을 추정해 본다.

다양한 사업타당성 분석 기법 중 소규모 사업을 하려는 창업자는 월 투자수익률이나 투자비 회수기간 등을 통해 간단하지만 명료한 사업타당성 분석을 할 수 있다. 〈표

표 9-11 사업타당성 판단 기준 사례

사업성 판단기준	투자수익률/월	투자비 회수기간
매우 양호	4% 이상	2년 이내
양호	2~3% 이상	3~4년 이내
보통	1% 내외	5년 내외
불량	1% 미만	6년 이상

9-11〉의 사업타당성 판단 기준 사례는 예비창업자의 사업진입 여부를 결정하는 데 참고가 될 수 있다.

투자수익률은 순이익(매출 − 비용)을 투자금액으로 나누어 산출되는 결과치로 1억 원을 투자하여 월 순이익 400만 원을 달성하면 월 투자수익률은 4%이다. 월 투자수익률이 4% 이상이면 사업타당성은 매우 양호한 수준이다. 물론 음식점과 같은 소규모 개인창업일 경우에 해당되는 기준이다.

위의 사업타당성 판단 기준 사례에서 '매우 양호'는 투자비를 2년 이내에 회수하는 것을 가정한다. 어떤 근거로 이런 기준이 만들어진 것일까? 월 투자수익률이 4%일 경우 1년으로 환산하면 48%가 되므로 2년이면 96%의 투자수익률을 달성한다. 이런 상황이라면 모든 투자비를 회수한다고 가정할 수 있다. 예를 들면 약 2억 원을 투자하여 음식점을 창업한 경우 임차보증금 5천만 원을 제외한 1억 5천만 원이 소모성 투자라고 가정하자. 월 4%의 투자수익률을 달성하려면 월 순이익이 6백만 원이 되어야 하고, 창업자가 이 금액을 한 푼도 쓰지 않고 모으면 2년 이내에 투자원금을 회수할 수 있다. 사실 이런 수준의 투자수익률은 일반적인 기업에서는 상상도 할 수 없는 투자수익률이다. 그런데 소규모 외식업에서는 이런 수준의 투자수익률을 가정하고 있다. 이유는 음식점 대부분의 수명주기가 2년임을 감안한 것이다. 즉 우리나라에서 음식점들이 2년이면 수명을 다한다는 슬픈 현실을 고려한 것이다.

만약 점포를 임차하는 조건이 아니고, 매입하여 창업을 하는 경우라면 월 투자수익률을 자신의 상황에 적합하도록 조정하면 된다. 5년 이내에 투자금의 회수가 이루어지는 상황이 우수하다고 판단하면, 자신의 인건비를 비용으로 간주하고 월 2%의 투자수익률만 얻을 수 있어도 창업자는 만족할 수 있다.

1 사업타당성 분석이란 창업에 앞서 사업의 성공 여부를 판단 또는 분석하기 위하여 사업추진능력, 기술성, 시장성, 상품성, 수익성, 안정성, 위험 정도 등을 분석하고 평가하는 총체적 활동이다. 창업 이후 어느 정도의 매출을 달성하여 목표수익률을 달성할 수 있을까를 판단하는 과정이며, 창업아이템과 선별된 입지 사이의 적합성을 고려하여 점포를 최종적으로 선택하기 위한 단계이다.

2 매출액 추정은 투자수익률(ROI, Return on Investment), 즉 사업타당성 분석을 위한 기초자료로서 상권과 입지분석을 기초로 이루어진다. 매출액 추정은 결과적으로 투자금액과 비용의 상한성을 설정하는 데 필수적인 자료이므로 매우 중요한 역할을 한다. 따라서 상권과 입지분석을 하는 최종목적은 매출액 추정이라고 해도 과언이 아니다.

3 사업타당성 분석을 위한 방법은 손익분기점 분석(break-even point), 회수기간법(payback period method), 평균회계이익률법(average return on book value method), 순현가법(NPV method), 수익성 지수법(profitability index method), 내부수익률법(IRR method) 등으로 다양하다. 하지만 소규모 개인 사업자의 경우 사업타당성 분석능력이 부족할 수 있으므로 화폐의 시간적 가치와 감가상각비 등을 고려하지 않은 상태로 산출하는 투자수익률법과 회수기간법을 활용하는 것이 간편하고 효과적이다.

4 개인창업자가 소규모 창업을 하는 경우 투자 대비 월 2~4%의 수익률 달성이 가능한지를 추정해 보아야 한다. 이는 연 24~48%의 투자수익률을 달성하는 것으로 약 2~4년의 사업기간에 투자금의 대부분을 회수할 수 있는 수준이다. 물론 현실적으로 이 정도의 수익률을 달성하는 것이 쉽지 않을 수 있지만 그럼에도 창업자는 최소한 4년 이내에 투자금을 회수하겠다는 명확한 목표를 가져야 한다.

1 본 장에서는 상권조사 분석과정에서 매출액을 추정하고 사업타당성을 분석하기 위한 내용을 주로 다루었다. 학습한 내용을 기초로 예비창업자가 매출액을 추정하기 위하여 사용 가능한 방법과 사업타당성을 판단하기 위하여 사용 가능한 방법을 정리하시기 바란다. 다만 사업타당성 분석은 소규모 개인사업자인 경우로 가정해 보자.

2 사업타당성 분석과 사업계획서의 개념을 정리하고 이들의 관계를 정립해 보자.

3 주변에서 자신이 가장 많이 이용하고 있는 음식점의 평일 점심 매출액, 평일 저녁 매출액, 토요일, 일요일의 점심과 저녁 매출액을 추정하여 월 매출액을 산출해 보자.

4 3번 문제에서 월 매출액이 추정되면 비용항목을 함께 추정하여 손익계산서를 만들고 순이익을 계산해 보자.

5 4번 문제의 손익계산서를 바탕으로 자신이 창업을 한다면 어느 정도의 연간 투자수익률을 달성할 수 있을지 추정해 보자.

6 자주 방문하는 음식점을 업종 및 업태별로 구분하고 실제 창업비용이 얼마나 소요되었는지를 조사해 보자. 또한 창업비용의 투자규모가 외식사업의 성공과 관련성이 있을지를 생각해 보자.

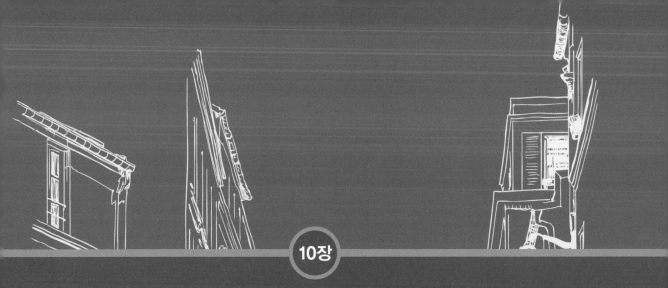

10장

상권전략

학습내용

1 상권전략의 개요
2 상권전략 유형
3 마케팅을 고려한 상권전략
4 정보기술을 활용한 상권전략
5 입지분리를 활용한 상권전략
6 상권의 수명주기
7 상권과 입지의 단점을 극복하는 방법

학습목표

- 상권전략의 정의와 상권전략이 필요한 이유를 설명할 수 있다.
- 마케팅을 고려한 상권전략부터 입지분리 전략까지 6가지 유형을 설명할 수 있다.
- 마케팅을 고려한 상권전략으로 경쟁적 군집화와 포화마케팅 전략을 설명할 수 있다.
- 인터넷과 이동대체 커뮤니케이션과 같은 정보기술 활용 상권전략을 설명할 수 있다.
- 생산과 소비를 분리하는 등의 입지분리를 활용한 상권전략을 설명할 수 있다.

1 상권전략의 개요

상권과 입지는 단순히 조사하고 분석한 후에 결정하는 대상이 아니다. 적극적인 자세의 현명한 창업자라면 상권과 입지를 자신이 직접 관리 가능하게 만들겠다는 자세로 접근해야 한다. 한마디로 상권전략을 충분히 숙고한 후 창업과 경영을 해야 한다.

전략은 원래 군사적 용어에서 차용하여 '전쟁을 전반적으로 이끌어 가는 방법이나 책략'으로 정의된다. 좀 더 쉽게 표현하면 '경쟁자와 싸워서 이기는 방법'이라고 할 수 있다. 그렇다면 '상권전략'이란 어떻게 정의할 수 있을까? '사업자가 상권과 입지에서 타 사업자와의 경쟁을 유리하게 만드는 방법'이라고 정의한다.

우리는 주변에서 상권과 입지를 스스로 관리하려는 창업자나 기업의 다양한 노력을 발견한다. 그동안 많은 관심을 기울이지 않았기 때문에 쉽게 찾지 못하거나 마케팅 전략으로 생각하고 스쳐 지나갔지만 자세히 들여다보면 성공한 창업자와 기업은 다양한 상권전략을 활용하고 있다는 것을 알 수 있다. 이제 예비창업자와 기존 사업자가 경쟁자와의 싸움에서 이기기 위해 어떻게 상권과 입지를 관리해야 하는지 몇 가지의 예를 제시한다.

첫째, 신당동 떡볶이 골목과 같은 경쟁적 군집화를 들 수 있다. 경쟁관계에 있는 음식점들이 같은 골목에 모여서 성공한 대표적인 상권전략이다. 동일 업종이 모여서 상권의 범위를 넓히고 결과적으로 더 많은 고객을 끌어들이게 된다. 다양한 곳에 만들어지는 카페거리도 경쟁적 군집화의 사례이다.

둘째, 스타벅스가 주로 활용하는 포화마케팅이다. 스타벅스는 직영점 위주의 체인화를 강점으로 동일 상권 내에 다수의 점포를 동시에 개점하여 경쟁자의 진입을 차단하고 소비를 증대시킴과 동시에 브랜드 홍보효과를 배가시키는 상권전략을 활용한다.

셋째, 생산과 소비가 동시에 이루어지던 음식점이 생산과 소비를 분리하는 전략이다. 많은 서비스업체가 배달, 테이크아웃과 같은 서비스를 만들어냄으로써 제한된 입지에서 매출액을 크게 높이고 있다. 최근에 가장 활발하게 도입되는 상권전략이다.

이 외에도 다양한 상권전략을 주변에서 찾을 수 있다. 많은 관심과 노력을 통해 본서에서 다루는 전략 외에도 창의적인 전략을 스스로 개발하는 노력을 기울여야 한다.

2 상권전략 유형

창업자들이 상권과 입지를 선정할 때, 주로 이동거리로 측정되는 고객의 접근 편의성에 집중하는 경향이 강하다. 소매업 로드숍에서는 이 방법이 여전히 유효하지만 다양한 선택속성에 의해 영향을 받는 외식업의 경우 많은 한계가 있다. 따라서 상권과 입지는 다양한 전략적 측면을 고려해서 결정하고 관리해야 한다. 예를 들면, 단순한 지리적 측면과 인구통계적 측면을 넘어서 마케팅 측면을 고려해야 한다는 의미이다.

최근 우리는 주변에서 상권과 입지에 대한 고정관념을 탈피하게 만드는 현상을 많이 발견한다. 이러한 현상을 통해 상권과 입지에 대한 전략을 수립하는 아이디어를 얻을 수 있다. 〈그림 10-1〉은 본서에서 주로 다루게 될 상권전략의 유형을 간략하게 보여주고 있다. 상권전략은 크게 3가지로 나눌 수 있다. 마케팅을 고려한 상권전략과 정보기술을 활용한 상권전략 그리고 입지분리전략이 대표적인 상권전략 유형이다.

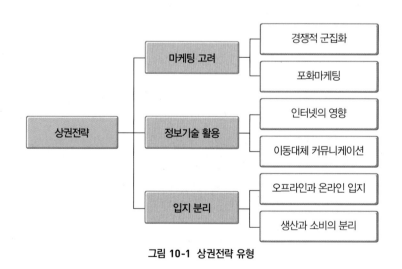

그림 10-1 상권전략 유형

3가지 상권전략를 6가지로 세분화하여 각각의 상권전략을 유형별로 자세히 살펴보기로 한다.

3 마케팅을 고려한 상권전략

1) 경쟁적 군집화

마케팅을 고려한 상권전략은 경쟁적 군집화와 포화마케팅으로 구분한다. 먼저 경쟁적 군집화란 '경쟁을 통하여 전체 수요를 더 크게 만드는 방법'을 의미한다. 이는 이미 상권전략 방법에서 간략하게 설명하였다. 〈그림 10-2〉의 신당동 떡볶이 골목처럼 유사한 업종의 점포가 동일 상권에 군집을 이루어 위치함으로써 고객의 편리성을 증대시킨다. 이런 상황이 만들어지면, 하나의 점포가 독립적으로 사업을 할 때보다 더 많은 고객의 방문을 유도한다. 경쟁적 군집화는 일반적으로 비교 쇼핑이 필요한 서비스 상품의 경우

그림 10-2 신당동 떡볶이 타운의 경쟁적 군집화 사례

자료 : 네이버 지도.

그림 10-3 장충동 족발골목 사례

자료 : 네이버 지도.

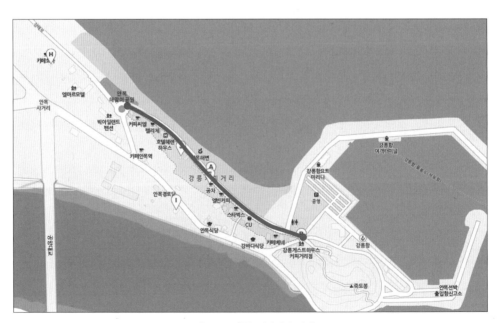

그림 10-4 강릉 커피거리 사례

자료 : 네이버 지도.

더욱 효율적이다. 경쟁업체가 많이 모임으로써 더 많은 수요를 창출하는 장점이 있다. 판매업과 서비스업의 사례를 보면 중고차 시장, 가구 시장, 경동한약재시장, 용산전자상가 등이 있다.

음식점의 경우는 신당동 떡볶이 골목 외에도 〈그림 10-3〉의 장충동 족발골목, 신림동 순대, 곤지암 소머리 국밥, 포천 이동갈비, 횡성 한우, 전국 카페거리 등이 있다. 특히 〈그림 10-4〉의 강릉 카페거리는 강원도를 방문하는 사람이라면 꼭 들러야 하는 곳으로 유명세를 타면서 상권의 범위가 전국으로 확대되었다.

경쟁적 군집화는 고객의 유입을 기하급수적으로 늘려주는 좋은 사례다. 과거에는 특정 상권에 경쟁적 군집화가 우연히 만들어졌다면 최근에는 벤처창업자나 지방자치단체가 인위적으로 경쟁적 군집화를 유도하거나 지원하는 노력을 하고 있다. 인위적으로 형성된 카페거리 등은 지방자치단체에서 적극적으로 지원하고 개발하고 있는 사례 등을 〈그림 10-5〉와 같이 네이버 검색으로 확인할 수 있다.

경쟁적 군집화가 효과를 발휘하는 이유는 입지력이 커지기 때문이다. 입지력은 사업자가 일정 부분 관리 가능하다. 입지력이란 '점포 위치의 매력과 편리성 측면에서 고객을 유인하는 힘'을 의미하는데, 그것은 수동적 입지력과 능동적 입지력으로 구분할 수 있다.

수동적 입지력은 점포가 자연적으로 얻은 위치력이다. 경영자가 관리할 수 없는 입지력에 해당한다. 능동적 입지력은 점포가 인위적으로 창출해 내는 위

그림 10-5 네이버로 검색된 카페거리 현황
자료 : 네이버.

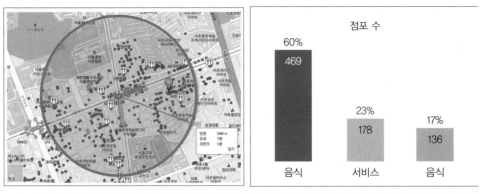

[교대역 상권 반경 500m – 외식업체 분포도]

점포 수

60% 469 음식
23% 178 서비스
17% 136 음식

구분	내용
상권특성	• 교대역 반경 500m 음식업종 약 60%인 외식형 상권 • 한식/백반 업종을 기준으로 월 시장규모는 약 80억 원(점포 수 135×평균 매출 58,430,000원)으로 전체 외식 시장 규모는 100억 원을 상회할 것으로 보임 • 곱창구이로 유명한 상권인 만큼 곱창/양구이 전문점의 평균 매출은 약 2억 원 선 • 주거인구 1만2천여 명, 직장인구 5만4천여 명, 유동인구 약 20만 명 • 법원, 서울대학교가 위치한 오피스 상권으로 고정수요가 있을 것으로 추측(–평균 매출 높은 상권)

그림 10-6 능동적 입지력을 창출한 사례

자료 : KYG 외식경영연구원 분석자료.

치력이다. 경영자의 능력에 의해 관리가 가능하다. 능동적 입지력은 서관면옥이 대표적인 사례이다. 서관면옥은 상권 내 점포에서 음식점의 비중이 60%로 높고 경쟁점이 많은 교대상권을 선택했다. 경쟁적 군집화와 보완적 군집화가 가능한 상권에서 〈그림 10-6〉과 같은 철저한 상권분석을 통해 콘셉트와 판매하려는 상품을 차별화함으로써 능동적 입지력을 증대시켰다.

2) 보완적 군집화

상권전략으로서 경쟁적 군집화와 유사한 개념으로 '보완적 군집화'가 있다. 보완적 군집화는 주식투자자가 다양한 주식으로 포트폴리오를 구성하여 위험을 회피하는 것과 유사한 전략이다. 하나의 상권에서 서로 보완적인 업종을 지속적으로 창업하여 위험을 회

그림 10-7 츠타야 서점과 스타벅스의 보완적 군집화

그림 10-8 스타필드 고메스트리트의 보완적 군집화 사례

자료 : 스타필드 홈페이지.

피하면서 점포를 확장하는 전략이다. 대표적인 사례로 일본의 츠타야 서점을 볼 수 있다. 츠타야 서점은 스타벅스와 함께 출점하는 전략을 도입하여 자연스럽게 고객들이 모여들고 오래 머물면서 음료 외에 책과 다양한 상품을 구매할 수 있는 구조를 만들었다.

또 하나의 보완적 군집화 사례로 스타필드 고메스트리트가 있다. 이와 같은 곳은 상호 보완적인 음식점이 군집화되어 고객의 선택이 다양해지는 장점이 있다.

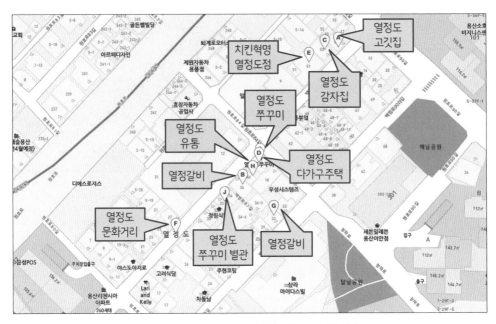

그림 10-9 용산 열정도 문화거리 보완적 군집화 사례

자료 : 네이버 지도.

　대형 상업시설이 아닌 로드숍 상권에서 보완적 군집화로 성공한 사례로 '용산 열정도'를 들 수 있다. 고층 아파트로 둘러싸인 용산 인쇄골목에 자리잡은 열정도 문화거리는 아직도 미개발의 모습을 간직하고 있다. 용산 열정도 청년들은 2013년부터 준비하여 약 6년의 세월을 투자함으로써 고객의 유입력을 극대화시키고 있다.

　〈그림 10-9〉에서 보는 바와 같이 용산 열정도 문화거리에는 '열정도 쭈꾸미, 열정도 고깃집, 열정도 감자집 등' 서로 다른 업종과 업태의 점포들이 하나의 상권을 이루어 능동적 입지력을 키워가고 있다.

3) 포화마케팅

마케팅을 고려한 상권전략의 세 번째 방법은 포화마케팅이다. 포화마케팅은 '도심지나 교통중심지에 동일 기업의 동일 브랜드 점포를 집중시키는 방식'을 의미한다. 이런 상권

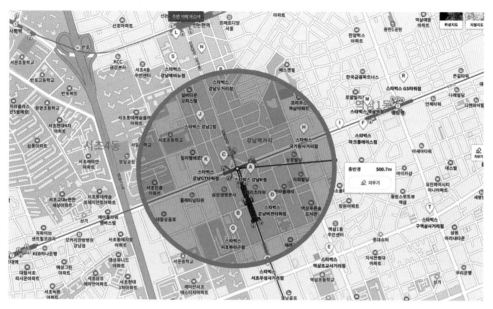

그림 10-10 강남역 반경 500m 내의 스타벅스 위치

자료 : 네이버 지도.

전략은 제살깎기(cannibalization)의 위험이 있으나 광고비 절감, 수월한 감독, 고객 인지도 상승 등의 장점이 있다. 대표적인 사례로 스타벅스를 들 수 있다. 〈그림 10-10〉에서 보는 바와 같이 서울 강남역 사거리를 중심으로 반경 500m 내에 스타벅스 매장이 약 10개가 군집되어 있다.

포화마케팅이 적합한 상권은 주로 충동구매자를 유혹하기 쉬운 도심이다. 이런 상권에서 최고의 효과가 있다. 스타벅스와 같은 직영점 위주로 운영되는 체인사업자들이 선호하는 전략이다. 가맹점을 위주로 하는 프랜차이즈의 경우 상권을 보호해 주어야 하는 의무가 있는 반면에 직영점 위주로 운영되는 체인사업자는 자신의 의사결정에 따라 얼마든지 동일 상권에 다수의 점포를 개점할 수 있다. 포화마케팅은 다른 말로 전략적 움직임(strategic move), 선점전략(preemptive strategy)이라고 표현한다.

초기에는 강남역과 같은 주요 도심지에서 포화마케팅을 집중적으로 펼치던 스타벅스는 최근 신도시의 주요 상권까지 확장하고 있다. 평촌신도시의 지하철 4호선 주변 상권과 일산신도시의 지하철 3호선 주변 상권에서 포화마케팅을 펼치는 현장을 쉽게 발견

그림 10-11 평촌신도시 1,000m 내의 스타벅스 포화마케팅 현황

자료 : 네이버 지도.

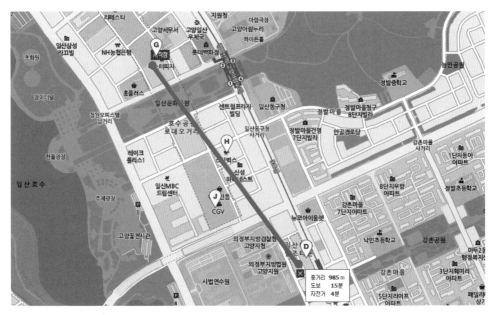

그림 10-12 일산신도시 1,000m 내의 스타벅스 포화마케팅 현황

자료 : 네이버 지도.

할 수 있다(〈그림 10-11〉, 〈그림 10-12〉 참조).

4 정보기술을 활용한 상권전략

상권전략에서 인터넷 및 정보통신기술을 활용하는 방법은 큰 의미가 있다. 특히 정보기술을 활용한 상권전략을 이해하고 활용하기 위해 제임스 피츠사이몬(James Fitzsimon)의 '정보기술 활용전략'을 살펴볼 필요가 있다. 〈그림 10-13〉에서 보는 바와 같이 피츠사이몬은 전략적 관점과 정보기술의 활용이라는 두 가지 변수를 이용해서 4가지 정보기술 활용전략을 제시하였다.

온라인(실시간)을 이용해서 외부고객에게 적용해야 하는 전략으로 '예약제도, 멤버십, 전환비용의 증대' 등을 제시하였다. 온라인을 이용해서 내부 운영에 적용해야 하는 전략으로는 '일드 매니지먼트, 판매시점관리, 전문가 시스템'을 세시하였다.

오프라인의 분석적 활동을 외부고객에게 적용해야 하는 전략으로는 '정보 판매, 새로운 서비스 개발, 마이크로 마케팅'을 제시하였으며, 오프라인의 분석적 활동을 내부 운

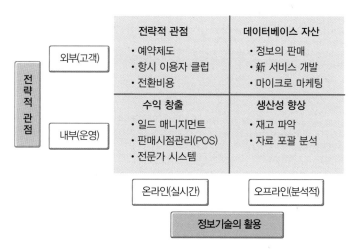

그림 10-13 피츠사이몬의 정보기술 활용 전략

그림 10-14 반조리 음식 판매 사이트
자료 : 마이셰프 홈페이지.

영 측면에서 활용해야 하는 전략으로 '적정 재고 파악, 자료포괄분석'을 제시하였다.

이상의 정보기술 활용전략은 상권전략에서 그대로 활용할 수 있다. 예비창업자와 기존 사업자는 상권과 입지를 선택하고 점포를 성장시키기 위해 '전략적 활용, 데이터베이스 자산, 수익 창출, 생산성 향상'을 적극적으로 활용할 수 있어야 한다.

이 외에도 정보기술 활용은 최근 인터넷과 스마트폰의 대중화가 급격히 진행되면서 새로운 유통 경로의 역할을 수행하고 있다. 예를 들면 인터넷 쇼핑몰이 대표적이다. 쇼핑몰과 같은 새로운 유통경로는 정보통신 기술을 이용하여 인적 이동의 최소화(이동 대체 커뮤니케이션)를 가능하게 만들고 있다. 원격진료, 수수료 없는 계좌 이체, 프리랜서 증가 등이 대표적 사례이다. 외식업에서도 인터넷 및 정보통신 기술을 활용한 상권전략은 더욱 확장되고 있다. 〈그림 10-14〉에서 볼 수 있는 마이셰프라는 브랜드는 가정에서 쉽게 만들 수 없는 파티요리나 식재료 등을 반조리 형태로 제공하는 온라인 쇼핑몰을 잘 활용한 사례였다. 시간이 지날수록 웹 중심의 온라인 활용이 스마트폰의 앱을 활용하여 판매하고 싶은 상품이나 제품, 식품을 편리하고 간편하게 판매 홍보하는 방향으로 발전하고 있다.

정보기술의 발달은 소셜미디어, SNS의 확산으로 이어지면서 페이스북, 인스타그램, 카카오스토리 등와 같은 앱들이 마케팅 채널의 역할을 하고 있다. 온라인 매체를 이용

그림 10-15 스타벅스 모바일 주문 시스템(사이렌 오더)의 애플리케이션 안내

한 구매 행태의 변화에 이어 매장에서 직접 주문하던 방식에도 큰 변화가 일어나고 있다. 애플리케이션(앱)을 이용한 간편 주문 서비스가 급격하게 증가하고 있다.

예를 들면, 스타벅스의 사이렌 오더(〈그림 10-15〉참조)라는 앱을 활용하면 점포 인근 2km 내에서는 원격으로 주문과 결제가 가능하다. 자동차를 타고 스타벅스 매장으로 이동하는 중에 앱을 이용해서 미리 주문을 하고 점포 앞에 도착하여 음료와 푸드를 즉시 테이크아웃할 수 있다.

앱을 이용한 배달서비스도 활성화되고 있다. 도미노피자는 앱을 이용한 주문으로 다양한 재미와 서비스를 제공함으로써 상권과 입지의 한계를 극복하고 가맹점을 지속적으로 늘리고 있다. 또한 매출과 이익면에서도 경쟁 브랜드에 비해 가장 활발하게 증가시키고 있다(〈그림 10-16〉참조).

최근 상권과 입지의 한계를 극복하기 위하여 정

그림 10-16 도미노피자 애플리케이션

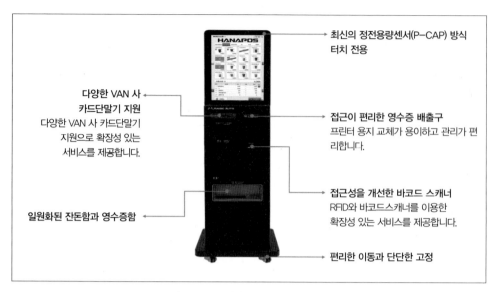

최신의 정전용량센서(P-CAP) 방식
터치 전용

다양한 VAN 사
카드단말기 지원
다양한 VAN 사 카드단말기
지원으로 확장성 있는
서비스를 제공합니다.

접근이 편리한 영수증 배출구
프린터 용지 교체가 용이하고 관리가 편
리합니다.

일원화된 잔돈함과 영수증함

접근성을 개선한 바코드 스캐너
RFID와 바코드스캐너를 이용한
확장성 있는 서비스를 제공합니다.

편리한 이동과 단단한 고정

그림 10-17 드림솔루션즈 키오스크 예시

자료 : 드림솔루션즈 홈페이지.

보기술 활용 전략의 일환으로 점포 경영자들이 가장 활발하게 도입하는 정보기술 기기로 〈그림 10-17〉과 같은 키오스크를 들 수 있다. 키오스크는 규모가 작은 매장의 경우 카운터를 별도로 만들지 않고 계산을 할 수 있어서 인력을 절감하는 효과가 크다. 대형 패스트푸드 매장의 경우는 주문에 소요되는 대기시간을 줄이고 신속하게 주문한 후, 좌석에 앉아 메뉴를 기다릴 수 있어서 고객만족도를 높이는 동시에 점포의 생산성을 높이는 1석 2조의 효과를 얻는다는 점에서 인기가 높다.

정보기술을 활용한 상권전략이 자칫 다양한 정보기술 기기나 매체를 직접 도입해야 하는 것으로 오해하는 경우가 많다. 소상공인의 경우 이러한 정보기술 활용 기기나 매체를 직접 도입하기는 어렵다. 소상공인이 상권과 입지의 한계를 극복하고 매출과 이익을 높이기 위해 활용할 수 있는 정보기술 활용 전략을 살펴보면 다음과 같다.

첫째, 네이버 스마트플레이스와 구글 마이비즈니스에 등록한 후 내용을 최적화시키고 적극적으로 활용하는 것이다. 이러한 정보를 정확하게 등록하고 적극적으로 활용하면 네이버와 구글에서 검색하는 이용자들에게 점포 노출이 쉽고 예약 서비스, 스마트 콜 서비스 등 다양한 서비스를 무료로 이용할 수 있다(〈그림 10-18〉, 〈그림 10-19〉 참조).

그림 10-18 네이버 스마트플레이스 페이지

자료 : 네이버 스마트플레이스.

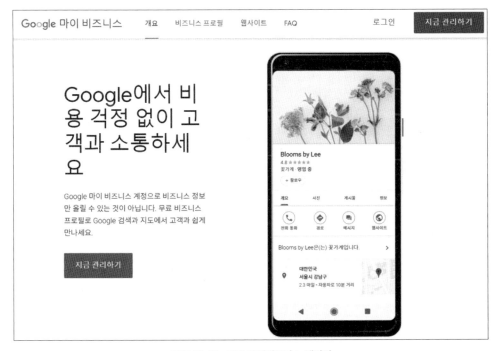

그림 10-19 구글 마이비즈니스 페이지

자료 : 구글 마이비즈니스.

그림 10-20 비즈니스를 위한 카카오톡 채널

자료 : 카카오톡 채널.

둘째, 비즈니스를 위한 카카오톡 채널을 활용하는 것이다(〈그림 10-20〉 참조). 해당 서비스 등록은 무료이므로 등록하면 카카오톡의 다양한 비즈니스용 서비스를 확인하고 활용 여부를 결정할 수 있다. 가장 일반적으로 활용해야 하는 서비스로 카카오 플러스 친구를 이용한 고객관계관리를 들 수 있다.

5 입지분리를 활용한 상권전략

1) 생산부서와 판매부서의 분리

제조기업은 생산부서와 판매부서가 분리되어 있다. 그런데 음식점과 같은 서비스 기업은 대부분 생산과 판매가 동시에 이루어진다. 그러나 최근에는 현장부서와 지원부서를 분리함으로써 성과를 높이는 서비스 기업들이 늘어나고 있다. 새로운 상권전략처럼 보이지만 실상은 이미 오래전부터 활용된 방법이다.

음식점과 같은 서비스 기업은 내부고객과 외부고객의 시각에서 상권과 입지를 분석함으로써 셀프서비스의 기회를 개발할 수 있다. 또한 정보기술을 활용하면 물리적으로 이동하지 않으면서 고객에게 높은 수준의 서비스를 제공할 수 있는 방법을 찾을 수 있다.

생산부서와 판매부서를 분리하면 경쟁자의 진입장벽을 높이는 효과가 있다. 또한 부서 분리전략은 규모의 경제를 실현하는 최적의 방법이 될 수 있다. 이러한 전략으로 성공한 대표적인 사례는 프랜차이즈 기업들의 CK(Central Kitchen, 중앙주방시스템)와 세탁기업의 드라이크리닝, 구두수선 사업 등이 있다. 또한 푸드트럭(food truck)도 매우 유용한 부서분리전략에 해당한다.

현장부서와 지원부서 분리의 성공사례 : 타코벨의 고객중심전략

1962년 창업한 미국의 멕시코 패스트푸드 체인기업인 타코벨(Taco Bell)은 1980년대 초 심각한 위기에 직면했다. 회사는 여러 분기 동안 마이너스 성장을 기록하고 있었다. 그 이유는 다음과 같은 문제점으로 인한 것이었다.

- 어두운 매장
- 한정된 메뉴
- 진부한 광고
- 멕시코계 전화회사로 착각할 정도의 낮은 인지도

새로 취임한 존 마틴(John E. Martin) 사장은 고객의 소리를 경청한 결과 더 낮은 가격으로 더 많은 것을 원하는 고객의 욕구에 맞추어 과감한 변화를 추진했다. 고객이 중요하게 생각하지 않는 것에 대한 관심을 줄이고 높은 가치를 제공하기 위해 다음과 부문에 더 많은 관심을 기울였다.

- 누가 우리의 고객이고 그들의 요구는 무엇인가?
- 고객의 요구를 충족시킬 수 있는 상품은 어떤 것이 있는가?
- 그러한 상품을 어떻게 개발하고 제공할 수 있는가?

(계속)

존 마틴 사장은 이와 같은 가치증대 프로그램을 도입하여 1988~1992년까지 패스트푸드 서비스의 면모를 혁신하였다. 그중에서 입지와 관련된 혁신은 고객이 중요하게 생각하지 않는 부문에 대한 것이었다. 예를 들면, 주방 없는 레스토랑(K-Minus, restaurant without kitchens)의 개념을 도입한 것이다. 음식의 최종 조합과 데우기를 제외한 나머지 과정은 중앙으로 이관하여 지루하고 복잡한 조리과정을 없앰으로써 보다 저렴한 가격에 신속하게 음식을 제공하게 되었다. 이러한 조치에 따라 본사에서는 식자재 구매에서 규모의 경제를 실현하고 낭비를 줄일 수 있었으며, 매장에서는 고객을 위한 공간이 30~70% 증가하고 서비스의 질도 높일 수 있었다.

자료 : 김연성(2002). 서비스 경영-전략, 시스템, 사례. p.41.

2) 생산과 소비의 분리

상권전략의 하나로 이루어지는 분리는 생산부서와 판매부서의 분리 외에도 생산과 소비를 분리하는 경우도 있다. 보통 외식업은 대표적인 서비스업으로서 생산과 소비가 동

그림 10-21 맥도날드의 생산과 소비 분리 상권전략

자료 : 맥도날드 홈페이지.

시에 일어나는 특징이 있다. 음식점의 예를 들면 고객은 음식점을 방문하여 현장에서 주문하고, 점포는 즉시 현장에서 생산을 한다. 그리고 고객은 현장에서 생산된 음식을 소비한다. 이와 같이 생산과 소비의 동시성을 분리하려는 노력이 바로 중요한 포인트가 된다.

생산과 소비를 분리하는 대표적인 사례가 테이크 아웃(take out)과 배달(delivery service)이다. 최근 패스트푸드의 대표적 업종인 햄버거 전문점들이 배달서비스를 시작하였고 커피전문점들이 테이크아웃을 기본으로 하고 있으며 그 외 많은 음식점들도 배달과 포장서비스를 기본으로 하고 있음을 발견할 수 있다(〈그림 10-21〉 참조).

6 상권의 수명주기

상권전략에서는 상권의 수명주기를 고려해야 한다. 일반적으로 창업사는 상권을 선택할 때 라이프사이클(수명주기)을 고려한 후 결정해야 한다. 상권의 도입기나 쇠퇴기에 진입하는 경우 매우 위험하다. 기존 사업자도 상권의 수명주기를 고려해서 진퇴를 결정해야 한다. 가능한 한 성장기에 진입해서 성숙기 후반에 리뉴얼을 하거나 타 상권으로 이전을 고려해야 한다. 제품의 수명주기 관리가 필요하듯 상권도 도입기-성장기-성숙기-쇠퇴기로 구분하여 상권의 성패를 예측해야 한다.

신도시 상권의 경우 초기 5년을 도입기라 하고 10년까지를 성장기, 20년까지를 성숙기, 그 이후를 건물의 노후화, 과도하게 높은 임차료 등과 같은 상황에 따라 쇠퇴기로 볼 수 있다. 오랜 경험을 가진 경영자는 새로운 신도시가 만들어지면 이러한 수명주기를 고려하여 수익을 극대화하는 전략을 추구한다. 예를 들면 도입기는 상권이 형성되기 전이라서 안정성이 떨어져 사업자가 수시로 바뀌는 것을 볼 수 있다. 우리 주변에 새롭게 만들어진 신도시가 있다면 도입기에 점포들의 창업과 폐업이 어떻게 이루어지는지 잘 살펴야 한다. 도입기에는 점포의 권리금도 거의 없거나 매우 낮은 수준이라 예비창업자가 창업비용을 절감할 수 있다. 도입기를 지나 성장기 초기에 접어들면 권리금이 형성되기 시작하지만 수익성은 아직 낮은 편이다. 다만 도입기를 잘 이겨낸 점포는 성장기에 높은 수익을 실현하는 기회가 된다. 이때까지는 프랜차이즈 가맹점보다는 개인 창업 점포가 다수이다.

　10년 내외의 기간이 되면 상권이 본격적인 성장기에 접어들고 경쟁이 치열해진다. 상권이 형성되어 권리금이 최고조에 달하고 개인 창업보다는 프랜차이즈 가맹점 창업이 늘어난다. 상권의 업종 구성이 이상적인 형태로 자리 잡아 1급지, 2급지, 3급지가 명확해진다. 예를 들면 상권 초입은 유동인구가 많아서 판매업종이 주를 이루는 1급지, 그 이후 지점의 1층과 2층은 음식점이 주로 위치하는 2급지, 건물의 3층 이상이나 후면 도로변이 3급지로 정착된다. 이와 같은 상권의 수명주기에 따른 상권전략을 가지고 창업을

표 10-1 부산광역시의 음식점 증감 추세

행정구역	총 가구수	총 인구수	주요 시설 수	집객시설 수	아파트 기준시가	업소 수	업소당 가구수	업소당 시설물 수	음식점 증감 추세		
									2018년 상반기	2018년 하반기	증감률
부산광역시	1,44,571	3,517,858	12,014	15,819	4,842,727	51,429	28	0.51	57,139	51,660	-9.59%▽
남구	114,553	282,625	797	885	4,981,080	2,992	38	0.56	3,528	3,255	-7.72%▽
해운대구	165,759	423,725	1,402	1,608	4,717,655	5,265	31	0.57	5,776	5,179	-10.34%▽
서구	53,054	114,984	396	440	4,041,771	1,583	34	0.53	1,857	1,621	-12.71%▽
금정구	102,466	247,145	789	1,061	4,977,063	3,685	28	0.5	4,068	3,677	-9.61%▽
강서구	41,279	101,701	392	535	7,406,577	2,598	16	0.36	2,274	2,462	8.27%▲
북구	119,888	311,109	870	977	4,627,616	3,183	38	0.58	3,357	3,178	-5.33%▽
기장군	61,159	155,320	529	669	4,725,818	2,931	21	0.41	2,719	2,802	3.05%▲
동래구	106,989	272,315	922	1,137	5,485,981	3,554	30	0.58	4,084	3,476	-14.89%▽
동구	43,242	91,071	437	945	4,023,252	1,755	25	0.79	1,988	1,780	-10.46%▽
영도구	56,355	128,515	410	466	3,736,517	1,747	32	0.5	1,862	1,748	-6.12%▽
연제구	85,138	210,708	879	900	5,375,389	3,186	27	0.56	3,330	3,120	-6.31%▽
중구	23,262	45,602	404	827	3,681,718	2,312	10	0.53	2,789	2,392	-14.23%▽
사하구	134,843	336,204	996	1,272	4,128,762	4,357	31	0.52	4,900	4,463	-8.92%▽
부산진구	165,826	381,125	1,508	2,062	5,237,741	6,312	26	0.57	7,339	6,493	-11.52%▽
사상구	96,493	235,641	683	1,276	4,529,716	3,338	29	0.59	4,184	3,365	-19.57%▽
수영구	77,166	180,067	600	759	5,649,637	2,631	29	0.52	3,076	2,640	-14.17%▽

고려한다면 큰 성공을 거둘 수 있다.

〈표 10-1〉은 부산시 상권을 대상으로 음식점의 증감 추세를 이용하여 성장기에 접어든 상권을 선별한 사례이다. 부산광역시를 중심으로 음식점의 증감 추세를 살펴본 결과에 따르면, 전체적으로 하락하고 있는 추세를 확인할 수 있다. 그러나 강서구와 기장군은 음식점의 수가 증가하고 있다. 강서구의 경우 상권이 지속적으로 개발되어 상승하고 있으며 기장군은 '스마트양식 클러스터 조성사업'과 같은 호제가 있다. 강서구와 기장군을 좀 더 자세히 살펴보면 〈표 10-2〉와 같다.

강서구와 기장군을 읍·면·동으로 구분하여 음식점 증감추세를 확인하면 상권의 개발을 통한 수명주기를 추정할 수 있다.

〈그림 10-22〉는 구글 트렌드를 이용해서 추정한 경기단길 상권의 수명주기 사례이다. 경리단길 상권은 2014년 무한도전 400회 특집방송에 소개되면서 본격적인 성장기에 접어들었다. 2015~2017년까지 많은 방송에서 소개되고 SNS에서 인기를 끌면서 성장기를 넘어 성숙기에 접어들었다. 그러나 2018년부터 젠트리피케이션(gentrification) 현상으

표 10-2 부산광역시 강서구, 기장군의 음식점 증감 추세

행정구역	2018년 상반기	2018년 하반기	음식점 수 증감률
부산광역시	57,139	51,660	−9.57%▽
강서구	2,274	2,462	8.27%▲
대저1동	213	245	15.02%▲
대저2동	241	258	7.05%▲
강동동	105	110	4.76%▲
가락동	49	53	8.16%▲
녹산동	860	910	5.81%▲
가덕도동	99	100	1.01%▲
기장군	2,719	2,802	3.05%▲
기장읍	1,204	1,208	0.33%▲
장안읍	359	377	5.01%▲
정관읍	699	733	4.86%▲
일광면	342	362	5.85%▲
철마면	116	121	4.31%▲

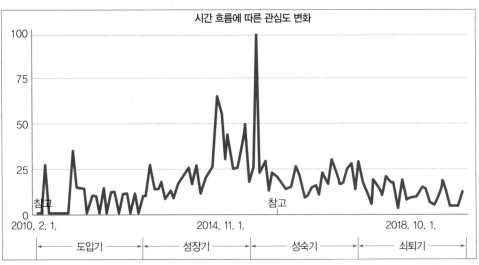

그림 10-22 경리단길 상권의 수명주기 사례

자료 : 구글 트렌드.

로 인해 상권의 앵커 역할을 하던 대표적인 인기 점포들이 이전하기 시작하면서 쇠퇴기
에 접어들었다.

7 상권과 입지의 단점을 극복하는 방법

상권과 입지는 좋은 곳, 나쁜 곳을 획일적으로 구분하기 힘들다. 예비창업자 자신이 가
지고 있는 가용자원과 능력을 기준으로 다양한 상권과 입지 중에서 자신의 목표수익률
을 달성할 수 있는 상권과 입지를 정하기 위한 선택과 전략수립이 가능할 뿐이다. 따라
서 투자금액이 부족한 창업자는 선택할 수 있는 상권과 입지가 한정된다. 선택 가능한
상권과 입지는 대부분 문제점이 많을 것이므로 문제를 해결하기 위한 전략을 수립해야
창업이 가능해진다.

창업자는 상권의 유형에 따라서 다양한 요소를 고려해야 한다. 예를 들면 〈그림 10-
23〉에서 상권과 입지가 좋다고 인식하는 A점을 가정해 본다. A점은 유동인구가 풍부

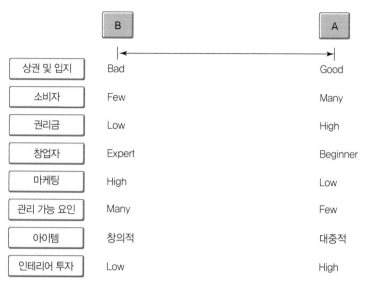

	B	A
상권 및 입지	Bad	Good
소비자	Few	Many
권리금	Low	High
창업자	Expert	Beginner
마케팅	High	Low
관리 가능 요인	Many	Few
아이템	창의적	대중적
인테리어 투자	Low	High

그림 10-23 상권과 입지를 선택하기 위해 고려해야 하는 요소

자료 : 김영갑(2012). 성공창업을 위한 상권분석론. 교문사.

하고 영업을 위한 환경이 잘 조성되어 있는 상권과 입지이다. 이와 같은 상권과 입지는 권리금과 보증금 그리고 임차료가 비싸다. 창업자가 직접 관리할 수 있는 요인은 적다. 결과적으로 대중적인 아이템으로 승부를 걸어야 한다. 이와 같은 상황에서 점포를 활성화시키기 위해 마케팅에 투자 하는 것보다 인테리어에 투자하는 것이 더 효과적일 수 있다.

B점은 상권과 입지가 나쁘다고 인식하는 곳이다. 유동인구가 거의 보이지 않으므로 권리금, 보증금, 월임차료가 저렴하다. 이런 상권과 입지에서는 고객을 유인하기 위한 마케팅에 사활을 걸어야 한다. 메뉴는 강력한 차별성을 가져야 멀리서도 고객들이 찾아온다.

이상의 설명을 기초로 할 때, 예비창업자와 경영자는 선택한 상권 및 입지에 따른 장·단점을 적절히 활용할 수 있는 전략과 전술을 수립하고 실천해야 성공 가능성이 높아진다. 즉, 매출에 영향을 미치는 다양한 요소를 적절하게 조합하여 목표매출액과 수익률을 달성할 수 있는 방안을 수립할 수 있을 때 성공적인 창업과 경영이 가능하다.

학습 요약

1 '상권전략'이란 '사업자가 상권과 입지에서 타사업자와의 경쟁을 유리하게 만드는 방법'이라고 정의한다.

2 상권전략은 크게 3가지로 나눌 수 있다. 마케팅을 고려한 상권전략과 정보기술을 활용한 상권전략 그리고 입지 분리전략이 대표적인 상권전략 유형이다.

3 마케팅을 고려한 상권전략은 경쟁적 군집화와 포화마케팅으로 구분한다. 먼저 경쟁적 군집화란 '경쟁을 통하여 전체 수요를 더 크게 만드는 방법'을 의미한다.

4 상권전략으로서 경쟁적 군집화와 유사한 개념으로 '보완적 군집화'가 있다. 보완적 군집화는 주식투자자가 다양한 주식으로 포트폴리오를 구성하여 위험을 회피하듯이 하나의 상권에서 서로 보완적인 업종을 지속적으로 창업하여 위험을 회피하면서 점포를 확장하는 전략이다.

5 마케팅을 고려한 상권전략의 세 번째 방법은 포화마케팅이다. 포화마케팅은 '도심지나 교통중심지에 동일 기업의 동일 브랜드 점포를 집중시키는 방식'을 의미한다. 이런 상권전략은 제살깎기(cannibalization)의 위험이 있으나 광고비 절감, 수월한 감독, 고객 인지도 상승 등의 장점이 있다.

6 인터넷 및 정보통신기술의 활용은 상권전략에서 큰 의미가 있다. 이 내용을 이해하고 활용하기 위해 제임스 피츠사이먼(James Fitzsimon)의 '정보기술 활용전략'을 살펴볼 필요가 있다. 피츠사이먼은 전략적 관점과 정보기술의 활용이라는 두 가지 변수를 이용해서 4개의 정보기술 활용전략을 제시하였다. 온라인(실시간)을 이용해서 외부고객에게 적용해야 하는 전략으로 '예약제도, 멤버십, 전환비용의 증대' 등을 제시하였다. 온라인을 이용해서 내부 운영에 적용해야 하는 전략으로는 '일드 매니지먼트, 판매시점관리, 전문가 시스템'을 제시하였다. 오프라인의 분석적 활동을 외부고객에게 적용해야 하는 전략으로는 '정보 판매, 새로운 서비스 개발, 마이크로 마케팅'을 제시하였으며, 오프라인의 분석적 활동을 내부 운영 측면에서 활용해야 하는 전략으로 '적정 재고 파악, 자료포괄분석'을 제시하였다.

7 제조기업은 생산부서와 판매부서가 분리되어 있다. 그런데 서비스 기업은 대부분 생산과 판매가 동시에 이루어진다. 그러나 최근에는 현장부서와 지원부서를 분리함으로써 성과를 높이는 서비스 기업들이 늘어나고 있다. 새로운 상권전략처럼 보이지만 실상은 이미 오래전부터 활용된 방법이다.

8 상권전략의 하나로 이루어지는 분리는 생산부서와 판매부서의 분리 외에도 생산과 소비를 분리하는 경우도 있

다. 보통 외식업은 대표적인 서비스업으로서 생산과 소비가 동시에 일어나는 특징이 있다. 음식점의 예를 들면 고객은 음식점을 방문하여 현장에서 주문하고, 점포는 즉시 현장에서 생산을 한다. 그리고 고객은 현장에서 생산된 음식을 현장에서 소비한다. 이와 같이 생산과 소비의 동시성을 분리하려는 노력이 바로 중요한 포인트가 된다.

9 상권전략에서는 상권의 수명주기를 고려해야 한다. 일반적으로 창업자는 상권을 선택할 때 라이프사이클(수명주기) 측면에서 판단해야 한다. 상권의 도입기나 쇠퇴기에 진입하는 경우 매우 위험할 수 있다. 기존 사업자도 상권의 수명주기를 고려해서 진퇴를 결정해야 한다. 가능한 한 성장기에 진입해서 성숙기 후반에 리뉴얼을 하거나 타 상권으로의 이전을 고려해야 한다. 제품의 수명주기 관리가 필요하듯 상권도 도입기–성장기–성숙기–쇠퇴기로 구분하여 상권의 성패를 예측하려는 노력을 해야 한다.

10 상권과 입지는 좋은 곳, 나쁜 곳을 획일적으로 구분하기 힘들다. 예비창업자 자신이 가지고 있는 가용자원과 능력을 기준으로 다양한 상권과 입지 중에서 자신의 목표수익률을 달성할 수 있는 상권과 입지를 정하기 위한 선택과 전략 수립이 가능할 뿐이다. 따라서 투자금액이 부족한 창업자는 선택할 수 있는 상권과 입지가 한정된다. 선택 가능한 상권과 입지는 대부분 문제점이 많을 것이므로 문제를 해결하기 위한 전략을 수립해야 창업이 가능해진다.

1   외식업체 입장에서 활용 가능한 상권전략 유형을 제시하고 각 방법의 주요 내용을 설명해 보자.

2   가장 최근에 직접 확인한 경쟁적 군집화와 보완적 군집화 성공사례를 정리하고 군집화가 성공하기 위한 요건을 설명해 보자.

3   정보기술을 활용한 상권전략 성공사례를 본 교재에서 언급하지 않은 내용으로 제시하여 성공요인을 설명해 보자.

4   부서 분리를 이용한 상권전략의 사례를 제시해 보고 시사점을 설명해 보자.

5   자신이 거주하거나 근무하는 지역 인근의 상권을 대상으로 수명주기를 추정해 보고, 향후 어떤 전략으로 수명주기의 문제를 극복할 수 있는지 설명해 보자.

참고문헌

국내

김영갑 외(2009). 외식마케팅. 교문사.

김영갑 외(2010). 외식창업론. 교문사.

김영갑(2012). 성공창업을 위한 상권분석론. 교문사.

김영갑(2017). 외식사업 마케팅. 교문사.

김영갑(2019). 소상공인을 위한 빅데이터 상권분석. 이프레스.

김영갑(2019). 온라인마케팅 실무. 이프레스.

나츠메사(2016). 소규모 점포 성공 창업.

대한제과협회(1997). 지하철 5호선이 통과하는 인구 60만의 서부지역 중심지−목동역세권.

동아비즈니스리뷰 40호. 시간과 공간, 超세분화하라.

방경식(2011). 부동산용어사전. 부연사.

소상공인정책본부(2007). 지역상권개발제도 도입 계획.

이규현, 이선숙(2011), "브랜드 공동체에서 혁신수용의 사회적 영향력−온라인과 오프라인의 연계−," 경영연구, 한남대학교 경영연구소, 127~155.

이상윤(2010). 상권분석론. 두남.

이선숙(2006). 온라인과 오프라인 연계 마케팅전략, 한남대학교 대학원 석사학위 논문.

이선숙(2018). 온라인과 어프라인 연계 소비자 행동. 한남대학교 대학원 박사학위 논문.

이영주, 임은선(2011). 서민경제 안정을 위한 지역상권 활성화 방안 연구. 국토연구원.

이재욱(2005). 대박나는 가게자리 망하는 가게자리. 21세기 북스.

정연강(2008). 실전상권의 법칙. 경향미디어.

조준상(2011). 프랜차이즈 기업의 신제품 개발 및 마케팅전략 : 파리바게뜨 사례.

한국프랜차이즈 협회(2004). 프랜차이즈 입지 및 상권분석 연구.

기타

KYG 상권분석연구원 상권분석도 사례.

상가건물 임대차보호법 시행령.

상권분석전문가 과정 1기(표기홍) 최종보고서.

상권분석전문가과정 21기 강의노트.

상권분석전문가 과정 7기(조제도). 프로젝트 보고서.

한양사이버대학교 평생교육원 상권분석마케팅전문가 과정 교안.

한양사이버대학교 평생교육원 상권분석마케팅전문가 과정 종합보고서 사례.

웹사이트

GIS 상권분석시스템 http://www.biz-gis.com

KS 창업원 http://changupone.com

공정거래위원회 가맹사업거래 http://franchise.ftc.go.kr

구글 마이비즈니스 https://www.google.com/intl/ko_kr/business

구글 트렌드 https://trends.google.co.kr/trends/?geo=KR

구글 플레이 https://play.google.com

나이스지니데이타(주) 나이스비즈맵 상권분석서비스 www.nicebizmap.co.kr

네이버 https://www.naver.com

네이버 검색광고 https://searchad.naver.com

네이버 국어사전 https://ko.dict.naver.com/#/main

네이버 데이터랩 https://datalab.naver.com

네이버 부동산 https://land.naver.com

네이버 스마트플레이스 https://smartplace.naver.com

네이버 지도 https://map.naver.com

네이버 트렌드분석 https://datalab.naver.com

네이버 학술정보 https://academic.naver.com

다음 지도 http://map.daum.net

다이닝코드 https://www.diningcode.com

대법원 인터넷 등기소 http://www.iros.go.kr

도미노피자 https://web.dominos.co.kr

드림솔루션즈 http://www.dreaminc.kr

마이셰프 http://mychef.kr

만석닭강정 http://www.mansuk.kr

망고플레이트 https://www.mangoplate.com

맥도날드 https://www.mcdonalds.co.kr/kor/main.do

명지첫집 https://myungjifirst.modoo.at

민원24 http://www.gov.kr/portal/minwon

부동산114 https://m.r114.com

비씨카드 https://www.bccard.com

비즈GIS X–RAY MAP https://www.biz–gis.com

상가뉴스레이다(창업–상권정보, 국내주요상권) http://www.sangganews.com

서관면옥 http://seogwanmyeonog.kr

소상공인시장진흥공단 상권정보시스템 http://sg.sbiz.or.kr/main.sg#/main

소셜메트릭스인사이트 http://www.socialmetrics.co.kr

스타벅스 https://www.istarbucks.co.kr/index.do

인터넷트렌드 http://internettrend.co.kr/trendForward.tsp

정부24 https://www.gov.kr/portal/main

카카오맵 https://map.kakao.com

카카오톡 채널 https://center–pf.kakao.com/m/login

통계지리정보서비스 https://sgis.kostat.go.kr/view/index

한국감정원 부동산정보 http://www.kab.co.kr/kab/home/main/main.jsp

한국공인중계사협회 http://www.kar.or.kr

한국창업연구소 http://krchanguplab.com

찾아보기

저자 소개

김영갑

한양사이버대학교 호텔외식경영학과 교수
사단법인 일자리창출진흥원 원장
KYG 상권분석연구원 자문교수
나이스비즈맵 상권분석시스템 자문위원
한국농수산식품유통공사 2012 해외 도시별 정보 전략조사(상권부문) 자문위원
2013 정부해외인턴사업 평가위원
한국농수산식품유통공사 한식조리특성화사업 사업관리위원
2012 여수세계박람회 식음시설운영자문위원
한국표준협회 한국서비스대상 심사위원
한국농수산식품유통공사 식품산업발전 자문위원
한국농수산식품유통공사 우수외식업지구평가위원

저서 및 논문

저서 『상권분석론』, 『외식창업론』, 『외식메뉴관리론』, 『외식마케팅』, 『미스터리 쇼핑』, 『호텔마케팅』, 『관광정보론』 외 다수

논문 외식소비자의 MSG 허용범위와 사용량 인식이 구매의도에 미치는 영향, 레스토랑에서 소비자가 지각하는 가격인지차원의 타당성 검증, Q방법론에 의한 패밀리레스토랑 소비자의 세분화 외 다수

블로그 및 카페, 유튜브

김영갑 교수의 상권분석과 마케팅   http://webkim.blog.me

성공창업을 위한 상권분석 카페   http://cafe.naver.com/tradearea

유튜브   김영갑 교수 TV

외식사업 성공학 시리즈 1

빅데이터 시대의 성공을 위한

상권분석 4.0

2020년 3월 11일 초판 발행 | 2023년 7월 20일 3쇄 발행

지은이 김영갑 | **펴낸이** 류원식 | **펴낸곳 교문사**

편집팀장 성혜진 | **본문편집** 벽호미디어

주소 (10881) 경기도 파주시 문발로 116 | **전화** 031-955-6111 | **팩스** 031-955-0955

홈페이지 www.gyomoon.com | **E-mail** genie@gyomoon.com

등록 1968. 10. 28. 제406-2006-000035호

ISBN 978-89-363-1921-2(93320) | **값** 25,000원